全国各类高等院校经贸管理专业改革创新示范规划教材

国际贸易理论与实务

主　编　于建春　刘　璐　庞聪玲
副主编　李玉辉

中国商业出版社

图书在版编目(CIP)数据

国际贸易理论与实务 / 于建春，刘璐，庞聪玲主编. -- 北京 ：中国商业出版社，2021.8

ISBN 978-7-5208-1586-4

Ⅰ. ①国… Ⅱ. ①于… ②刘… ③庞… Ⅲ. ①国际贸易理论-高等学校-教材②国际贸易-贸易实务-高等学校-教材 Ⅳ. ①F740

中国版本图书馆 CIP 数据核字(2021)第 057480 号

责任编辑:李 飞 蔡 凯

中国商业出版社出版发行

010-63180647 www.c-cbook.com

(100053 北京广安门内报国寺 1 号)

新华书店经销

北京军迪印刷有限责任公司印刷

*

787 毫米×1092 毫米 16 开 18.5 印张 350 千字

2021 年 8 月第 1 版 2021 年 8 月第 1 次印刷

定价:68.00 元

* * * *

(如有印装质量问题可更换)

前 言

21世纪是一个变幻莫测的世纪，是一个催人奋进的时代。科学技术奋进发展，知识更替日新月异。希望、困惑、机遇、挑战、随时随地都有可能出现在每一个社会成员的生活之中。抓住机遇，寻求发展，迎接挑战，适应变化的制胜法宝就是学习——依靠自己学习，终身学习。

目前，中国经济的发展势头依然强劲，但世界经济发展形势迷雾重重，今后中国经济将面临难以预测的机遇和挑战。作为国际贸易从业人员，仅仅依靠外贸操作技能已无法适应千变万化的世界经济格局。如何认清当前局势，如何辨别世界经济发展，从而转危为机，已经成为国际贸易从业人员可持续发展的必要任务！当然，这需要具备敏锐的国际经济思维能力和理论政策应变能力。本书以外向型企业的国际贸易内在逻辑为主线，在结构上力求做到清晰简洁，在内容上力求做到去粗取精。

教材特色：

该教材从国际贸易理论涉及的基本概念讲起，逐步介绍世界通行的国际贸易业务程序的操作方法和步骤，一直到国际贸易的善后处理等内容。该教材作为面向21世纪高等院校财经类专业的教材，体现了国际贸易课程改革的方向之一。该课程建议授课学时为64学时，实验学时32学时。

该教材共20章，包括国际贸易理论和实务等内容，第1~5章介绍国际贸易理论、政策；第6~8章介绍国际贸易的关税及非关税等措施；第9、10章介绍国际贸易的区域经济及世贸组织。第11、12章主要讲述国际贸易术语及合同的问题，第13、14、15、16、17、18主要讲述了商品的品质、运输、保险、价格及支付和合同的履行问题；第19、20章主要讲述商品的检验及贸易方式等问题。

在内容安排方面，强调理论联系实际，重点突出了国际贸易的规范和科研成果，并力求符合高等院校的应用型人才培养的要求，加大案例教学与练习的力度，每章都有不同的案例，课后有相关的思考与练习。

本教材是由于建春，刘璐，庞聪玲主编，李玉辉任副主编。具体分工如下：于建春(1-3章)，庞聪玲(4-12章)，刘璐(13-15章)，李玉辉(16-20章)。突破了理论教学传统，结合编者多年从事国际贸易实践及教学经验，在介绍最常用的主流国际贸易理论及政策的同时，采编了许多具有时代特色的主流国际贸易理论及政策及国贸运用案例，运用工学结合的形式，提高教材的实用性。本教材可作为国际经济与贸易专业以及管理类专业学生的教材，也可作为经济行业人士的参考读物。

本教材是在编者自用的讲义基础上，三易其稿后编写而成，期间得到了同教研室的多位教师的大力帮助以及广大学生的有效建议，在此特别鸣谢！

由于编者水平有限，教材中难免有各种不足之处，敬请读者批评指正。

目 录

第一章 绪论 1

✲本章学习目标：

本章介绍课程学习的基本内容，要求学生了解本课程的内容框架，掌握国际贸易的一些基本概念和统计指标以及国际贸易的主要分类。

第一节 国际贸易理论与实务的主要内容

国际贸易理论与实务这门课程主要包括三大部分内容，第一部分是国际贸易理论，第二部分是国际贸易政策，第三部分是国际贸易实务。

一、国际贸易理论

国际贸易理论试图对国际贸易为何会发生、如何进行贸易以及贸易对生产、消费、福利的影响等诸多问题做出理论上的解释。

国际贸易理论的发展脉络可概括为三个基本阶段：

第一阶段为古典国际贸易理论。以亚当·斯密的“绝对优势”理论和大卫·李嘉图的“比较优势”理论为代表，他们认为生产成本的差异是国际贸易产生的原因，认为通过国际分工，各国生产具有成本优势的产品，彼此都可以获得贸易利益。

第二阶段为新古典国际贸易理论。以赫克歇尔和俄林提出的“生产要素禀赋”理论为代表，他们认为各国之间生产要素禀赋的差异是国际贸易产生的根本原因，该理论一提出就在当时的理论界占据了主导地位。此后，各国经济学家纷纷将该理论在实践中进行验证，其中以“里昂惕夫之谜”为代表。

第三阶段为当代国际贸易新理论。众多经济学家结合国际贸易发展的实际，纷纷提出了自己的贸易理论，出现了“百家争鸣”的景象。其中以产品生命周期理论、产业内贸易理论、规模经济理论、国家竞争优势理论为代表。

二、国际贸易政策

贸易政策总体上可以分为两大类型:一类是自由贸易政策，另一类是保护贸易政策。在一个国家经济发展的不同阶段，出于不同的政治目的和经济目的，这两种政策总是交替发挥作用。

本部分内容不仅包括传统的贸易政策措施，如关税措施，还有名目繁多的非关税措施，如进口配额制、"自动"出口配额制、进口许可证制，另外还有鼓励出口与出口管制措施、区域经济一体化、贸易协定和世贸组织等内容。

三、国际贸易实务

理论需要联系实践才有意义。国际贸易实务是在总结我国对外贸易实践经验和吸收国际上一些通行的贸易惯例与行之有效的习惯做法的基础上形成和发展起来的。国际贸易实务主要介绍国际货物买卖方面的基础理论、基础知识和基本的操作技能。重点是国际性商品交换的具体运作过程，包括该过程经历的环节、操作方法和技能，应遵循的法律和惯例等行为规范。

该部分主要讲解国际贸易术语、国际货物贸易合同、国际货物运输、国际货物运输保险、国际货款的收付、商品的检验与索赔等内容。

第二节 国际贸易的基本概念

一、国际贸易与对外贸易

(一)国际贸易

国际贸易泛指世界各国或地区之间所进行的以货币为媒介的商品交换活动。它既包含着有形商品(实物商品)的交换，也包含着无形商品(劳务、技术、资讯等)的交换。

(二)对外贸易

对外贸易指国际贸易活动中的一国(或地区)同其他国家(或地区)所进行的商品、劳务及技术等的交换活动。广义的对外贸易包括货物贸易、技术贸易和服务贸易;狭义的对外贸易只包含货物贸易。

二、国际贸易额与对外贸易额

(一)国际贸易额

国际贸易额是计算和统计世界各国对外贸易总额的指标，是把世界上所有国家和地区的出口额相加，即按同一种货币单位换算后，把各国和地区的出口额相加得出的数额;而不是简单地把世界各国和地区的出口额与进口额相加。

(二)对外贸易额

对外贸易额亦称对外贸易值。它是由一国(或地区)在一定时期(一年、一季或一月)内从国外进口的商品总额加上该国(或地区)同一时期向境外出口的商品总额构成。

❖【案例1－1】

从贸易大国走向贸易强国

回首中国对外贸易改革发展历程，我们走过的道路很不平坦，成绩来之不易。新中国成立之初的1950年，我国进出口总额为11.35亿美元，到1973年达到109.76亿美元，用了23年的时间跨上了百亿美元的台阶。1988年我国进出口总额达到1027.84亿美元，用了15年时间跨越了千亿美元的台阶。接着，我们又用了16年的时间，跨越了万亿美元的大关，巧合的是我国外贸进出口突破万亿美元的日子，与我国加入世界贸易组织3周年的日子相差无几。据海关统计，2014年，我国进出口总值26.43万亿元人民币，比2013年增长2.3%。其中，出口14.39万亿元人民币，增长4.9%;进口12.04万亿元人民币，下降0.6%;贸易顺差2.35万亿元，扩大45.9%。

但是，贸易大国并不等于贸易强国，我国对外贸易可持续发展的任务还相当艰巨。

资料来源：http://finance.eastmoney.com/news/1355,20140303364867194.html

三、国际贸易商品结构与对外贸易商品结构

(一)国际贸易商品结构

国际贸易商品结构是指各种类别的商品在整个国际贸易额中所占的比重，通常以它们在世界出口总额或进口总额中的比重来表示。它反映了国际分工的特点和世界经济的发展水平。《联合国国际贸易标准分类》中关于商品结构的划分见表1—1

表1—1 《联合国国际贸易标准分类》中关于商品构成的划分

一、初级产品	二、工业制品
0类 食品及活动物	5类 化学成品及有关产品
1类 饮料及烟类	6类 按原料分类的制成品
2类 非食用原料(燃料除外)	7类 机械及运输设备
3类 矿物燃料、润滑油及有关原料	8类 杂项制品
4类 动、植物油脂及蜡	9类 未分类的其他商品

(二)对外贸易商品结构

对外贸易商品结构是一定时期内一国进出口贸易中各种商品的构成，即某大类或某种商品进出口贸易与整个进出口贸易额之比。它反映了该国的经济发展水平、产业结构状况和科技发展水平等。2010—2014年中国商品结构见表1—2,2010—2014中国进口商品结构见表1—3.

表1—2 2010—2014年中国出口商品结构 金额单位:亿美元

	2010年	2011年	2012年	2013年	2014年
总值	15777.54	18983.81	20487.14	22100.19	23427.47
初级产品	817.17	1005.52	1005.81	1072.83	1127.05
食品及活动物	411.53	504.97	520.80	557.29	589.18
饮料及烟类	19.06	22.76	25.90	26.08	28.83
非食用原料(燃料除外)	116.02	149.78	143.41	145.7	158.28
矿物燃料、润滑油及有关原料	267.00	322.76	310.26	337.92	344.53
动、植物油脂及蜡	3.56	5.26	5.45	5.84	6.23
工业制成品	14962.16	17980.48	19483.54	21027.36	22300.41
化学品及有关产品	875.87	1147.87	1136.29	1196.59	1345.93
按原料分类的制成品	2491.51	3196.00	3331.68	3606.53	4003.75
机械及运输设备	7803.30	9019.12	9644.22	10392.46	10706.32
杂项制品	3776.80	4594.10	5357.18	5814.48	6221.74

续表

	2010 年	2011 年	2012 年	2013 年	2014 年
未分类的其他商品	14.68	23.39	14.17	17.29	22.67

表 1－3 2010－2014 年中国进口商品结构 金额单位:亿美元

	2010 年	2011 年	2012 年	2013 年	2014 年
总值	13962.47	17434.84	18184.05	19502.89	19602.90
初级产品	4325.56	6043.76	6346.05	6576.01	6474.40
食品及活动物	215.66	287.65	352.62	416.99	468.23
饮料及烟类	24.29	36.85	44.03	45.10	52.18
非食用原料(燃料除外)	2111.18	2852.55	2696.15	2861.43	2701.11
矿物燃料、润滑油及有关原料	1887.04	2755.60	3127.97	3149.06	3167.95
动、植物油脂及蜡	87.40	111.11	125.27	103.42	84.93
工业制成品	9622.72	11390.82	11832.21	12926.87	13128.50
化学品及有关产品	1496.36	1811.44	1792.69	1902.98	1933.74
按原料分类的制成品	1311.13	1503.28	1459.00	1482.92	1724.18
机械及运输设备	5495.61	6303.88	6527.50	7103.50	7244.51
杂项制品	1135.26	1277.09	1365.29	1390.11	1398.43
未分类的其他商品	184.37	495.13	687.74	1047.36	827.64

资料来源:商务部网站

四、国际贸易地理方向与对外贸易地理方向

(一)国际贸易地理方向

国际贸易地理方向亦称为国际贸易地理分布，是指一定时期内世界各洲、各国或各个国家经济集团的对外贸易在整个国际贸易中所占的比重。

(二)对外贸易地理方向

对外贸易地理方向也称为对外贸易地理分布，是指一定时期内世界上一些国家或地区的商品在某一个国家对外贸易中所占的地位，一般是以这些国家或地区的商品在该国进出口贸易总额中所占的比重来表示。2014 年中国前十大贸易合体伙伴见表 1－4。

表 1－4 2014 年中国前十大贸易合作伙伴

国家或地区	对外贸易额(单位:亿美元)	与 2013 年相比
欧盟	6151.4	增长 9.9%
美国	5551.2	增长 6.6%
东盟	4803.9	增长 8.3%

续表

国家或地区	对外贸易额(单位:亿美元)	与 2013 年相比
中国香港	3760.9	下降了 6.2%
日本	3124.4	持平
韩国	2904.9	增长 5.9%
中国台湾	1983.1	增长 6%
澳大利亚	1369	增长 3%
俄罗斯	952.8	增长 6.8%
巴西	865.8	下降了 4%

资料来源:中国海关统计

五、对外贸易依存度

对外贸易依存度是指一个国家在一定时期内进出口贸易值与该国同时期国民经济生产总值的对比关系。它是衡量一国国民经济对进出口贸易的依赖程度和衡量一国对外开放程度的一个重要指标。2010—2014 年中国对外贸易依存度见表 1—5。

表 1—5 2010—2014 年中国对外贸易依存度

年份	GDP/亿元	进出口总额/亿美元	出口额/亿美元	进口额/亿美元	对外贸易依存度/%
2010	397983.00	29727.6	15779.3	13948.3	63.65
2011	458271.58	36421	18986	17435	50.10
2012	534100.00	38667.6	20489.3	18178.3	47.00
2013	568845.00	41600	22100	19500	46.00
2014	636463.00	24901	13973	10928	41.50

资料来源:中国海关统计

六、贸易条件

贸易条件是指出口商品价格与进口商品价格之间的比率。贸易条件表示出口一单位商品能够换回多少单位进口商品。很显然，此数值越大，表明换回的进口产品越多，对该国贸易越有利，或者说，该国贸易条件有所改善;反之，则表明对该国贸易不利，或者说，该国贸易条件恶化。

七、对外贸易差额

对外贸易差额是指一个国家或地区一定时期内(通常为一年)出口总额与进口总额之间的差额。

对外贸易差额是衡量一个国家对外贸易状况的重要指标之一，当出口额大于进口额，表明该国存在贸易顺差;当出口额小于进口额，表明该国存在贸易逆差;当出口额等于进口额，表明该国贸易平衡。

❖【案例 1－2】

2015 年我国对外贸易状况

据海关统计，2015 年，我国货物贸易进出口总值 24.59 万亿元人民币，比 2014 年下降 7%。其中，出口 14.14 万亿元，下降 1.8%；进口 10.45 万亿元，下降 13.2%；贸易顺差 3.69 万亿元，扩大 56.7%。

在复杂严峻的局面中，我国对外贸易发展仍然呈现出一些积极变化和亮点，主要有以下几个方面的情况：

一、贸易方式更趋合理。在国务院“稳增长、调结构”相关措施的大力推进下，2015 年我国一般贸易进出口值为 13.29 万亿元，下降 6.5%，占进出口总值的 54%，所占比重较上年提升 0.3 个百分点；其中出口增长 2.2%。

二、贸易伙伴多元化取得积极进展。2015 年，欧盟、美国、东盟为我国前三大贸易伙伴，双边贸易值分别为 3.51 万亿元、3.47 万亿元和 2.93 万亿元。同期，我国对东盟、印度等新兴市场贸易相对表现较好，其中对东盟双边贸易值略降 0.6%，对印度增长 2.5%，表现均好于进出口总体情况。

三、民营企业对外贸易显示活力。2015 年，我国民营企业进出口 9.1 万亿元，微降 0.2%，占进出口总值的 37%，提升 2.5 个百分点；其中出口增长 3.1%。

四、出口商品结构进一步优化。2015 年，我国出口机电产品 8.15 万亿元，增长 1.2%，占出口总值的 57.7%，较上年提升 1.7 个百分点。同期，纺织品、服装、箱包、鞋类、玩具、家具、塑料制品等 7 大类劳动密集型产品出口总值 2.93 万亿元，下降 1.7%，占出口总值的 20.7%；其中，玩具、家具、箱包、塑料制品出口保持增长。

五、部分大宗商品进口量保持增长，贸易条件进一步改善。2015 年，我国部分大宗商品进口量保持增加。其中，进口铁矿砂 9.53 亿吨，增长 2.2%；原油 3.34 亿吨，增长 8.8%。同期，我国进口价格总体下跌 11.6%。其中，铁矿砂、原油、成品油、大豆、煤炭和铜等大宗商品价格跌幅较深。同期，我国出口价格总体下跌 1%，跌幅明显小于同期进口价格总体下跌幅度。由此测算，2015 年我国贸易价格条件指数为 112.1，表明我国出口一定数量的商品可以多换回 12.1%的进口商品，意味着我国贸易价格条件明显改善，对外贸易效益有所提升。

与此同时，当前我国外贸发展中依然存在一些困难。2015 年，我国与欧盟、日本双边贸易分别下降 7.2%和 9.9%；外商投资企业、国有企业进出口分别下降 6.5%和 12.1%；加工贸易进出口下降 10.6%。

资料来源：商务部网站

第三节 国际贸易的分类

一、按货物移动方向划分

(一)出口贸易

出口贸易也叫输出贸易，是指一国的商人将本国生产或加工的商品输往国外进行销售的活动。

(二)进口贸易

进口贸易也叫输入贸易，是指一国的商人将外国生产或加工的商品购买后，将其输往本国市场进行销售的活动。

(三)过境贸易

过境贸易是指贸易货物经过一国国境，不经加工改制地运往另一国的贸易活动。

二、按是否有第三国参加划分

(一)直接贸易

直接贸易指贸易商品由生产国与商品消费国之间不通过第三方直接进行的贸易活动。

(二)间接贸易

间接贸易指通过第三方或其他中间环节，把商品从生产国运销到消费国的贸易活动。

(三)转口贸易

转口贸易指一国或地区进口商品不以消费为目的，而是将它作为商品再向别国出口的贸易活动。

三、按商品形式划分

(一)有形商品贸易

有形商品贸易是指贸易双方交易的商品是具体的、有形的实物商品，因为这些商品看得见、摸得着，故称为有形贸易，有时也被称为货物贸易。

(二)无形商品贸易

无形商品贸易是指在国际贸易活动中所进行的没有物质形态的商品的交易，在国与国的交换中，交换标的物不是有形的商品。一般包括服务贸易和技术贸易。

四、按统计标准不同划分

(一)总贸易

总贸易是以国境为标准统计的进出口贸易。凡因购买输入国境的商品一律计入进口，凡因外销输出国境的商品一律计入出口。世界上某些国家，如日本、英国、加拿大、澳大利亚等采用总贸易方式来统计。

(二)专门贸易

专门贸易是以关境为标准统计的进出口贸易。凡因购买输入关境的商品一律计入进口，凡因外销输出关境的商品一律计入出口。世界上某些国家，如美国、德国、意大利、法国等国采用此方法。

五、按照贸易政策划分

(一)自由贸易

自由贸易是指一个国家的贸易政策中不过多地干涉国与国之间的贸易往来，既不对进出口贸易活动设置种种障碍，也不对本国的出口商品活动给予各种优惠，而是鼓励和提倡交易活动的自由竞争。

(二)保护贸易

保护贸易是指一些国家的贸易政策中广泛地使用各种限制措施去保护本国的国内市场免受外国企业和商品的竞争，主要表现在限制外国商品的进口；同时，对本国的出口商所从事的出口本国商品的活动给予各种优惠甚至补贴，以鼓励本国出口商更多地从事出口贸易。

六、按参与贸易活动的国家多少划分

(一)双边贸易

双边贸易是指两国(或地区)之间通过协议在双边结算的基础上进行的贸易。在这种贸易方式中，双方各以向对方的出口支付从对方的进口，不用向对方的出口支付从其他国家的进口。

(二)多边贸易

多边贸易是指三个或三个以上国家(或地区)作为一个整体，相互间发生贸易并保持贸易收支的贸易形式。开展多边贸易的国家并不要求与其他多边贸易国家实现各自的贸易收支平衡，而是要求与其他多边贸易国家的总输出和总输入大体上保持平衡。

◈复习思考题：

1.国际贸易理论与实务的主要内容是什么？

2.贸易顺差和贸易逆差的含义是什么？如何正确看待贸易顺差和贸易逆差？

3.结合现实分析近几年我国双边贸易和多边贸易的发展状况。

第二章 古典国际贸易理论 2

✲本章学习目标：

本章主要介绍绝对优势理论、相对优势理论、相互需求理论。绝对优势理论为比较优势理论的提出奠定了基础，相互需求理论是比较优势理论的发展。本章重点是比较优势理论和绝对优势理论，要求学生掌握比较优势理论和绝对优势理论的主要内容，并能用理论解释现实经济现象。

第一节 绝对优势理论

一、绝对优势理论产生的历史背景

18 世纪，资本主义生产关系在西欧有了迅速的发展，特别是英国，资产阶级革命成功以后，圈地运动大大加快，仅 1760—1790 年间，被圈占的土地就高达 298 万英亩。18 世纪末，英国的经济力量已经超过欧洲大陆的法国、西班牙。新兴的资产阶级为了从海外市场获得更多的廉价原料并销售其产品，迫切要求扩大对外贸易，而重商主义的一系列贸易保护政策严重束缚了对外贸易，阻碍了资本主义大工业的发展。为了适应时代的要求，在经济思想上需要经济自由主义。亚当 · 斯密于 1776 年发表了他的代表作《国富论》，在书中，斯密一方面猛烈抨击重商主义的经济思想，另一方面创立了自由放任的自由主义经济理论，为西方国际贸易理论奠定了基础。

✣**人物简介** 2—1

亚当 · 斯密

亚当 · 斯密（AdamSmith，1723—1790）是经济学的主要创立者。1723 年 6 月出生于苏格兰的克卡尔迪一个海关官员的家庭。在他出生前两个月父亲就去世了，亚当 · 斯密一生与母亲相依为命，终身未娶，为世界经济学作出了杰出的贡献。

1723—1740年间，亚当·斯密在家乡苏格兰求学，在格拉斯哥大学时期，亚当·斯密完成拉丁语、希腊语、数学和伦理学等课程；1740—1746年间，赴牛津学院求学，但在牛津并未获得良好的教育，唯一收获是阅读大量格拉斯哥大学缺乏的书籍。1750年后，亚当·斯密在格拉斯哥大学不仅担任过逻辑学和道德哲学教授，还兼负责学校行政事务，一直到1764年离开为止。这时期，亚当·斯密于1759年出版的《道德情操论》获得学术界极高评价，而后于1768年开始着手著述《国民财富的性质和原因的研究》简称《国富论》。1773年，《国富论》已基本完成，但亚当·斯密多花三年时间润色此书，1776年3月此书出版后引起大众广泛的讨论，影响所及除了英国本地，连欧洲大陆和美洲也为之疯狂，因此世人尊称亚当·斯密为"现代经济学之父"和"自由企业的守护神"。

资料来源：约翰·伊特维尔，默里·米尔盖特，彼得·纽曼.新帕尔格雷夫经济学大辞典（第三卷）[M].北京：经济科学出版社，1996:384—404

二、绝对优势理论的基本假设

1.只有两个国家，生产两种产品。

2.两个国家开展自由贸易。

3.生产要素在国内具有完全的流动性，但在两国之间完全缺乏流动性。

4.每种产品的国内生产成本都是固定的。

5.不考虑运输费用。

6.贸易按物物交换方式进行。

7.劳动决定商品价值，而且所有劳动都是同质的。

8.两国在不同产品的生产上存在着劳动生产率的绝对差异。

三、绝对优势理论的基本内容

(一)亚当·斯密对重商主义的批判

亚当·斯密在《国富论》中，对重商主义进行了全面的理论清算，并在此基础上建立起了古典国际贸易理论的基本框架。斯密对重商主义的批判主要包括以下几个方面：

1.斯密认为，财富并不由货币或金银组成，而由货币所购各物组成

斯密首先批评了重商主义将金银等贵金属同财富等同起来的错误财富观，认为"一个国家的财富并不仅仅由黄金和白银构成，还应该包括该国拥有的土地、房产和各种可供消费的商品"。

2.认为重商主义所主张的奖出限入政策是错误的

斯密认为重商主义一味地奖励出口、限制进口的政策观点存在明显的错误，他在《国富论》中指出："如果一件东西在购买时所费的代价比在家内生产时所费的小，就永远不会想要在家内生产，这是每一个精明的家长都知道的格言。"

3.认为国际贸易不是一种"零和博弈"，而是"双赢"

重商主义提出在国际贸易中，贸易双方是一种"零和博弈"，即贸易一方（出口方）获得利益，贸易另一方（进口方）必然要受到损失。斯密猛烈批判了重商主义的这种观点，他指出："只要各国按照拥有的特定优势开展贸易，则双方通过这种自愿基础上的贸易，都能从中获

取贸易利益。”

(二)绝对优势理论的基本观点

1.分工可以提高劳动生产率

亚当·斯密在《国富论》中第一次提出了劳动分工的观点，并系统全面地阐述了劳动分工对提高劳动生产率和增进国民财富的巨大作用。他认为:分工能增进劳动者的熟练程度;分工使每人专门从事某项作业，可以节省与生产没有直接关系的时间;分工有利于发明创造和改进工具。

2.分工的原则是绝对优势

斯密认为，每个国家都有其适宜于生产某些特定产品的绝对有利的生产条件，如果每个国家都按照其绝对有利的生产条件去进行专业化生产，然后彼此进行交换，则对所有国家都是有利的。

3.主张自由贸易

斯密认为，自由贸易会使贸易双方的资本和劳动力从生产能力低的行业转移到生产能力高的行业中去，实现资源的有效配置。生产商品的数量增加了，通过贸易，双方的消费量也增加了，对双方都有好处。

四、绝对优势理论的基本模型

为了说明绝对优势理论的主要观点，斯密提出了以下模型：

假定英国和葡萄牙两国都生产葡萄酒和毛呢这两种产品，分工前两国的生产情况如表 2－1(a)所示。在这种情况下，两国都能找出各自具有绝对优势的产品，也就是生产成本绝对低的产品，英国具有绝对优势的产品为毛呢，葡萄牙具有绝对优势的产品为葡萄酒。然后两国进行分工，英国所有的劳动力都用来生产毛呢，葡萄牙所有的劳动力都用来生产葡萄酒，分工后两国的生产情况如表 2－1(b)所示。产品生产出来后两个国家按照 1:1 的比例进行交换，如表 2－1(c)所示。最终的结果是英国拥有 1 个单位的葡萄酒和 1.7 个单位的毛呢，与分工前的情况相比多了 0.7 个单位的毛呢;葡萄牙拥有 1.375 个单位的葡萄酒和 1 个单位的毛呢，与分工前的情况相比多了 0.375 个单位的葡萄酒。

表 2－1(a)　分工前两国的生产情况

国家	葡萄酒产量/单位	所需劳动人数/人·年	毛呢产量/ 单位	所需劳动人数/人·年
英国	1	120	1	70
葡萄牙	1	80	1	110

表 2－1(b)　分工后两国的生产情况

国家	葡萄酒产量/单位	所需劳动人数/人·年	毛呢产量/ 单位	所需劳动人数/人·年
英国	—	—	2.7	190
葡萄牙	2.375	190	—	—

表 2－1(c)　交换后拥有产品的情况

国家	葡萄酒产量/单位	毛呢产量/单位
英国	1	1.7
葡萄牙	1.375	1

五、对绝对优势理论的评价

(一)绝对优势理论的贡献

绝对优势理论是从生产成本的绝对差别出发来发展国际分工和国际贸易，即一国生产某种商品的成本比别国的生产成本低，在利益上具有绝对优势，则该国就应该专门生产该商品并对外出口，反之就应该进口。该理论的贡献主要体现在以下几点：

1.该理论关于国际分工和国际贸易利益的分析基本上是正确的，为科学的国际贸易理论的建立提供了一个良好的开端。

2.斯密对社会经济现象的研究从流通领域转到生产领域，与重商主义相比是一大进步。

3.该理论解释了国际贸易产生的部分原因，也首次论证了贸易双方都可以从国际分工和交换中获得利益。

(二)绝对优势理论的局限性

绝对优势理论的缺陷主要体现在：

1.该理论建立在一系列假设前提下，这些假设前提极为苛刻，现实生活中很难满足。

2.该理论不能解释国际贸易的全部，而只能说明国际贸易中的一种特殊情形。该理论只能解释贸易双方都能找到生产成本绝对低的产品，然后进行分工，双方才能获得利益。但是如果某个国家连一种绝对优势的产品都没有，在这种情况下是否还应该进行国际贸易？如果进行贸易，能否获得贸易利益？绝对优势理论没有给出答案。

第二节 比较优势理论

一、比较优势理论产生的背景

比较优势理论是英国资产阶级在争取自由贸易的斗争中产生和发展起来的。1815 年英国颁布了《谷物法》，引起粮价上涨，地租猛增，这对地主贵族有利，却严重损害了工业资产阶级的利益。围绕《谷物法》的存与废，双方展开论证。大卫・李嘉图代表工业资产阶级发表了《论谷物低价对资本利润的影响》一文，主张实行谷物自由贸易，从而提出了比较优势理论。

✣人物简介 2—2

大卫・李嘉图

大卫・李嘉图(DavidRicardo，1772—1823 年)，是英国产业革命高潮时期的资产阶级经济学家，是英国资产阶级古典政治经济学的杰出代表和完成者，他继承和发展了斯密经济理论中的精华，使古典政治经济学达到了最高峰。

李嘉图出身于英国伦敦的一个资产阶级犹太移民家庭，在十七个孩子中排行第三。童年所受教育不多，14 岁时，随父亲从事证券交易活动，16 岁时便成了英国金融界的知名人物。21 岁独立开展证券交易活动，很快便获得成功，25 岁时他已拥有 200 万英镑财产。这时的李嘉图深感早年教育不足，因此在经济生活有了保障以后开始自学。1799 年的一次乡村度假里，他偶然阅读了亚当・斯密的《国民财富的性质和原因的研究》，这是他第一次接触经济学，从此，对政治经济学发生兴趣并开始研究经济问题。1817 年 4 月，他的名著《政治经济学及赋税原理》出版，该书包含了他丰富的经济思想，在经济史上有着很重要的地位。1819 年，他成为了一名议员，积极参与讨论银行改革、税收提议等问题，并成为了伦敦竞技俱乐部的奠基人。1823 年 9 月李嘉图死于格洛斯特郡盖特孔公园他的乡村别墅。

资料来源:http://blog.sina.com.cn/s/blog_4b6d44cb01000beq.html

二、比较优势理论的基本假设

1.只有两个国家，生产两种产品。

2.两个国家开展自由贸易。

3.生产要素在国内具有完全的流动性，但在两国之间完全缺乏流动性。

4.每种产品的国内生产成本都是固定的。

5.不考虑运输费用。

6.贸易按物物交换方式进行。

7.劳动决定商品价值，而且所有劳动都是同质的。

8.两国存在着劳动生产率的相对差异。

三、比较优势理论的基本内容

大卫·李嘉图对亚当·斯密的“绝对优势”理论进行了修正和完善。李嘉图认为，一个国家不仅能以具有“绝对优势”的产品进入国际分工体系，而且也能以具有“相对优势”的产品参加到国际分工体系中来。他认为，在国际贸易中，各国不一定要专门生产劳动成本绝对低(即绝对优势)的产品，而只要专门生产劳动成本相对低的产品，便可以进行对外贸易并能从中获益和实现社会劳动的节约。该理论认为，在两个国家，两种商品的贸易模式里，贸易一方两种商品都处于劣势，而贸易另一方两种商品都处于优势，通过贸易双方仍能获得利益。即可以按照“两优取其重，两劣取其轻”的比较原则进行分工，从中获得贸易利益。

四、比较优势理论的基本模型

假定英国和葡萄牙两国都生产葡萄酒和毛呢这两种产品，分工前两国的生产情况如表2－2(a)所示。

表2－2(a)　分工前两国的生产情况

国家	葡萄酒产量/单位	所需劳动人数/人·年	毛呢产量/单位	所需劳动人数/人·年
英国	1	120	1	100
葡萄牙	1	80	1	90

从葡萄牙方面看，两种商品生产都比英国效率高、成本低，但是低的程度不同。毛呢的成本相当于英国的90％(90/100)，而酒的成本相当于英国的67％(80/120)。可见，葡萄牙生产酒的效率更高些。

从英国方面看，两种商品生产都比葡萄牙效率低、成本高，但是高的程度不同。毛呢的成本是葡萄牙的1.1倍(100/90)，而酒的成本是葡萄牙的1.5倍(120/80)。可见，英国生产毛呢的效率相对高一些。

在这种情况下，两国进行分工，分别生产具有相对优势的产品，即英国生产毛呢，葡萄牙生产葡萄酒，分工后两国的生产情况如表2－2(b)所示。

表2－2(b)　分工后两国的生产情况

国家	葡萄酒产量/单位	所需劳动人数/人·年	毛呢产量/单位	所需劳动人数/人·年
英国	—	—	2.2(220/100)	220
葡萄牙	2.125(170/80)	170	—	—

产品生产出来后，假定两国按照1:1的比例进行交换，两国国内的消费情况如表2－2(c)所示。

表2－2(c)　交换后拥有产品的情况

国家	葡萄酒产量/单位	毛呢产量/单位
英国	1	1.2
葡萄牙	1.125	1

从表2－2(c)中可以看出，两国的劳动投入并没有增加，但是两种产品的总量却增加了。其中毛呢增加了0.2个单位，葡萄酒增加了0.125个单位。通过交换，两国都获得了更多

利益。

五、对比较优势理论的评价

(一)比较优势理论的贡献

1.比较优势理论为当时英国新兴资产阶级的自由贸易提供了理论支持，促进了英国生产的发展。

2.比较优势理论较圆满地解决了开展国际贸易的一般基础，比斯密的绝对优势理论更具普遍意义。

(二)比较优势理论的局限性

1.比较优势理论建立在一系列假设前提下，所以该理论缺乏坚实的现实基础，对当今国际贸易的许多现象不能做出解释。

2.按照比较优势理论，自由贸易条件下，贸易双方都可获利，所有国家都应积极实行自由贸易，但实际中，各国都在不同程度地实行保护贸易。

3.比较优势理论不能解释当今主要发生在发达国家之间的国际贸易。

✣【案例 2—1】

日本人惊呼中国成为“世界工厂”

2000 年日本通产省发表的白皮书，第一次将中国称为“世界工厂”，因为彩电、洗衣机、冰箱、空调、微波炉、摩托车等产品中，中国制造的已占世界市场份额的第一名。中国是全球重要的彩电生产基地，承担着世界彩电总量三分之一的生产。世界上顶尖的彩电大企业中的松下电器、东芝、三洋电机、三菱电机四个公司，都已将彩电生产的主要基地移师中国。除家电外，日本公司的各种纺织面料，包括服装、领带、袜子等也在中国大量生产。

由于利用的是外国的专利技术及经营管理，甚至关键部件还要用洋品牌，所以中国制造出口的商品，绝大多数是冠以洋品牌的。像“海尔”那样，用中国自己的名字，能在美国市场占领一块阵地，甚至将日本名牌挤出市场者，微乎其微。如此看来，要使世界工厂生产出走向世界的中国名牌，仍然任重而道远。

资料来源：http://bbs.tianya.cn/post—worldlook—153000—1.shtml

✣【案例 2—2】

格兰仕的品牌战略

格兰仕是一家家电制造企业，总部位于中国广东省佛山市顺德区容桂街道，其前身是顺德桂洲羽绒厂。格兰仕是中国最主要的微波炉制造商，在中国总部拥有 13 家子公司，在全国各地共设立了 60 多家销售分公司和营销中心，在香港、首尔、北美等地都设有分支机构。

格兰仕的品牌战略很简单，然而却有很大的智慧：格兰仕最初生产羽绒和服装制品，1993 年发生战略转折点，开始将品牌聚焦于微波炉。1995 年格兰仕取得微波炉全国市场第一，从此开始了所向无敌的专业品牌打造。至今，格兰仕已在微波炉领域取得成本领先、技术领先、市场领先，成为了该行业的“领头羊”。格兰仕在 90 年代初只属于中型企业，没有充裕资金用于研发，因此采用“拿来主义”，将国外已无成本优势的生产线引入到中国，与自身的企业优势对接，进行专业化合作，以最小的先期投入进入到微波炉行业，高起点地迅速成为优质微波炉的制造中心。之后，格兰仕先后引进了各种先进的生产线和生产技术，除替知名品牌作代加工外，还利用这些生产线的剩余生产能力制造自己的产品，无形中降低了成本。另一方面，格兰仕也通过这种操作模式，掌握了不少其他品牌的关键技术，为自己的研究开发提供了便利。格兰仕已顺势将自己定位在“全球微波炉制造中心”，将自己的全部资源集中在产品设计与制造中。

资料来源：http://zhidao.baidu.com/question/198072795

第三节　相互需求理论

一、相互需求理论产生的背景

相互需求理论的产生是与当时英国资产阶级争取自由贸易运动相联系的。大卫·李嘉图逝世后，英国经济学界展开了一场关于关税报复问题的辩论。拥护自由贸易的R.托伦斯在论战中提出：国际交换条件并不决定于生产成本，而决定于供求原理。他认为，资本和劳动在国内能够自由流动，因此，生产成本可以直接影响并调整供求关系，是商品交换比例的最终决定者；但资本和劳动在国际上不能自由流动，决定国际交换条件的不再是生产成本，而是国际供求关系。1848 年，约翰·斯图亚特·穆勒出版了其代表作《政治经济学原理》，在这本书中，他论述了“相互需求原理”。穆勒认为，国际商品交换比例是在比较成本确定的范围内，由相互需求的强度决定的。

✣人物简介 2－3

约翰·斯图亚特·穆勒

约翰·斯图亚特·穆勒(JohnStuartMill，1806－1873)，1806 年 5 月出生于伦敦的彭顿维尔，英国著名改良主义经济学家，李嘉图国际贸易学说的著述者与补充者，是历史学家、经济学家詹姆斯·穆勒(JamesMill，1773－1836)之子。穆勒从孩提时期其父即授以严格教育，3 岁学习希腊文，8 岁学习拉丁文，并开始接触几何与代数，9 岁开始阅读古希腊文学与历史作品，10 岁读完古希腊哲学家柏拉图和德摩斯提尼的原著。13 岁时，在父亲的指导下，他开始阅读李嘉图的《政治经济学及赋税原理》，接着又阅读了亚当·斯密的《国富论》。

1823 年在其父供职的东印度公司任低级职员，他在那里工作了 36 年，直到 1958 年英国政府最终接管印度公司为止。1865—1868 年期间任威斯敏斯特区的国会议员。1844 年出版《政治经济学中若干未解决的问题》，1848 年出版《政治经济学原理》，还出版过《论自由》《逻辑体系》等书，1873 年在阿维尼翁去世。

资料来源：约翰·伊特维尔，默里·米尔盖特，彼得·纽曼.新帕尔格雷夫经济学大辞典(第三卷)[M].北京：经济科学出版社，1996：500－510

二、相互需求理论的主要内容

(一)关于国际商品交换比例上下限的分析

约翰·穆勒认为，在国际分工开始以前，两国存在不同的 X 商品与 Y 商品的国内交换比例。进行国际分工和国际贸易后，两国国内的交换比例被在世界市场确定的单一交换比例即国际交换条件所取代。这种国际交换比例直接决定各国出口产品的国际价值。

下面以英国和德国两个国家各生产毛呢和钢铁两种产品为例，来论述约翰·穆勒关于国际交换条件的确定问题。

1.英德两国进行国际分工前，在两种产品的生产上各自具有相对优势，依据比较成本论，英国应分工生产毛呢，德国应分工生产钢铁。

假设英德两国投入既定量劳动可各自生产毛呢和钢铁的数量见表 2—3。

表 2—3 英德两国分工前的产量

产品 / 既定劳动产出量 / 国家	毛呢	钢铁
英国	10 单位	15 单位
德国	10 单位	20 单位

根据假定，英德两国总劳动量相同，一半用于生产毛呢，一半用于生产钢铁。在毛呢的生产上，两国劳动生产率相同，投入相同的劳动量产出相同的 10 单位毛呢;在钢铁的生产上，两国的劳动生产率则不同，同样的劳动投入，英国只生产出 15 单位钢铁，德国则生产出 20 单位钢铁。可见，英国在毛呢的生产上处于相对优势，而德国则在钢铁的生产上处于相对优势。所以，贸易格局应该是英国生产并出口毛呢以交换德国的钢铁。

2.英德两国进行国际分工后，劳动总量没有增加，产品总量却增加了，按比较成本原则进行国际分工，英德两国所生产的产品量见表 2—4。

表 2—4 英德两国分工后产品量的变化

产品 / 既定劳动产出量 / 国家	毛呢	钢铁
英国	20 单位	0 单位
德国	0 单位	40 单位

英国全部劳动力都生产毛呢，可生产出 20 单位的毛呢;德国全部劳动力都生产钢铁，可以生产 40 单位的钢铁。就英国和德国所结成的分工体来说，产品总量由于分工而增加了:毛呢的量虽仍为 20 单位，钢铁的量却由 35 单位增至 40单位。

3.英德两国间商品的交换比例，应在双方国内商品交换比例的上下限之间在没有参加国际间的分工与贸易时，英德两国国内的商品交换比例由商品的劳动成本决定。所以，在英国国内毛呢与钢铁的交换比例，或称毛呢对钢铁的相对价格为 10 : 15，即 10 单位的毛呢换 15 单位的钢铁，因为它们所含的劳动量相等。在德国国内，毛呢与钢铁的交换比例为 10 : 20，即 10 单位毛呢换 20 单位钢铁。

当有了国际分工，英国人开始用毛呢到德国换取钢铁。这种国际交换的比例应如何确定呢？假设英德两国间的运输成本为零，英国人会希望用 10 单位的毛呢到德国去按德国国内的交换比例换回 20 单位的钢铁;德国人则希望能按英国国内的交换比例，得到英国的 10 单位毛呢时只付出自己 15 单位的钢铁。显然，这两种愿望是互相矛盾的。在现实中必须达成一个折中方案，才能被双方同时接受。

在只有英德两国组成的国际市场上，只要 10 单位毛呢可以换得的钢铁量超过 15 单位，英国便会接受这种国际贸易，因为这种相对价格比英国国内便宜;反之，若 10 单位毛呢可以换得的钢铁量等于或少于 15 单位，英国就不会出口毛呢到德国去换钢铁。同样，对于德国来说，只要在国际市场上换取 10 单位毛呢的钢铁量少于 20 单位，它就愿意参加国际贸易。因此，英德两国商品的交换比例，应确定在双方国内的交换比例这个上下限之间。

如果用 e 表示国际交换比例，则其范围可以表示为：

10∶20 < e < 10∶15

只有在此限度内，国际贸易才会发生。如果国际商品交换比例高于这一上限或低于这一下限，则贸易双方中就必有一方会退出交易，国际贸易也就无法进行下去。如果按照上限或下限进行交易，就会出现交易的一方独占全部利益的情况。比如，按 10∶20 这种德国国内的交换比例进行贸易，贸易后德国可得到 10 单位毛呢和 20 单位钢铁，其利益没有因为参加国际贸易而变化；英国却在这种贸易中获得了 10 单位毛呢和 20 单位钢铁，比参加国际分工和贸易前多得 5 单位钢铁。

这意味着国际分工和贸易所产生的全部利益都被英国所得。再比如，若按 10∶15 这种英国国内的交换比例进行贸易，则英国的利益未变，而德国多得 5 单位的钢铁。这样一来，就等于德国将国际分工和贸易带来的利益据为己有。

通过以上分析，约翰·穆勒得出结论：两国国内交换比例构成国际交换比例的上下限，超过或等于上下限的交换比例意味着一方获得全部利益，而另一方则损失了利益或未增加利益。

(二)贸易利益的分配决定于相互需求强度

约翰·穆勒在深入分析了国际商品交换比例一定会在交易双方国内交换比例之间这个问题后，进一步指出国家间商品的具体交换比例，是由贸易双方相互需求强度的大小来决定的。

约翰·穆勒认为，在国际贸易所形成的相互需求中，对对方产品需求强度相对大的国家，贸易条件(商品的具体交换比例)对该国就不利。因为该国为了得到对方国家的产品，就不得不用更多的本国产品去交换，从而使本国产品的交换能力下降。相反，对对方产品需求强度相对小的国家，贸易条件对该国就较有利。

三、对相互需求理论的简评

1.约翰·穆勒以大卫·李嘉图的比较成本论为基础，解决了国际贸易为双方带来利益的范围问题，从这点上看，他发展完善了大卫·李嘉图的理论。

2.约翰·穆勒认为，本国商品的价值决定于商品的劳动成本，而外国商品的价值则决定于为了得到这些商品所必须支付给外国的本国商品的数量。也就是说，外国商品的价值决定于国际交换比例，而国际交换比例则决定于相互需求强度，这实际上脱离了劳动价值论。

◉复习思考题：

1.简述亚当·斯密的绝对优势理论并对其进行评价。

2.举例说明大卫·李嘉图的比较优势理论。

3.试述穆勒的相互需求理论的基本内容及其局限性。

第三章　新古典国际贸易理论　3

✲本章学习目标：

本章重点讨论了要素禀赋理论的主要内容，从一个全新的视角来分析国际贸易发生的原因和基础。通过本章学习，要求学生结合我国要素禀赋状况分析我国如何参与国际贸易，获得贸易利益。另外，要求学生了解里昂惕夫之谜的产生及对"谜"的种种解释。

第一节　生产要素禀赋理论

一、生产要素禀赋理论产生的历史背景

生产要素禀赋理论也称"赫克歇尔—俄林"模型，或称"H—O"模型。该理论是用生产要素的丰缺度解释国际贸易产生的原因和商品流向的理论。生产要素禀赋理论直到20世纪50年代中期以前，在西方国际贸易理论界一直居主导地位，被广泛地接受和推崇。

瑞典经济学家赫克歇尔于1919年发表了题为《对外贸易对国民收入之影响》的著名论文，来解释大卫·李嘉图学说中两国之间比较成本的差异问题。他在论文中指出，如果两个国家所拥有的各项生产要素的数量都一样，且两个国家各个生产部门中生产的技术水平也都一样，即不论生产何种产品所需投入的各种生产要素的比例都一样，再假定没有任何运输成本，那么进行国际贸易的结果对任何一个国家来说都是既无所得，也无所失，进行国际贸易也就失去了意义。因此，他指出，产生比较成本差异必须有两个前提条件，一个是两个国家要素禀赋不一样，另一个是不同产品生产过程中所使用的要素比例不一样。只有在这两个前提下，国际贸易才会发生。但赫克歇尔的理论论证既不严密，也从未提出过完整的理论模式。

贝蒂·俄林是赫克歇尔的学生。他接受了赫克歇尔的论点，于1933年出版了《区际贸易和国际贸易》一书，该书被认为是现代国际贸易理论最重要的著作之一。俄林在这本著作中

所创立的贸易学说被经济学界誉为是国际贸易理论从古典发展到现代的标志。由于俄林的理论深受赫克歇尔理论的影响，所以人们把他们的理论合称为“赫克歇尔—俄林模型。”

✣人物简介 3－1

伊・菲・赫克歇尔

伊・菲・赫克歇尔(EliF.Heckscher，1879－1952)，瑞典人，出生于斯德哥尔摩的一个犹太人家庭。1897年起，赫克歇尔在乌普萨拉大学学习历史和经济，并于1907年获得博士学位。毕业后，他曾任斯德哥尔摩大学商学院的临时讲师，1909－1929年任经济学和统计学教授。此后，因他在科研方面的过人天赋，学校任命他为新成立的经济史研究所所长。他成功地使经济史成为瑞典各大学的一门研究生课程。

他在经济理论方面最主要的贡献可以概括为他最著名的两篇文章。1919年发表的《外贸对收入分配的影响》是现代赫克歇尔－俄林要素禀赋理论的起源，他集中探讨了各国资源要素禀赋构成与商品贸易模式之间的关系，并且一开始就运用了一般均衡的分析方法，他的论文具有开拓性的意义。其后这个理论由他的学生俄林进一步加以发展。《间歇性免费商品》(1924)一文提出的不完全竞争理论，比琼・罗宾逊和爱德华・张伯伦的早了9年。

在经济史方面，赫克歇尔更享有盛名。主要著作有：《大陆系统：一个经济学的解释》《重商主义》《古斯塔夫王朝以来的瑞典经济史》《历史的唯物主义解释及其他解释》《经济史研究》等。赫克歇尔通过对史料提出更广泛的问题或假定，进行深入的批判性研究，从而在经济史和经济理论两个方面架起了桥梁，并把两者有机地结合起来。

资料来源：http://baike.baidu.com/view/751247.htm

✣人物简介 3－2

戈特哈德・贝蒂・俄林

戈特哈德・贝蒂・俄林(BertilGotthardOhlin，1899－1979)，1899年4月出生于瑞典，现代国际贸易理论的创始人。先后在隆德大学、斯德哥尔摩商学院、剑桥大学、哈佛大学学习和深造。1925年任哥本哈根大学经济学教授，1930年应聘到斯德哥尔摩商学院任经济学教授。俄林不仅是经济学家，而且是瑞典著名的政治活动家，1938年当选为议员，1944年聘任瑞典主要反对党自由党的主席，在联合政府中任贸易部长，连任自由党主席达23年之久。1977年，俄林因对国际贸易理论和国际资本运动理论做出了开拓性的研究，与英国剑桥大学的詹姆斯・爱德华・米德一同获得了当年的诺贝尔经济学奖。

俄林的主要著作有：《对外贸易与贸易政策》(1925)、《区域贸易与国际贸易》(1931)、《国际经济重建》(1936)、《资金市场与利率政策》(1941)、《稳定就业问题》(1949)、《对外贸易政策》(1955)等。

资料来源：http://baike.baidu.com/view/697975.htm

二、要素禀赋理论的基本假设

1.世界经济中只有两个国家(A国和B国)，使用两种生产要素(资本K和劳动L)，生产两种产品(X和Y)。

2.生产过程中的规模收益不变。

3.两国生产相同产品的生产技术相同，生产函数相同。

4.没有要素密集度逆转。X总是劳动密集型产品，Y总是资本密集型产品。

5.两国消费者的需求偏好相同。

6.两国均为不完全的专业化分工。

7.两国的商品和要素市场都是完全竞争的。

8.每个国家的生产要素都是给定的。

9.没有运输成本和交易成本，也没有关税和非关税壁垒。

10.两国的生产资源都被充分利用。

三、要素禀赋理论中的几个基本概念

(一)生产要素

生产要素(Factorof Production)是指生产活动必须具备的主要因素和在生产中必须投入或使用的主要手段。

(二)要素价格

要素价格(Factor Price)是指生产要素的使用费用或要素的报酬。

(三)要素密集度

要素密集度(Factor Intensity)是指产品生产中某种要素投入比例的大小，如果某要素投入比例大，称该要素密集程度高。

(四)要素禀赋

要素禀赋(Factor Endowment)是指一国拥有的各种生产要素的数量。它既包括自然存在的资源，如土地、矿山，也包括社会财富的积累，如技术、资本。

(五)要素丰裕度

要素丰裕度(Factor Abundance)是一国的资源拥有情况，即一国的要素禀赋状况。一个国家的要素禀赋决定该国各产业适宜的或可行的要素使用比例范围;同样，也决定着要素价格的适宜的或可行的范围。生产要素禀赋中某要素所占比例大于别国同一种要素的供给比例，而相对价格低于别国同一种要素的相对价格。

四、要素禀赋理论的基本内容

(一)生产要素的禀赋差异是国际贸易发生的根本原因

国际贸易发生的直接原因是商品价格的差异，商品会从价格低的国家流向价格高的国家;而商品价格的差异是由于生产成本的差异造成的，生产成本高的产品，价格自然就高，生产成本低的产品，价格自然就低;生产成本的差异是由于生产要素的价格差异造成的，如果生产某种产品的要素价格高，则该种产品的生产成本就高，生产要素价格低，则生产成本就低。那么造成各国生产要素价格差异的原因是什么呢？正是各国生产要素的禀赋不同造成的。所以，生产要素的禀赋差异是国际贸易发生的根本原因。

(二)各国应出口那些密集使用本国丰裕资源的产品，进口那些密集使用本国稀缺资源的产品

根据要素禀赋理论，各国应出口那些密集使用本国丰裕资源的产品，进口那些密集使用本国稀缺资源的产品。以中美两国的贸易为例，中国属于劳动力资源丰裕的国家，美国属于资本要素丰裕的国家，因此，中国应该出口劳动密集型产品，进口资本密集型产品;美国应该出口资本密集型产品，进口劳动密集型产品。

(三)自由贸易不仅会使国际间商品价格趋于均等，而且要素价格也趋于均等

要素价格均等化定理的基本含义是:商品的国际贸易，即商品在国家间的流动，在一定程度上可以替代生产要素的流动，拉平各国间的要素价格，弥补国家间要素流动性的不足，减少国家间各种生产要素分布不均所造成的要素价格差异。

这一均等化定理的推导过程如下:假设甲、乙两国的要素禀赋状况为甲国劳动力丰裕，资本稀缺(这意味着贸易前甲国劳动力价格低，资本价格高);乙国资本丰裕，劳动力稀缺(这意味着贸易前乙国资本价格低，劳动力价格高)。

在这种情况下，甲国出口劳动密集型产品，随着乙国对劳动密集型产品需求的扩大，导致甲国国内对劳动力需求的增加，需要更多的劳动力来生产出劳动密集型产品，因此甲国国内劳动力需求大于供给，导致劳动力价格上涨;甲国进口资本密集型产品，随着国内资本密集型产品供给的扩大，导致国内对资本的需求不断减少，资本需求小于供给，导致资本价格下降。

对乙国而言，乙国出口资本密集型产品，随着甲国对产品需求的扩大，导致国内对资本需求增加，资本需求大于供给，导致资本价格上涨;乙国进口劳动密集型产品，产品供给不断扩大，导致国内对劳动需求的减少，劳动力需求小于供给，劳动力价格下降。

这样，随着国际贸易的开展，甲、乙两国所拥有的劳动和资本的丰裕程度发生了相对的变化，其价格也随之发生着相对的变化，出现了生产要素价格在两国间趋于均等的倾向。

五、对要素禀赋理论的评价

(一)要素禀赋理论的积极意义

1.要素禀赋理论是对比较利益学说的重大发展

要素禀赋理论认为，各国应根据要素禀赋的状况进行国际分工，并据此找出各国具有比较优势的产品，在此基础上进行分工生产，然后彼此进行交换，这样各国就能够彼此获得贸易利益，这是对比较利益学说的进一步发展。

2.该理论最先从生产要素角度分析国际分工和国际贸易发生的原因

要素禀赋理论与比较利益学说的重要区别体现在要素禀赋理论是从生产要素角度分析国际分工和国际贸易发生的原因。该理论认为，在生产过程中不仅仅只有劳动力一种生产要素，而且还有资本这种重要的生产要素，两个国家根据劳动力和资本要素的丰裕程度就能确定如何进行国际分工并进行国际贸易。

3.对各国制定对外贸易政策具有一定的指导意义

根据要素禀赋理论的主要观点，一国在对外贸易中，应出口本国丰裕要素生产的产品，

进口本国稀缺要素生产的产品。这一思想对各国制定对外贸易政策具有重要的指导意义。

(二)要素禀赋理论的局限性

1.这一学说建立在一系列假设前提下，是一种静态分析问题的方法。

2.这一学说只强调各个国家生产要素禀赋上的差别，忽视了"市场扩张"这一重要内容，而后者正是经济发达国家积极参与国际贸易的重要原因之一。为了占领国际市场，有些产品虽然不具有比较优势，政府仍然会鼓励出口。

3.要素价格均等化理论与现实不符。

要素价格均等化只是一种理论上的分析，在现实生活中很难实现。按照要素价格均等化理论，随着国际贸易的开展，发达国家和发展中国家的要素价格将趋于相同，这显然与现实情况不相符合。

❖【案例 3－1】

要素禀赋与贸易结构

沙特阿拉伯是一个石油大国，石油资源丰富，在其领土范围内，已探明的石油储量为 2615 亿桶，约占全球总储量的 25.2%。沙特阿拉伯现共有 8 座大型炼油厂，日提炼能力约 158 万桶，实际日产量约 40 万桶至 150 万桶，其中 60%左右供国内消费，其余供出口。沙特阿拉伯经济结构单一，石油是其经济发展的命脉，因此，对外贸易在其国民经济中举足轻重。石油收入占其国家财政收入的 60%～80%，石油和石化产品出口占其出口总额的 90%左右。进口中，机电设备、食品和交通工具所占比重最大。

对石油的高度依赖，使沙特阿拉伯深受国际市场上石油价格波动的影响。20 世纪 70 年代石油价格高攀时，给沙特阿拉伯带来了可观的贸易收益，使其一跃成为世界人均高收入成员，而 80 年代以后的石油价格萎靡不振，也给其带来了巨大的不利影响。

大多数发展中国家的出口商品都与其要素禀赋密切关联。尼日利亚、印度尼西亚、墨西哥、肯尼亚、埃及、委内瑞拉等是世界石油的主要供给国，赞比亚、扎伊尔、智利是著名的铜出口国，哥伦比亚、坦桑尼亚、埃塞俄比亚、巴西、科特迪瓦、危地马拉是闻名世界的咖啡供应地……

马来西亚在 1957 年独立时，基本上是单一经济结构，橡胶出口占其出口收入的一半，占国内生产总值的近 1/4。锡是其第二大出口品，占全部出口收入的 10%～20%。独立后，马来西亚继续投资于初级产品出口，并在制成品出口上进行投资。结果，其出口逐步多样化，保持了快速的增长。

在非洲的象牙海岸，为维持其咖啡出口，加强了投资，同时，象牙海岸还增加了对可可、木材和其他初级产品的投资，出口不断增长，国内居民生活水平也不断提高。

资料来源：http://www.docin.com/p－828560122.html

第二节 里昂惕夫之谜

一、里昂惕夫之谜

里昂惕夫之谜是与要素禀赋理论密切联系的。根据要素禀赋理论，一国应该出口密集使用本国丰裕要素生产的产品，进口那些密集使用本国稀缺要素生产的产品。这一理论提出后，立刻在当时的理论界占据了主流地位。此后，很多的经济学家为了证明这一理论的准确性，纷纷将这一理论在本国进行验证，其中以里昂惕夫的验证为代表。里昂惕夫对美国的进出口商品结构进行验证，结果却得出了与要素禀赋理论完全相反的结论，即他验证的结果是:美国出口的是劳动密集型产品，进口的是资本密集型产品。这一结论在当时的理论界引起了轩然大波，被称为里昂惕夫之谜，又称为里昂惕夫反论。

✣人物简介 3－3

瓦西里・里昂惕夫

瓦西里・里昂惕夫(Wassily Leontief，1906－1999)，俄裔美国经济学家。里昂惕夫于1906年夏天生于彼得堡。1921年，考入了彼得堡大学，专修社会学，1925年取得了社会学硕士学位，这时，他年方19岁。毕业后被校方留任为助教。当苏维埃政权建立起来的时候，急需恢复和发展经济。里昂惕夫的父亲参加了编制1923—1924年苏联国民经济平衡表的工作，社会与家庭各方面的影响和时代的需要，使这位年轻人对经济学问题发生了浓厚的兴趣，开始这方面的探索。他一边担负繁重的教学工作，一边阅读有关经济学理论的书籍。他于1927年来到马克思的故乡德国，进入柏林大学博士研究生班继续深造。1928年，取得了柏林大学的博士学位。

里昂惕夫把投入产出分析看作是经济分析的一个全能工具。所以，他在解决了一国国民经济投入产出表的编制问题后，便进一步探索运用这一方法深入研究不同局部或个别环节的途径。1966年，里昂惕夫将自己的理论系统整理后，出版了《投入—产出经济学论文集》一书。同年，他又出版了《经济学论文集:理论和理论的形成》一书。1967年，里昂惕夫被纽约大学授予终身教授职衔。1958年，法国全国退伍军人协会授予他名誉会员的称号。同年，他又被聘为法国工业委员会通讯员。由于里昂惕夫发展了投入产出分析方法在经济领域中的重大作用，1973年被授予诺贝尔经济学奖。

资料来源:约翰・伊特维尔，默里・米尔盖特，彼得・纽曼.新帕尔格雷夫经济学大辞典(第三卷)[M].北京:经济科学出版社，1996:177－179

二、里昂惕夫之谜的产生

1953年，里昂惕夫用投入—产出分析方法对美国1947年对外贸易商品结构进行分析，本来想验证生产要素禀赋理论，却得出了完全相反的结论。这一结论彻底动摇了人们已经建立的思维定式。1956年，里昂惕夫又用1951年的贸易数据再次进行验证，得出同样的结论。

里昂惕夫的惊人发现引起经济学界的极大关注，被称为“里昂惕夫之谜”。

表 3－1　1947 年和 1951 年美国出口商品和进口替代商品对国内资本和劳动的需要量

	1947 年		1951 年	
	出口品	进口替代品	出口品	进口替代品
资本 K(美元)	2550780	3091339	2256800	2303400
劳动 L(人/年)	182313	170004	17391	16781
资本/劳动(人均资本量)	13.991	18.185	129.77	137.26

根据表 3－1，1947 年美国平均每人进口替代商品的资本量与出口商品的资本量的比是 18.185/13.991＝1.30，也就是说高出约 30％；1951 年美国平均每人进口替代商品的资本量与出口商品的资本量的比是 137.26/129.77＝1.06，也就是说高出约 6％。

里昂惕夫的研究结果表明，美国进口替代商品的资本密集程度反而高于出口商品的资本密集程度。这说明美国参与国际分工是建立在劳动密集型生产专业化基础上，而不是建立在资本密集型生产专业化基础上。

三、对里昂惕夫之谜的解释

里昂惕夫之谜提出后，在经济学界掀起了一场验证和探讨里昂惕夫之谜的热潮，其代表性的学说如下：

(一)劳动效率说

劳动效率说又叫人类技能说，是由里昂惕夫自己提出来的。里昂惕夫认为，各国劳动生产率差异很大，如美国工人的劳动生产率大约是其他国家工人的 3 倍。因此在以劳动效率为单位衡量的条件下，美国就成为劳动要素相对丰富、资本要素相对稀缺的国家。在这种情况下，美国出口劳动密集型产品、进口资本密集型产品就是理所当然的了，于是里昂惕夫之谜就不存在了。

(二)市场不完全说

市场不完全说又叫关税结构说。该学说认为赫—俄理论所提出的各国之间实行自由贸易的假设在现实生活中是根本不存在的，为了保护本国特定的产业和利益集团，每个国家都会或多或少地实行一定程度的贸易保护。而关税往往是最重要的贸易保护手段。美国经济学家鲍德温从美国关税结构的角度对里昂惕夫之谜进行了解释，他认为关税能够对产品的要素密集度产生一定的影响，从而使贸易结构无法真实地反映一国的要素禀赋情况。在美国，劳动密集型产业是不具有比较优势的产业，因而其贸易政策倾向于通过关税等贸易限制措施来减少劳动密集型产品的进口，保护本国的劳动密集型产业。同时，为了保证本国的劳动密集型产业有一定的发展，而不出现过分萎缩，美国政府也倾向于鼓励本国劳动密集型产品的出口，这种人为的贸易干预措施，在一定程度上提高了美国资本密集型产品的进口比重和劳动密集型产品的出口比重，这一研究成果在一定程度上解释了“谜”的产生。

(三)自然资源论

这种观点认为，里昂惕夫是用双要素模型来分析问题的，也就是只考虑了劳动和资本两种生产要素，而没有考虑其他生产要素，如自然资源。实际上，一些产品既不是劳动密集型产品，也不属于资本密集型产品，而是自然资源密集型产品，如木材、矿产品等。当时美国的进口产品中初级产品占60%～70%，而这些初级产品大部分就是木材和矿产品。里昂惕夫在统计时将这些产品划归为资本密集型产品，必然在无形中扩大了美国进口产品的资本与劳动的比例，导致“谜”的产生。

(四)需求偏好说

需求偏好学说认为，由于各国国内需求不同，可能出口在成本上并不完全占优势的产品。一个资本相对丰裕的国家，如果国内需求强烈偏向资本密集型的产品，其贸易结构就有可能是出口劳动密集型产品，而进口资本密集型产品。如美国，由于对资本密集型产品的需求远远大于对劳动密集型产品的需求，所以，必然会出口劳动密集型产品，进口资本密集型产品，以满足国内对资本密集型产品的需求。

(五)人力资本说

人力资本说是美国经济学家凯南、肯林等人提出的。他们把资本分为物质资本和人力资本。人力资本是指所有能够提高劳动生产率的教育投资、工作培训、保健费用等开支。人力资本投入，可以提高劳动者的劳动技能和劳动生产率。与其他国家相比，美国投入了较多的人力资本，就会拥有较多的熟练劳动力。因此，美国出口产品中含有较多的熟练技术劳动。如果把熟练技术劳动的收入高出简单劳动的部分作为无形资本与有形资本加在一起，那么美国出口的仍然是资本密集型产品。

四、对里昂惕夫之谜的评价

(一)里昂惕夫之谜的进步性

1.里昂惕夫之谜的提出是国际贸易理论发展史上的里程碑，它运用投入产出分析法，把统计学运用到经济理论分析中，是一种创新。

2.它推动了第二次世界大战后国际贸易理论的迅速发展。关于里昂惕夫之谜的种种解释补充了生产要素禀赋理论，增强了生产要素禀赋理论的现实性和对“二战”后国际贸易实践的解释能力，并为以后一系列国际贸易新理论的产生打下了基础。

3.里昂惕夫之谜说明传统的贸易理论存在着理论与现实不符的严重缺陷，激发了世界经济学家的探索热情，促进了国际贸易理论的发展。

(二)里昂惕夫之谜的局限性

1.它的研究对象只涉及美国一个国家，因此研究结论不具有普遍性。

2.研究内容只涉及资本与劳动力两种要素，使复杂的国际贸易过程过分简单化了，降低了里昂惕夫之谜的科学性和实用性。

◉**复习思考题：**

1.简述要素禀赋理论的主要内容。

2.什么是里昂惕夫之谜？如何解释谜的产生？

3.结合现实分析当前中国应该如何利用要素禀赋情况开展国际贸易。

第四章 贸易保护理论 4

✲**本章学习目标：**

本章系统地介绍了贸易保护理论的发展历程，要求学生掌握理论的主要内容，并结合现实对理论进行评价，能分析每种理论在实际运用中的积极意义和局限性。

第一节　重商主义贸易理论

一、重商主义产生的历史背景

（一）重商主义产生的经济基础

重商主义产生于15世纪，盛行于16—18世纪，18世纪末趋于衰落。当时的欧洲，封建因素逐步瓦解，资本主义因素正在迅速发展，重商主义正是欧洲资本主义原始积累时期代表商业资产阶级利益的一种经济思想和政策体系。重商主义所重视的“商”是对外经商，重商主义学说实质上是重商主义对外贸易学说。16世纪伟大的地理大发现，开辟海上新航线，使传统的陆上交易转变为海上交易，商品交换遍及全球，世界市场开始形成。世界市场的不断拓展，使商业发生了巨大的变化，参与贸易的商品品种与数量空前增长，运输工具日益改进，新的商业结构如现在的银行、仓库、交易所、大贸易公司与邮政机构等应运而生。历史上将这一时代的变革称为“商业革命”，它为重商主义的兴起奠定了物质基础。

（二）重商主义产生的政治基础

随着商品生产与交换的不断发展，新兴的商人阶层要求清除封建的市场割裂状态和建立中央集权国家，由此形成统一的市场和国家。同时，为了减轻贸易的风险，商人阶层需要开辟殖民地，以此控制同海外各地的贸易，而这一理想的实现，也需借助于国家强大的政治与军事力量。就西欧封建王朝的统治者而言，为满足王室巨额的生活和军事开支，需要从商人阶层中取得大量的货币供给，这迫使封建国家给商人阶层以有利的政治与军事的特权，同时，作为新兴的国家，它们从巩固政权，扩充实力的角度，纷纷提出富国强兵的要求。因此，建立强大的海军，参与海外殖民地的开拓和发展，对外贸易就成为封建国家的首要选择。

二、重商主义的发展阶段

1.早期重商主义

早期重商主义流行于15世纪到16世纪中叶，其代表人物在英国是约翰·海尔斯(John Hales)和威廉·斯塔福德(William Stafford)，主要著作有《对我国同胞某些控诉的评述》(1581)。在该书中，海尔斯和斯塔福德指出"我们必须时刻注意，从别人那里买进的不超过我们出售给他们的。否则，我们将陷入穷困，而别人将日趋富足。"

早期重商主义的主要观点可以概括为：把增加国内货币积累，防止货币外流视为对外贸易的指导原则；主张禁止金银出口，通过国家严厉的行政手段来增加金银财富；在对外贸易中主张绝对地多卖少买，甚至只出不进，主张每一贸易都是顺差。由于片面追求对外贸易中都要获得有利的货币差额，早期重商主义理论又被称为"货币差额论"。

2.晚期重商主义

晚期重商主义流行于16世纪下半期到17世纪中叶，其代表人物在英国是托马斯·孟，主要著作是《论英国与东印度公司的贸易》(1621)和《英国得自对外贸易的财富》(1664)。托马斯·孟对早期重商主义者的观点进行了批判，他认为，"凡是我们将在本国加之于外人身上的，也将立即在他们国内制成法令而加之于我们身上……因此，首先我们就将丧失我们现在享有的将现金带回本国的自由和便利，并且因此我们还要失掉我们输往各地许多货物的销路，而我们的贸易与我们的现金将一块消失。"

晚期重商主义的主要观点可以概括为：要求发展对外贸易，增加出口，扩大贸易顺差；总体上主张贸易顺差，但不必每一笔贸易都是顺差；在金银货币上，允许输出，但要从事海外贸易。晚期重商主义者着眼于追求对外贸易顺差，因此该理论又被称为"贸易差额论"或"真正的重商主义"。

✣人物简介 4－1

托马斯·孟

托马斯·孟(Thomas Mun，1571—1641)出生于伦敦的一个商人家庭。1615年担任东印度公司的董事，后又任政府贸易委员会的常务委员。托马斯·孟是英国重商主义的集大成者，贸易差额理论的提出者。

1621年，托马斯·孟发表了《论英国与东印度的贸易，答对这项贸易常见的各种反对意见》一书，论述东印度公司输出金银买进东印度地区的商品，再转卖到别国去，所换回的金银远比运出的多得多。1630年，托马斯·孟把该书改写为《英国得自对外贸易的财富，或我们的对外贸易差额是我们财富的尺度》。在他去世后，由他的儿子于1664年出版。在这一著作中，商业资本的成熟经济思想得到了系统和充分的阐述。斯密在他的《国民财富的性质和原因的研究》一书中，曾称这一著作"不仅成为英格兰而且成为其他一切商业国家的政治经济学的基本准则"。马克思写道：该书"在一百年之内，一直是重商主义的福音书。因此，如果说重商主义具有一部划时代的著作……那么这就是托马斯·孟的著作"。

资料来源：http://baike.baidu.com/view/988836.htm

三、重商主义的贸易观点

早期和晚期重商主义经济学说，都是以流通过程为研究中心，以商业资本的运动为研究对象，其基本观点是一致的。

(一)把货币看作是财富的唯一形态

重商主义认为货币(金、银)是最好的财富，是财富的唯一形态，一切经济活动的目的就是为了获取货币。这一点反映了新兴资产阶级对货币资本的强烈追求，反映了当时西欧流行的求金欲和拜金狂。

(二)认为对外贸易是财富的真正源泉

重商主义认为财富的直接源泉在流通领域，除了开采金银矿外，商业是获得货币财富的唯一源泉。在商业中，又认为国内贸易不能增加一国贸易总量，只有对外贸易才能使一国货币财富增加，才能为一国带来真正的利润。

(三)坚持多卖少买的原则和国家干预

重商主义认为对外贸易的原则是多卖少买，少支出多收入，实现外贸顺差、出超。为了实现多卖少买的原则，政府必须积极干预经济生活，采取一系列贸易保护的措施，如垄断对外贸易、奖励和监督工业生产、保护关税等。

四、对重商主义的评价

(一)重商主义的历史进步性

1.重商主义的理论和政策促进了资本的原始积累，推动了资本主义生产方式的建立和发展。

2.重商主义追求贸易顺差、强调国家干预对外贸易、推行“奖出限入”措施以及鼓励发展出口工业等措施对当今各国制定贸易政策具有一定的借鉴意义。

(二)重商主义的历史局限性

1.重商主义把货币作为财富的唯一象征，这种财富观是错误的。

2.它对经济活动的研究仅仅局限于流通领域，没有涉及生产领域。

3.重商主义把国际贸易看成一种零和博弈，一方获益，必然另一方受损。

第二节 幼稚产业保护理论

一、幼稚产业保护理论提出的历史背景

幼稚产业保护理论最早由美国第一任财政部长亚历山大·汉密尔顿在1972年《关于制造业的报告》中提出，后由德国经济学家李斯特在1841年《政治经济学的国民体系》中进行了系统阐述。李斯特早年在德国提倡自由贸易，自1825年到美国以后，受汉密尔顿保护贸易思想的影响，并目睹了美国实施保护贸易政策的实效，转而提倡贸易保护。幼稚工业保护理论的背景是:19世纪初，英国、法国先于其他国家开展工业革命，特别是英国已成为世界工厂，工业发达，大量廉价商品进入国际市场。但美国、德国等后起的资本主义国家，经济虽有所发展，但还比较落后，尤其是无法与英国的廉价工业品竞争，资本主义发展遇到相当大的阻碍。为了保护本国工业发展，防止英国工业品的侵入，客观上需要对其进行保护。幼稚工业保护理论就在这样的条件下产生了。

✣人物简介 4—2

弗里德里希·李斯特

弗里德里希·李斯特(Friedrich List，1789—1846)是德国19世纪上半叶著名的经济学家和社会活动家，历史学派的先驱者，保护贸易理论的倡导者，生于一个鞋匠家庭。他17岁考任德国公务员，1817年被聘为杜宾根大学教授，1820年当选为国会议员，1825年因抨击时政被迫流亡美国，任当地德文报纸主编，常在宾夕法尼亚工业促进协会会刊发表论文，后汇聚成书出版，即《美国政治经济学大纲》。1830年入美国籍，曾任美驻莱比锡、汉堡领事。1832年以美国驻莱比锡领事身份回国，后因参与全德关税同盟继续遭受迫害。1846年赴英，鼓吹保护贸易政策。最后自杀身亡。李斯特的主要经济学著作有《美国政治经济学大纲》(1827)、《政治经济学的国民体系》(1841)、《德国政治经济学的国民统一》(1846)等，以《政治经济学的国民体系》为其代表作。

资料来源:http://baike.baidu.com/view/841253.htm

二、幼稚产业保护理论的理论基础与理论依据

(一)幼稚产业保护论的理论基础:生产力理论

生产力理论是李斯特幼稚产业保护理论的理论基础，李斯特从德国工业资产阶级的利益出发，关心提高生产力，特别是关心德国工业生产力的提高。在他看来，财富本身固然重要，但发展生产力更为重要。他指出:“财富的生产力比之财富本身不晓得要重要多少倍，它不但可以使已有的和已经增加的财富获得保障，而且可以使已经消失的财富获得补偿。个人如

此，拿整个国家来说更是如此。”在他看来，生产力是创造财富的源泉，财富是生产力的结果，他认为一个国家开展对外贸易，也应着眼于提高生产力，而不能着眼于财富存量的多少。

（二）幼稚产业保护论的理论依据：经济发展阶段论

李斯特认为，一个国家的经济发展都必须经过如下五个发展阶段：原始未开化时期、畜牧业时期、农业时期、农工业时期、农工商业时期。各国的经济发展阶段不同，采取的对外贸易政策也应该不同。处于农业阶段的国家应该实行自由贸易政策，以利于农产品的自由出口，并自由进口外国的工业品，以促进农业的发展，并培育工业基础。当一个国家进入农工商业时期以后，由于国内工业品已经具有强大的竞争力，国外产品的竞争威胁已不存在，故同样应该实行自由贸易政策以享受自由贸易的最大利益，刺激国内产业的进一步发展。只有当一个国家的经济发展尚处于农工业时期才需要保护，因为本国农业已取得较大的成就且已有工业发展，但并没有发展到能够跟外国工业相竞争的地步，故应该实施保护贸易政策，避免国内的产业遭到外国产业的冲击。

李斯特提出这些主张时，认为葡萄牙和西班牙尚处于农业时期，德国和美国处于农工业时期，法国紧靠农工商业期的边缘而尚未进入农工商时期，只有英国实际达到了农工商时期。因此，根据其经济发展阶段论，主张当时的德国应该实行贸易保护政策，促进德国的工业化，以对抗英国工业产品的竞争。

三、幼稚产业保护论的基本观点

在论述保护贸易理论时，李斯特讲到了很多与该理论密切相关的政策和措施，主要包括以下几点：

（一）保护的目的

保护的目的主要是保护国内市场以促进国内生产力的发展。这与早期的重商主义的保护贸易目的很不相同。重商主义限制进口，鼓励出口，其目的是积累金银财富；而李斯特所主张的保护贸易的目的则是提高创造财富的生产力。

（二）保护的重点

重点保护的对象是那些对国家独立自主和经济发展有重要意义的、处于幼稚时期的工业。李斯特认为，在一个国家的各类产业中，工业最为重要，工业生产力提高了，会把农业的生产水平带动上去。因此他认为，农业不需要保护，不必限制农产品出口，否则不能从外国取得廉价的粮食和原料，这将不利于本国工业的发展。在工业中，也不是所有的部门都需要保护，需要保护的是那些幼稚而有发展前途的工业，是那些建立时需要大量投资并且所生产的是最重要的生活必需品的工业。

（三）保护的手段

以关税作为保护国内工业的重要手段，即用关税壁垒措施挡住国外具有较强竞争力的商品进入国内市场，以确保国内相同行业的发展。在关税措施上，李斯特主张采用递增关税的方法，认为突然征收过高的关税会割断原来存在的与各国之间的商业联系，会对国内市场造成过大的冲击，反而对本国的生产发展不利。所以，关税应逐步地加以提高。

(四)保护的程度

李斯特认为，应针对工业中的不同行业而采取程度不同的保护措施。他认为，对国内生产生活必需品的行业应通过高关税给予充分保护；对国内生产昂贵奢侈品的行业可以只给予最低限度的保护；对于国内不能生产的各种复杂机器的进口应当免税或只征收极轻的进口税，因为对这类产品的进口过分限制会影响国内工业的快速发展。

(五)保护的期限

对国内工业的保护绝不应是无限期的，否则，将会出现保护落后和保护低效率的结局。有些被保护了一定时期的工业部门，可以降低保护程度或完全撤除保护，让其进入国际市场自由竞争。有些被保护的工业部门，在过了一定的保护期后仍没有明显进步，离开政府给予的协助和扶植仍难以独立发展，这表明它们不适宜成为被保护的对象，政府应该撤除对它们的保护，任其自生自灭。李斯特认为，对工业部门的保护期限最长不应超过 30 年，否则，将不利于经济的发展和生产率的提高。

四、幼稚产业保护理论的意义及局限性

(一)幼稚产业保护理论的意义

1.保护贸易政策学说促进了德国的经济发展

李斯特的保护贸易理论及政策对德国当时工业资本主义的发展起到了极大的促进作用，使德国在很短一段时间内赶上了英、法等发展较早的资本主义国家。

2.保护贸易政策发展生产力的观点是正确的

李斯特主张发展生产力，特别是工业生产力的发展，认为生产力是手段，财富是生产力提高的结果，这一观点是正确的。

3.确立了保护贸易理论在国际贸易中的地位

贸易保护理论始于重商主义的政策主张，但当时的贸易保护思想还没有形成系统的理论体系，从李斯特的贸易保护理论提出后，才最终确立了保护贸易理论在国际贸易中的地位，标志着自由贸易理论和保护贸易理论两大流派最终形成。

4.对发展中国家制定政策有一定的借鉴意义

李斯特主张保护的对象是将来有前途的幼稚产业，对国际分工和自由贸易利益也予以承认。而且，他主张保护贸易是过渡手段，自由贸易是最终目的。这种观点对于今天一些发展中国家发展民族经济仍具有重要的参考价值。

(二)幼稚产业保护理论的局限性

1.保护对象的选择困难

李斯特主张保护受到外国竞争威胁的有前途的幼稚工业，如果选错了保护对象，则不但使该保护的产业没有得到保护，还会造成严重的损失。可见，正确选择保护对象是该政策成败的关键，而李斯特的保护贸易理论并未对此作深入的分析和明确的回答。

2.经济发展阶段的划分标准太片面

李斯特以部门经济的发展程度为标准，把人类社会的经济发展划分为五个时期。李斯特实际是在表明，人类社会的发展阶段应以生产力的发展水平为标准进行划分，这种观点忽视了生产关系的作用，是片面的、不严格的。

✣【案例 4－1】

中国传媒业还是一个幼稚产业

尽管我国传媒业是世界上历史最悠久的，但是至今仍可称作幼稚产业。如果说发达国家的传媒业进入了壮年期或老年期的话，我国传媒业则尚处于婴儿时期。“婴儿”怎能与“成年人”平等竞争？幼稚产业难以与外国的成熟产业竞争，明显需要保护。

随着改革开放的深入，我国传媒业对外开放成为不可逆转的历史趋势：其一，是中文传媒业不再是我国专利，任何个人、企业和国家在任何地方都可以推出中文媒体，通过网络、卫星等途径送达目标受众。目前，美国、日本、韩国等国家或地区媒体纷纷推出了媒体的中文版。其二，是尽管“编辑”环节不允许外国资本染指，传媒业的上游、下游已有大量外资进入，造纸业、印刷业、电视制造业、电信业、网络业、广告业、批发零售业等已对外开放。产业环境的国际化是我国传媒业发展壮大面临的一个基本态势。

尽管我国目前是世界报业第一大国，报纸发行量位居世界首位，比日本多 100 万份、比印度多 250 万份、比美国多 270 万份，但是我国日报发行量每 1000 成年人才 91 份，英国为 393 份、美国为 263 份、日本为 647 份、冰岛为 706 份，可见我国日报市场开发程度非常低。按照最近 5 年的平均年增长率，我国日报业赶上英国大约要 59 年、赶上美国要 69 年、赶上日本要 132 年、赶上冰岛要 502 年！如果说冰岛日报业已 502 岁、日本的 132 岁、美国的 69 岁、英国的 59 岁的话，我国日报业才 1 岁！如果说英国、美国日报业步入了青年期，日本的日报业进入壮年期，冰岛日报业进入老年期，我国日报业无疑正处于婴儿期。

国内市场的开放程度越来越高，我国稚嫩的传媒产业面临着越来越激烈的国际竞争。目前，我国传媒业已成为国内第四大纳税产业，是一个充满希望的朝阳产业，只要国家制定明确的扶持政策，经过一段时期的保护便可发展壮大，这个具有比较优势的产业必将成为具有国际竞争优势的产业。因此，保护我国稚嫩的传媒产业成为时代的呼唤。

资料来源：http://www.cqvip.com/QK/96951X/200503/15000953.html

第三节 超保护贸易理论

一、凯恩斯主义超保护贸易理论产生的历史背景

1929—1933 年，资本主义世界发生了经济大危机，资本主义国家陷入长期萧条之中，出现了股市暴跌、企业倒闭、总产出下降、大规模失业等严重的经济危机。这种国内萧条的情况，使国外市场争夺日益激烈。在这种情况下，人们对自由贸易理论产生了质疑。

在大危机之前，凯恩斯是一个自由贸易者，他反对贸易保护主义，大危机之后，凯恩斯改变了立场，认为重商主义的保护贸易政策的确能保证经济繁荣和促进就业。1936 年，凯恩斯在《就业、利息和货币通论》(以下简称《通论》)中阐述了政府干预经济的理论，对传统贸易理论进行批判。由于他的理论影响深远，被称为凯恩斯主义，至今在西方经济学界仍占据一定支配地位。凯恩斯没有专门系统地论述国际贸易的著作，但是他和他的弟子们有关国际贸易方面的观点与论述却形成了颇具影响的超保护贸易学说。

✣**人物简介** 4—3

约翰·梅纳德·凯恩斯

凯恩斯(John Maynard Keynes，1883－1946)是英国的经济学家，凯恩斯主义的创始人。1883 年 6 月 5 日生于英格兰的剑桥。凯恩斯原是一个自由贸易论者，直至 20 年代末仍信奉传统的自由贸易理论，认为保护主义对于国内的经济繁荣与就业增长一无可取。1936 年其代表作《就业、利息和货币通论》出版时，凯恩斯一反过去的立场，转而强调贸易差额对国民收入的影响，相信保护政策如能带来贸易顺差，必将有利于提高投资水平和扩大就业，最终导致经济繁荣。他还批评传统理论只注重分工的利益和强调对外收支均衡的自动调节过程，而完全忽略贸易差额对国民收入就业的影响。在《通论》中，凯恩斯由投资乘数原理出发，对贸易差额与国民经济盛衰的关系作了进一步阐述。凯恩斯极力鼓吹贸易顺差，并提出应尽力扩大出口。凯恩斯关于乘数理论及贸易顺差的分析，后经英国学者哈罗德和美国学者马赫洛普等人的论证而发展为对外贸易乘数理论。

资料来源：http://renwu.hexun.com/figure_1790.shtml

二、超保护贸易理论的主要内容

(一)对传统自由贸易理论的批评

凯恩斯对传统自由贸易理论的批评主要集中在以下两点上：

1.认为资本主义经济会自然地、和谐地向前发展的理论假设与现实情况不相符

凯恩斯亲身经历了资本主义大危机，他认为传统自由贸易理论是建立在国内充分就业的基础上，与现实情况不相符。在对外贸易中，如果一国只去生产有比较优势的产品，放弃或

压缩比较优势较小的产品的生产，势必造成大量的工人失业和资本闲置，使一国的经济发展产生较大的动荡。

2.认为传统贸易理论在分析国际收支自动调节平衡的问题时忽略了外贸顺差的重要性

凯恩斯及其追随者批评自由贸易论关于"国际收支自动调节说"的理论，认为它忽视了贸易顺差、逆差调节均衡的过程对一国国民收入和就业产生的影响。凯恩斯认为，顺差能增加国民收入，扩大就业；而逆差则会减少国民收入，加重失业。因此，他赞成贸易顺差，反对贸易逆差。

(二)主张政府应该干预对外贸易

凯恩斯认为，保护贸易或维持贸易收支顺差既可以增加产品需求，特别是投资需求，为出口企业扩大投资提供产品市场，同时，又可以使国内利率水平下降，鼓励所有私人投资。如果企业既扩大生产又有利于达到宏观经济中充分就业目标的实现，这实在是"一箭双雕"之举。

(三)对外贸易乘数原理

在投资乘数原理的基础上，美籍奥地利经济学家马克洛普在1943年所著的《国际贸易与国民收入乘数》中对凯恩斯的乘数论加以发展，提出了对外贸易乘数原理。

对外贸易乘数理论的基本含义是：当对外贸易出现顺差时，国民收入的增加量将是外贸顺差量的若干倍。这种理论认为，一国的出口和国内投资一样，属于"注入"，对国民收入和就业有倍增的效果；一国的进口，则与国内储蓄一样，属于"漏出"，对国民收入和就业有倍减的效果。

用公式表示为：

$$\Delta Y=[\Delta I+(\Delta X-\Delta M)]\times K$$

其中：ΔY 表示国民收入的增加量，ΔI 表示投资增加量，ΔX 表示出口增加量，ΔM 表示进口增加量，K 表示乘数。

根据公式可以看出，一国越是扩大出口，减少进口，贸易顺差就越大，对解决工人失业和促进经济发展的作用也就越大，对外贸易乘数理论为超保护贸易政策的提出提供了理论依据。

三、超保护贸易理论的特点

与传统的幼稚产业保护理论相比，超保护贸易理论的特点主要体现在以下几点：

(一)保护的对象不同

幼稚产业保护理论保护的对象主要是本国刚刚起步，且有发展前途的幼稚工业，而超保护贸易理论保护的是国内高度发达或衰落的垄断工业。

(二)保护的目的不同

幼稚产业保护理论保护的目的是培养本国产业自由竞争的能力和防御性地限制进口，而超保护贸易理论保护的目的是巩固和加强对国内外市场的垄断，并且在此基础上对国内外市场进行进攻性的扩张。

(三)保护的利益阶层不同

幼推产业保护理论保护的利益阶层是一般的工业资产阶级，而超保护贸易理论保护的阶层是大垄断资产阶级。

(四)保护的措施和手段不同

幼稚产业保护理论保护的措施和手段主要是关税措施，而超保护贸易政策的措施和手段扩大到非关税等形形色色的奖出限入措施，还经常以政府补贴和商品倾销等手段主动向别国市场进攻。

四、超保护贸易理论简评

(一)超保护贸易理论的积极意义

1.对战后世界经济的发展起到了重要的促进作用

凯尔斯主义的超保护贸易理论对西方各国的国内经济政策和对外贸易政策的制定起到过极其重要的作用。客观地说，战后世界经济的飞速发展是与凯恩斯经济学说的作用分不开的。

2.对外贸易乘数理论具有一定的科学性

凯恩斯主义的对外贸易乘数理论在一定程度上揭示了对外贸易与国民经济发展之间的内在规律性，揭示了国民经济各个子系统之间存在着相互促进的关系，具有一定的科学性。

3.系统论述了国家干预经济的重要性

凯恩斯放弃了传统的经济自由放任思想和自由贸易理论，认为国家应积极干预经济生活，通过财政手段和金融手段，对经济运行进行宏观调控。强调在对外贸易中，国家应积极推行奖出限入政策，实现贸易顺差，以此来解决市场机制不能完全解决的市场矛盾。

(二)超保护贸易理论的局限性

凯恩斯的超保护贸易理论在政策取向上是不择手段地保护垄断资产阶级的利益。不可否认，对外贸易顺差在一定条件下可以增加国民收入、增加就业。但如果为了追求贸易顺差，不加节制地实行“奖出限入”政策，势必导致关税、非关税壁垒盛行，使贸易障碍增多，发生各种贸易战，必将阻碍整个国际贸易的发展。

✣【案例 4－2】

拉美陷滞胀，对华反倾销加剧

患上“大宗商品依赖症”的拉美诸国，如今正在忍受大宗商品价格暴跌的煎熬——汇率大跌、资本外逃、经济低迷、外债高企，拉美地区经济形势不容乐观。墨西哥《经济学家报》近日报道，联合国拉美和加勒比经济委员会把 2015 年该地区经济增速预期下调 1.7 个百分点至 0.5％，是近六年来增速最缓的一年。拉美最大经济体巴西，其国内生产总值甚至连续两个季度负增长。

与经济停滞相伴的，是不断高涨的物价，比如巴西的通胀率已近 10％，委内瑞拉的物价增长率甚至高达 90%。滞胀的阴霾，笼罩着整个拉美大地。拉美国家经济下滑，紧随而来的是高涨的保护主义。2015 年 8 月以来，中国商务部驻拉美地区经商参赞处频频发来贸易预警。8 月 31 日，驻墨西哥经商参赞处表示，受近期经济形势等因素影响，墨西哥个别企业出现推迟履约甚至拒不付款的情况，请相关国内企业采取必要的风险防范措施。8 月 21 日，驻阿根廷经商参赞处表示，近期多家国内企业反映其在对阿根廷出口过程中遇到进口商拖延支付货款等问题。9 月，墨西哥接连对中国盘条、热轧钢板、瓶型液压千斤顶三种产品发起反倾销调查。

由于我国出口商品有价格优势，对拉美国家的劳动密集型制造业形成挤压，拉美国家如今外需乏力，很容易对中国产品形成贸易歧视。拉美国家反倾销等贸易保护手段强度要超过发达国家，体现在税率等多个方面，而且拉美主要国家之间很容易出现“连锁反应”，这会对中国开拓新兴市场造成不好的“示范效应”。

WTO 统计显示，全球前十大对华反倾销国中，就包含巴西、墨西哥和智利等拉美国家，其对华反倾销力度、发起频率和执行强度都超出了全球平均水平。2013 年，拉美向中国出口的产品中，73%为大宗商品(对全球出口的比重为 41%)，低、中、高技术制成品仅占 6%(对全球出口比重为 42%)。

2015 年 8 月底由中国人民大学经济学院与哥伦比亚大学“政策对话倡议组织”(IPD)共同举办的中拉经济国际学术研讨会上，多位与会学者认为，面对当前拉美地区经济困境与中拉贸易结构单一的问题，应在推进投资、产业对接方向上努力，弥补贸易失衡和单向投资。

资料来源：商务部网站

第四节 战略性贸易理论

一、战略性贸易理论产生的历史背景

20世纪70年代中期以来，世界贸易格局发生了新的变化：一些第三世界国家在世界贸易中崛起，在纺织、制鞋、钢铁等行业中呈现出比较优势；石油输出国家自建立起OPEC（石油输出组织）以来，控制供给并提高价格；工业国家之间的双向贸易和制成品之间的贸易成为世界贸易中的主要部分。在新的形势下，贸易保护主义在理论和政策上都有了新的发展，这种新的贸易保护主义理论认为：由于国际市场上的不完全竞争性和规模经济的存在，一国政府可以通过补贴或保护国内市场的手段，扶持本国战略性产业的成长，增强其在国际市场上的竞争力，获取规模报酬和垄断利润，这就是战略性贸易理论。

战略性贸易政策的代表人物有布朗德（J.Brander）、斯潘塞（B.Spenser）和保罗·克鲁格曼（P.Krugman）。他们认为，现实中存在着规模效益递增现象和市场的不完全竞争状态，在此背景下要提高产业或企业在国际市场上的竞争能力，必须首先扩大生产规模，取得规模效益，这仅靠企业自身的力量非常困难，因而有了政府发挥作用的空间和必要性。

二、战略性贸易理论的主要内容

战略性贸易政策的主要目标是，通过鼓励出口和限制进口来占领市场份额，扶持国内战略性产业的发展。其理论主要分为两大部分：战略性出口补贴政策和战略性进口关税政策。

（一）战略性出口补贴政策

战略性出口补贴政策是指政府向国内厂商提供出口补贴以鼓励其占领国际市场，在国际市场竞争中迫使外国竞争对手让步，把外国厂商的利润转移到本国厂商身上，以增进本国福利。

该理论通常以美国波音公司与欧洲空中客车公司之间的竞争性博弈为例进行分析。

假定规模经济在某一个行业中（如飞机制造业）如此之大，以至在作为一个整体的世界市场上只容得下一个能获利的进入者（不管是波音公司还是空中客车公司），也就是说，如果两个厂商都进入，它们都会遭受到损失。那么，不管哪一厂商，若设法让自己在该行业中立足，就能够获得竞争失败者不能得到的超正常利润。表4－1是波音和空中客车公司在没有补贴时的损益表。

表 4－1　没有补贴时的损益表　　万美元

项目		空中客车公司	
		生产	不生产
波音公司	生产	波音－5,空中客车－5	波音 100,空中客车 0
	不生产	波音 0,空中客车 100	波音 0,空中客车 0

波音公司和空中客车公司都只有两种选择，要么生产，要么不生产，假定在没有政府干预的情形下，波音公司由于历史原因而先于空中客车公司生产并占领了世界大型宽体客机市场，结果是:波音公司生产获得 100 万元利润，空中客车不生产，若空中客车公司硬要挤入这个市场，则结果是两败俱伤，波音公司和空中客车公司都亏损 5 万元。由于空中客车公司在投入生产前已认识到会亏损 5 万元，故空中客车公司不会进入竞争。

现在假设欧洲政府采取战略性贸易政策补贴空中客车公司 25 万元进行生产，这种补贴使这两家的损益情况发生了变化，如果只是空中客车公司生产，总利润达到 125 万元，即使两家都生产，空中客车公司在减去亏损后，仍能有 20 万元的盈利，而波音公司没有补贴，其利润与亏损没有变化，表 4－2 说明了这一情况。

表 4－2　政府对空中客车公司给予补贴时的损益表　　万美元

项目		空中客车公司	
		生产	不生产
波音公司	生产	波音－5,空中客车 20	波音 100,空中客车 0
	不生产	波音 0,空中客车 125	波音 0,空中客车 0

在新的情况下，空中客车公司只要生产就有利润，而不管波音公司是否生产，对空中客车公司来说，不生产的选择已经被排除。而波音公司则处于一种两难困境:若生产，则要亏损 5 万元;而若不生产，原先的市场完全被空中客车公司夺走。无论如何，波音公司已无获得利润的可能，最后只有退出竞争。

从这个例子可以看到在某种不完全竞争市场结构的情况下，积极的政府干预政策可以改变不完全竞争厂商的竞争行为和结果，使本国企业在国际竞争中获得占领市场的战略性优势，并使整个国家获益。

(二)战略性进口关税政策

战略性进口关税政策是指政府以征收进口商品关税的形式把部分外国厂商的垄断利润转移到国内，同时保护国内相关产业的成长。

国际贸易对出口国利大还是对进口国利大？此问题在理论界争论了几百年，自由贸易论者通过理论推导和实证分析，证明了国际贸易是一种能使贸易双方均受益的正和博弈(Positive－sum Game)，不存在进口国与出口国之间此消彼长的利益关系。持保护贸易观点的战略性贸易政策的理论学家们则认为，国际贸易不会使双方平均收益，认为贸易是一种零和博弈(Erotic－sum Game)，即一国的利得会导致另一国的利失。尤其是在不完全竞争的市场结构下，外国垄断厂商可以凭借其垄断优势获取垄断利润，这种垄断利润和垄断优势既导致了进口国消费者利益的减少，也压制了进口国同类厂商的崛起。进口国政府的责任是通过征收进口关税达到双重目的:一方面把外国厂商的部分垄断利润转移到国内，另一方面对国内的相关厂商进行保护。

所以，战略性进口关税政策根据实施目的的不同可以分为以下两类:第一，用关税获取外国垄断利润，假设某种商品本国不能够生产，国内市场被一个国外的垄断企业所控制，本国该商品的需求完全由该垄断企业供给。在这种条件下，进口国政府对该垄断企业的进口商品征收关税，其实质就是截取一小部分外国企业的垄断利润，用垄断利润向国内转移的方式增加本国的福利水平。

为保护本国消费者利益，政府对进口商品征收的关税率不能太高。否则，外国企业感觉负担太重时，会把关税作为商品成本的一部分打入价格中。随着进口商品价格的上升，消费者作出的选择或者是多付费用，或者是减少购买，消费者利益因此受到损害。进口国政府此时最佳政策目标应该是，在本国企业不进入、本国消费者不受伤害的条件下，最大限度地从进口商品中截取垄断利润。

第二，用关税扶持本国企业的进入与成长，如果本国企业已经初步具备了进入的条件，政府可以利用保护性关税政策对其进行扶持。在外国企业高额垄断利润的诱惑下，本国的厂商们往往会不断地筹备生产技术条件，积蓄力量、跃跃欲试地随时准备挤进该领域的竞争。但是，本国企业在生产环节中的竞争条件远不如外国企业，于是，不得不求助于本国政府在流通环节上采取强有力的措施给予扶持。最有效的措施就是政府对进口商品征收高关税，阻挡部分产品的进入，把外国垄断企业在本国的部分市场份额通过挤压的方式让渡给本国企业。有了市场份额，本国企业也就有了进入和发展的生存空间。

三、实施战略性贸易政策的意义及局限性

(一)战略性贸易政策的意义

第一，它是以20世纪80年代发展起来的以不完全竞争和规模经济理论为基础的，是国际贸易新理论在贸易领域的反映和体现。

第二，通过实施战略性贸易政策，可以使国内企业尽早进入各种新兴产业，并在保护性竞争环境中逐渐强大起来，转变以劳动密集型产业参与国际分工的不利地位，因此，战略性贸易政策对经济落后国家发展新兴产业具有一定的指导意义。

第三，战略性贸易理论广泛借鉴和运用了产业组织理论与博弈论的分析方法和研究成果，是国际贸易理论研究方法上的突破。

(二)战略性贸易政策的局限性

第一，战略性贸易理论的实现依赖于一系列严格苛刻的限制条件，如政府必须有齐全准确的信息，对战略性贸易理论带来的预期收益心中有数;接受补贴的企业必须给予恰当的配合;产品市场需求旺盛，目标市场不会诱使新厂商加入等。一旦这些条件得不到满足，战略性贸易理论就难以取得理想的效果。

第二，战略性贸易政策下的政府补贴是一种进攻性的保护措施，由于劫掠了别国的市场份额和经济利益，因此很有可能会招致别国的报复，导致此种政策的效果难以实现。

❖【案例 4－3】

空中客车和波音

空中客车公司成立于 1970 年，它是由一组法国、德国、英国和西班牙的公司整合在一起而成立的，法国和德国各占 38％，英国占 20％，西班牙占 4％。法国为空客的飞机生产提供了大约 30 亿美元的启动资金，德国也提供了贷款和贷款担保，英国和西班牙提供了部分启动资金。很难估算这些政府补贴的真正金额，但是美国商务部的一份研究认为，空客从欧洲政府那里得到的补贴大约是 260 亿美元。

空客的主要竞争对手是波音，波音的历史比空客久远多了。波音是美国最大的出口企业，大约 50％以上的飞机出口到国外。多年来，美国在民用航空器行业一直是净出口国。空客的进入，使得民用飞机行业的竞争变得更加激烈，尤其是在中长途大客量飞机的竞争上。波音指控空客得到欧洲国家的补贴，使得竞争不公平。而空客也反过来指控波音接受美国政府的补贴，空客认为，波音每年从美国军方获得的订单，就相当于非直接补贴，这些非直接补贴每年相当于 400 多亿美元。为了控制双方补贴的额度，美国和欧洲共同体于 1993 年签署协议，把对飞机制造公司的补贴限制在成本的 33％之内，虽然有这个协议，欧洲和美国还是经常为波音和空客补贴的事情闹出贸易纠纷来。

经济学家鲍德温(Richard Baldwin)估算，欧洲和美国对空客和波音的补贴，使得两国的福利都受到损害，补贴使得飞机价格下降，并使得其他购买飞机的国家受惠，因此可以肯定，战略性贸易政策只是让不用这项政策的国家得到好处。

资料来源：陈百助.国际贸易：理论、政策与应用[M].北京：高等教育出版社，2006

◈复习思考题：

1.在分析中国加入世界贸易组织的利弊时，有人说“为了能够打开出口市场，我们不得不降低关税，进口一些外国产品。这是我们不得不付出的代价”。请分析评论这种说法。

2.结合现实，分析幼稚产业保护理论对发展中国家制定对外贸易政策的指导意义。

3.国际贸易将趋向自由贸易化还是趋向保护贸易主义？请从理论和实践两个角度进行分析。

第五章 5 当代国际贸易新理论

✲**本章学习目标：**

本章紧紧围绕最新理论成果，试图对第二次世界大战后国际贸易领域的新现象进行理论探讨，如产品生命周期理论、产业内贸易理论、国家竞争优势理论等。通过学习，要求学生了解和掌握当今国际贸易领域中的最新动态，可以用新的理论来解释国际贸易发展现状。

第一节　产品生命周期理论

一、产品生命周期理论的提出

从20世纪60年代开始，以纺织业为代表的劳动密集型产业从西方工业化国家向外转移，韩国、新加坡、中国台湾、中国香港不失时机地承接了这次国际产业大转移，借此实现了工业化过程。在这种情况下，很多人要问：为什么曾经给一个国家带来极大福利的优势产业在若干年后会向外转移？或者说，为什么曾经在其他国家经济发展中发挥过重要贡献的一种产业或产品，相当长时间后会在另外的国家或地区再一次显现辉煌？我们以前学过的比较优势理论和生产要素禀赋学说并没有回答：寻找到的比较优势会不会失去？贸易的状况会不会发生变化？1966年美国经济学家弗农发表《生命周期中的国际投资与国际贸易》一文，将营销学中的产品生命周期概念引入国际贸易领域，提出了著名的产品生命周期理论。

✣**人物简介** 5—1

雷蒙德·弗农

雷蒙德·弗农(Raymond Vernon)，美国经济学家，第二次世界大战以后国际经济关系研究方面最多产的经济学家之一，产品生命周期理论的提出者。他有着二十年在政府部门任职的经历，还在短期内从事过商业。从1959年开始，他在哈佛大学任教，是克拉维斯·狄龙学院的国际问题讲座教授。

雷蒙德·弗农早期曾致力于区位经济学的研究，后转入对信息和专业化服务的研究，受克拉伍斯和波斯纳技术差距理论的启发，于1966年发表《产品周期中的国际投资和国际贸易》一文，提出了著名的产品生命周期理论。他认为，产品生命周期理论可以解释发达国家出口贸易、技术转让和对外直接投资的发展过程。在国际贸易理论方面的主要贡献就是创立了产品生命周期理论。

弗农的著作主要有：1966年发表《产品周期中的国际投资和国际贸易》；1968年发表《产品周期中的国际贸易》；1977年出版《跨国公司上空的风暴》等。

资料来源：http://www.studyku.cn/baike/x17595/

二、产品生命周期理论的基本内容

弗农认为，产品的生命周期分为三个阶段：产品创新阶段、产品成熟阶段和产品标准化阶段。在产品生命周期的不同阶段，一国出口和进口商品结构是不同的。

(一)产品创新阶段

新产品在技术领先创新的国家开发出来，并投入生产，一方面满足国内市场的需求，另一方面出口到具有与创新国家收入水平相近的国家和地区，满足国外市场的需求。

(二)产品成熟阶段

国际市场打开以后，经过一段时间的发展，生产技术已经成熟，开始大规模进行批量生产，产品进入成熟期。此时，由于生产技术已扩展到国外，外国生产厂商模仿生产产品，且生产者不断增加，竞争加剧。由于生产技术已趋成熟，研究与开发要素已不重要，经营管理水平和销售技巧成为比较优势的重要条件。

(三)产品标准化阶段

产品的生产已经标准化，技术水平较低的国家也开始模仿生产标准化产品，不再进口。由于技术的标准化，落后国家吸收消化该项技术的困难也已消除，产品生产主要表现为对具有一定技术水平的劳动者的需求，而落后国家正好可充分利用其劳动力成本比较低的优势大规模生产该产品。这样，原来的发明国既丧失了技术上的比较优势，又缺乏劳动力成本方面的优势，不得不开始进口。

三、产品生命周期的动态演进

(一)生产要素的动态变化

在新产品阶段，产品的设计尚需改进，工艺流程尚未定型，需要大量的科技人员和熟练工人，产品属于技术密集型。到了成熟阶段，产品已经定型，只需要投入资本购买机器设备，产品由技术密集型转向资本密集型。进入标准化阶段，产品和工艺流程已经标准化，价格竞争成为能否占领市场的关键。

(二)贸易国比较利益的动态转移

就不同类型的国家而言，在产品生命周期的不同阶段比较优势是不同的。美国工业先进，科技力量雄厚，在开发新产品方面具有比较优势。其他发达国家拥有较为丰富的科研力量和较强的科技实力，生产某些产品具有比较优势，这些国家一方面可以把处于生命周期早期阶段的产品出口到欠发达国家，另一方面又可以把处于后期阶段的产品出口到比它们发达的国家。发展中国家多半属于劳动资源丰富，在生产标准化产品上具有比较优势。因此，一种产品在它的生命周期的运动过程中，比较优势是从一种类型的国家转向另一种类型的国家。

四、对产品生命周期理论的评价

(一)产品生命周期理论的进步性

1.理论价值

产品生命周期理论具有重要的理论意义，该理论实现了比较优势观念由静态到动态演变的飞跃。李嘉图的比较优势理论可以概括为“两优取其重，两劣取其轻”，生产要素禀赋理论可以概括为“靠山吃山，靠水吃水”，这两种理论都是采用静态分析问题的方法。产品生命周期理论可以概括为“三十年河东，三十年河西”，这是一种动态分析问题的理论，揭示了比较优势在时间与空间上的转移，与以前的理论相比是一大进步。

2.实践价值

产品的生命周期理论具有重要的实践价值。它告诉我们在对外贸易中一方面要开放市场，分享经济全球化的利益；另一方面，要强调引进中的吸收与创新，这样才能为迎接机遇的到来准备条件。

(二)产品生命周期理论的局限性

由于经济中存在着许多不确定因素，以及各国面临的影响工业发展方向的条件和环境各异，产品生命周期各阶段的循环未必会发生，因此该理论的解释也缺乏普遍性。

❖【案例 5－1】

海尔的国际化战略

纵观海尔集团的发展历程，其生产战略按产品生命周期理论来划分，可以分成以下两个阶段：

第一阶段为 1984－1998 年，根据产品生命周期理论，技术水平不高，只具有相对成本优势的海尔集团正处于中小企业阶层，这一时期，海尔集团的国际化生产战略便是不断吸收、引进国内外先进的生产技术，提升自己的管理水平，提升自己产品的附加值，并适当为国外厂商做 OEM。这一时期的海尔从 1984 年引进德国利勃海尔的亚洲最先进的四星级电冰箱生产线开始，通过与中国科学院、北京航空航天大学、菲利浦集团等国内外著名的科学研究所、大学、跨国公司合作，不断增强自己的科技水平。同时，通过兼并、控股等一系列资本运营手段，逐步壮大自己的综合实力，进而通过自己强大的技术水平和雄厚的经济实力，不断地进行技术创新、管理创新，不断进行技术管理和资本的积累，如此周而复始，使集团的年平均增长率达到 80％以上。第二阶段是从 1998 年至今，在这一时期，通过第一阶段的技术、管理和资本上的积累，使海尔集团已经迈入了国际化大公司的行列，海尔集团拥有的技术、管理优势与世界先进水平保持了同步的发展，部分甚至是领先世界先进水平。所有这一切，使海尔集团基本具备了产品生命周期理论中所阐述的对外扩张的生产战略的实力。因此，在这一阶段，海尔集团在"先有市场，再有工厂"的思想的指导下，开始了在海外建立生产工厂、基地的历程。

总的来说，海尔这一阶段的国际化生产战略按照"先易后难"与"先难后易"相结合的原则，分为以下两个层次:第一层次是到 1999 年 3 月止，这一阶段海尔的科研实力和技术实力还不足够强，他们选择了去技术、管理综合水平比其稍低的印尼、菲律宾、印度，以维持其所有权优势，并通过内部化优势表现出来，如 1996 年 6 月在印尼成立海尔莎保罗(印尼)有限公司，1997 年在菲律宾成立海尔－LKG 电器有限公司，在马来西亚组建海尔工业(亚细安)有限公司，就是这一国际化生产战略的体现。第二层次是从 1999 年 3 月始至现在，这一阶段，随着企业的技术、管理、资金等所有权优势的不断增加和前一层次国际化生产战略推行中经验的逐步积累，海尔集团已经基本具备了进入国际一流企业行列的条件。此时，海尔的国际化生产战略也发生调整。以 1999 年 4 月，美国海尔中心在美国南卡罗来纳州首府哥伦比亚市附近的汉姆顿建立生产基地为标志，海尔集团先后在美国、日本，意大利等建立了生产基地，并依次分别组建了美国海尔、日本海尔、欧洲海尔，使其国际化生产战略还延伸到了被誉为国际一流冰箱技术的发源地的美国、日本、欧洲，对惠而浦、三洋、伊莱克斯、通用电器等全球家电巨头发起了冲击，并迫使通用这样的巨头退出了电冰箱行业。

资料来源:http://wenku.baidu.com/view/68dc8b13ff00bed5b9f31d15.html

第二节　产业内贸易理论

一、产业内贸易理论产生的历史背景

20 世纪 60 年代以来，绝大多数国际贸易在要素禀赋相似的国家间进行，而且大部分贸易具有在同一产业内进行的性质，甚至还出现相同产品的相互买卖。这是传统的国际贸易理论无法解释的。20 世纪 70 年代中期，格鲁贝尔等人研究发现，发达国家之间的贸易并不是按赫克歇尔—俄林原理进行，即工业制成品和初级产品之间的贸易，而是产业内同类产品的相互交换。他们对产业内贸易进行研究，提出了产业内同类产品贸易增长特点和原因的理论，即产业内贸易理论，引起了西方国际贸易理论界的广泛兴趣。

二、产业内贸易的概念及特点

(一)产业内贸易的概念

产业内贸易是指各国彼此交换同一产业部门所生产的产品，即所谓的“双向贸易”。比如，美国和中国相互进口彼此生产的电脑。产业内贸易的概念是与产业间贸易相对应的，所谓产业间贸易是指各国以不同的产业部门所生产的产品进行交换，比如，美国进口中国的自行车，中国进口美国的电脑。

(二)产业内贸易的特点

1.产业内贸易是产业内同类产品的相互交换，而不是产业间非同类产品的交换。

2.进口国和出口国在该商品的生产能力方面没有大的差别。

3.进口和出口的商品有非常高的相互替代性。

4.在生产上具有相近或相似的生产要素投入。

❖【案例 5－2】

国际贸易的新趋向

直到 20 世纪 50 年代，发达国家(北方)和发展中国家(南方)之间的贸易仍然构成国际贸易的主要部分，而发达国家之间的贸易只占国际贸易较小的比重。例如，1913 年，南北贸易在世界贸易额中占 52％，北北贸易只占世界贸易额的 43％；到第二次世界大战前，南北贸易仍占世界贸易额的 48％，北北贸易占 39.5％；南南贸易则由 5％上升到 10.5％。这与传统贸易理论对贸易格局的解释是一致的。但是，到 20 世纪 50 年代后期，特别是 20 世纪 60 年代以后，贸易格局发生根本性变化。此后，北北贸易占世界贸易额的比重一直在 55％～65％之间，而南北贸易占世界贸易额的比重则保持在 15％～25％之间。此外，在国际贸易中，同类产品的贸易量也呈大幅度增加态势，且在高收入国家间普遍占主导地位，即使在发展中国家，也变得越来越重要。

资料来源：http://ccn.mofcom.gov.cn/spbg/show.php? id=5180

三、产业内贸易的理论解释

(一)同类产品的异质性(产品差异)是产业内贸易的重要基础

由于各国财力、物力、人力的约束和科学技术的差距，使他们不可能在具有比较利益的部门生产所有的差别化产品，而必须有所取舍，着眼于某些差别化产品的专业化生产，而消费多样化造成的市场需求多样化，使各国对同种产品产生相互需求，从而产生产业内贸易。

(二)规模经济是产业内贸易的重要原因

由于国际市场上各国企业之间的竞争非常激烈，为了降低成本，获得规模经济，各国的企业会选择某些产业中的一种或几种产品生产。国家间的要素禀赋越相似，越可能更多地生产相同类型的产品，因而他们之间的产业内贸易量越大。

(三)经济发展水平的相似性及需求的重叠是产业内贸易的重要制约因素

经济发展水平越高，差异化产品的生产规模越大，差异化产品的市场供应越大；经济发展水平越高，人均收入水平越高，消费者对消费需求越多样化、高级化，形成对差异性产品的需求。另外，不同国家、不同阶层人们的消费需求是不同的，但他们的需求也有重叠的部分，不同国家需求的重叠，使得国家之间具有差异性的产品相互出口成为可能。

四、产业内贸易指数

产业内贸易的发展程度可用产业内贸易指数来衡量。从某一产业的角度分析，产业内贸易指数的计算公式为：

$$A_i = 1 - \frac{|X_i - M_i|}{X_i + M_i}$$

式中：X_i 指一国某产业的出口额，M_i 指该国某产业的进口额。A_i 代表产品的产业内贸易指数，在 0～1 之间变动。A_i 愈接近 1，说明产业内贸易的程度愈高；愈接近 0，则意味着产业内贸易程度愈低。

五、对产业内贸易理论的评价

(一)产业内贸易理论的进步性

产业内贸易理论从供给和需求两个角度分析了国际贸易产生的原因。在供给方面，由于厂商出于追求规模经济的需要而生产出了差异化的产品；在需求方面，不同国家消费者的偏好具有多样性，必然导致他们对差异化产品的需求。这样，在供给和需求的作用下，各国必然就同类产品展开贸易。

(二)产业内贸易理论的局限性

产业内贸易理论虽然具有重要的理论意义，但这种理论依然是用一种静态的观点进行分析，这也是它的不足之处。

第三节　需求偏好相似理论

一、需求偏好相似理论的提出

需求偏好相似理论是由瑞典经济学家林德(S.B.Linder)在1961年出版的一部著作《论贸易与转型》中提出的。林德认为，赫克歇尔—俄林理论能够较好地解释初级产品的贸易模式，更为一般地说是解释自然资源密集型产品的贸易模式，但是这一理论不足以解释制成品的贸易模式。林德认为，工业制成品之间的贸易可以从需求的角度进行分析。

二、需求偏好相似理论的主要内容

(一)强调国内需求的作用

林德认为产品的需求可以分为国内需求和国外需求，决定产品生产与否的是国内需求而不是国外需求。一国工业品要成为潜在的出口品，通常是先在国内形成生产能力以满足国内需求，之后再出口到国际市场。

(二)人均收入水平决定需求结构

林德认为两个国家收入水平越接近，其需求偏好和需求结构越相似，产品的适应性就越强，贸易关系就越密切;反之，经济和收入差距较大的国家之间需求结构差异会较大，使得其相互贸易流量较小。由于发达国家人均收入水平较高，它们之间的需求更相似，因此，工业制成品的贸易通常会发生在收入较接近的发达国家间。

(三)需求重叠与国际贸易

两个国家间，高收入国的低收入阶层的需求与低收入国高收入阶层的需求很大程度上存在重叠，重叠度越高，它们之间所需要的同类产品会越多，贸易量也会越多。因此，该理论也被称为重叠需求理论。

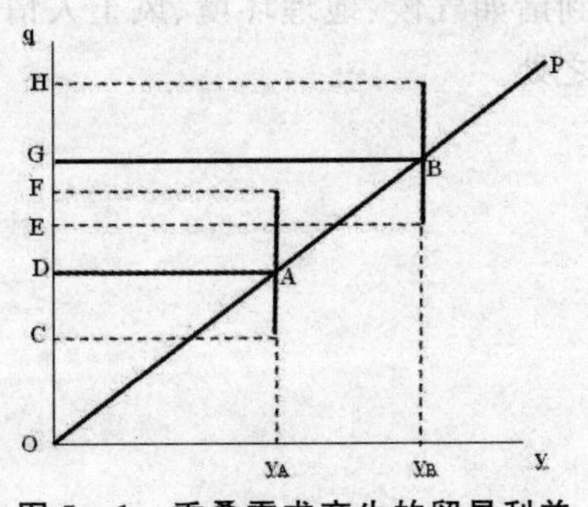

图5—1　重叠需求产生的贸易利益

在图 5－1 中，横轴表示一国的人均收入水平(y)，纵轴表示消费者所需的各种商品的品质等级(q)。所需的商品越高档，则其品质等级就越高。人均收入水平越高，则消费者所需商品的品质等级也就越高，二者的关系由图中的 OP 线表示。

现在，假设 A 国的人均收入水平为 y_A，则 A 国所需商品的品质等级处于以 D 为基点，上限点为 F，下限点为 C 的范围内。假设 B 国的人均收入水平为 y_B，则其所需商品的品质等级处在以 G 为基点，上下限点分别为 H 和 E 的范围内。对于两国来说，落在各自范围之外的物品不是太高档就是太过低劣，是其不能或不愿购买的。

图 5－1 中，A 国的品质等级处于 C 和 E 之间的商品、B 国的品质等级在 F 和 H 之间的商品，均只有国内需求，没有来自国外的需求，所以不可能成为贸易品。但在 E 和 F 之间的商品，在两国都有需求，即存在所谓的重叠需求。这种重叠需求是两国开展贸易的基础，品质处于这一范围内的商品，A、B 两国均可输出或输入。

由图 5－1 中可知，当两国的人均收入水平越接近时，则重叠需求的范围就越大，两国重叠需求的商品都有可能成为贸易品。所以，收入水平相似的国家，互相间的贸易关系也就可能越密切；反之，如果收入水平相差悬殊，则两国之间重叠需求的商品就可能很少，甚至不存在，因此贸易的密切程度也就很小。

三、需求偏好相似理论的意义

(一)需求偏好相似理论的进步性

1.需求偏好相似理论是对比较利益理论的一个重要补充

以前人们在分析国际贸易问题时总是从供给的角度入手，而需求偏好相似理论则独辟蹊径，不是以要素禀赋，而是以需求来解释贸易的原因，从而得出了更符合客观实际的结论。

2.需求偏好相似理论对解释战后产业内贸易迅速发展的原因作出了贡献

根据传统理论，国际贸易之所以发生，是由于各国之间资源禀赋的差异，因此贸易必须在不同的部门之间进行。但是第二次世界大战之后，部门内的贸易却得到了迅速发展，远远超过了部门间的贸易规模。对于这一现实，传统的贸易理论是无法解释的。林德从需求的角度对此进行了解释，因而对国际贸易理论的发展起到了极大的推动作用。

(二)需求偏好相似理论的局限性

需求偏好相似理论过分地强调了人均收入在决定消费结构中的作用。事实上，消费结构除了取决于人均收入外，还受到诸如气候、地理环境、风土人情、宗教法律、消费嗜好等各种因素的影响，这是该理论的不足之处。

第四节 规模经济理论

一、规模经济理论的提出

规模经济(Economiesof Scale)也称规模效益，它是指企业进行大规模的生产使产品成本降低而产生的经济效益。著名经济学家克鲁格曼在《市场结构与对外贸易》(1985)一书中提出了规模经济贸易理论。该理论认为规模经济是获取产业内贸易利益的来源，因为企业将销售市场从国内扩大到国外，可以大大提高同类产品的生产总量；随着生产规模的扩大，研制新产品所投入的资金以及购置生产设施所用的固定成本会分摊到更多的产品中去，使单位产品的成本下降；大规模的生产还可以充分地发挥各种生产要素的效能，使与生产有关的人、财、物都得到更好的利用。这些都可以降低产品成本，提高产品的市场竞争力。

✣人物简介 5—2

保罗·克鲁格曼

保罗·克鲁格曼(Paul R.Krugman，1953—)，出生于一个美国中产阶级家庭。他在纽约的郊区长大，从约翰·F.肯尼迪高中毕业后，他来到了著名的麻省理工学院，学习经济学。大学二年级的时候，著名经济学家诺德豪斯在偶然看到克鲁格曼的一篇关于汽油价格和消费的文章后，为他对经济问题的深刻理解所打动，立即邀请他做自己的助手。大学毕业后，在诺德豪斯的推荐下，克鲁格曼顺理成章地进入了研究生院攻读博士学位。在 1977 年取得博士学位之后，直接去耶鲁大学任教。

克鲁格曼的主要研究领域包括国际贸易、国际金融、货币危机与汇率变化理论。他提出了“新贸易理论”这一名词，分析解释了收入增长和不完全竞争对国际贸易的影响。他的理论思想富于原始性，常常先于他人注意到重要的经济问题。他被誉为世界上最令人瞩目的贸易理论家之一。因为他在贸易模式上所做的分析工作和对经济活动的定位，在2008 年，瑞典皇家科学院授予他诺贝尔经济学奖。

资料来源：http://baike.sogou.com/v29376.htm

二、规模经济与国际贸易

规模经济通常可以分为内部规模经济和外部规模经济。内部规模经济和外部规模经济对市场结构具有不同的影响，因此它们对国际贸易的影响也有所不同。

(一)内部规模经济与国际贸易

内部规模经济是指单位产品成本取决于单个厂商的规模而非行业规模。一般情况下，内部规模经济的实现依赖于一个产业或行业内厂商自身规模的扩大和产出的增加。在一个行业内，厂商数量越少，专业化程度越高，规模收益也就越高。在具有内部规模经济的产业中，随着生产规模的扩大，总产量增加的速度超过要素投入的增加速度，这就意味着平均成本下降，生产效率提高。因而大厂商比小厂商更具有成本优势，随着小厂商被挤出市场，少数大厂商逐渐垄断了整个市场，不完全竞争取代完全竞争成为市场的基本特征。在封闭经济的情况下，这会导致一系列负面现象的发生，如经济中的竞争性下降，消费者支出的成本上升，享受的产品多样性减少等，而解决这些矛盾的办法之一便是国际贸易。在规模经济较为重要的产业，国际贸易还可以使消费者享受到比封闭条件下更加多样化的产品。

具有内部规模经济的一般是资本密集型或知识密集型行业。内部规模经济之所以会出现，是由于企业所需特种生产要素的不可分割性和企业内部进行专业化生产造成的。采用大规模生产技术的制造业可以使用特种的巨型机器设备和流水生产线，进行高度的劳动分工和管理部门的分工，有条件进行大批量的销售，而且有可能进行大量的研制与开发工作，从而大大降低生产成本，获取利润。对于研制与开发费用较大的产业来说，规模经济的实现更为重要。如果没有国际贸易，这类产业就无法生存。只有在进行国际贸易的情况下，产品销售到世界市场上去，产量得以增加，企业才能最终实现规模经济下的生产。

(二)外部规模经济与国际贸易

外部规模经济是指单位产品成本取决于行业规模而非单个厂商的规模。外部规模经济主要来源于行业内企业数量的增加所引起的产业规模的扩大。具有外部规模经济的产业一般有以下特点：由许多生产规模相对较小的厂商构成；厂商地理位置集中；整个产业的规模较大，处于完全竞争状态。目前，世界各国形成产业规模的现象十分普遍。例如，在瑞士集中了大量生产钟表的企业，美国的底特律集中了许多生产汽车的企业。近几年来，我国出现了许多县、乡、镇、区集中发展一个产业的现象，例如，广州的白云区集中了大量的化妆品生产企业。

导致外部规模经济发生的原因主要有三个方面：一是厂商的地理位置集中能够促进专业化的供应商形成；二是厂商的地理位置集中有利于劳动力市场共享；三是厂商的地理位置集中有助于生产知识外溢。这一切都使整个产业的劳动生产率得到提高，所有厂商的成本下降，产业的规模越大，生产成本越低。因而，外部规模经济所带来的成本优势能使该国成为商品出口国。

❖【案例 5－3】

中国的小商品出口基地与产业集群

每当西方的圣诞节临近，随着中国制造产品越来越多地进入欧美家庭，“中国制造”进入欧美圣诞采购大单已成为不可或缺的内容。德国经济学家马库斯表示，“圣诞节将变成中国式的，因为90％的圣诞树装饰产自中国”。

据世界玩具工厂联合会理事单位中国玩具协会理事长梁梅女士透露：圣诞树、彩灯、圣诞帽、衣服、鞋子、玩具等是各类圣诞礼品中最主要的产品，这些恰恰是劳动密集型的中国制造业强项所在。中国现在已是世界圣诞产品出口大国。德国商会的一份调查显示，除法国香水外，全球绝大多数圣诞礼品均来自中国。目前，中国玩具对欧洲出口产值已达上百亿美元，占欧洲市场的70％。

这些产品主要来自浙江或珠江三角洲地区。这些地方遍布着生产包括圣诞产品在内的各种产品的产业集群。在珠江三角洲的404个建制镇中，以产业集群为特征的专业镇占了四分之一，如中山古镇(灯饰)、东莞虎门(服装生产和贸易)、南海西樵(纺织印染)、佛山石湾(陶瓷)、云浮云城(石材)以及顺德伦教、龙江、乐从三镇(家具)等。

在浙江号称“百工之乡”的温州，农村实行联产承包制后，一些农民在人多地少的压力下转办家庭工业，利用制度创新、市场创新与技术突破获得成功，引发同镇农民的效仿，从而逐步形成了一些专业品镇。如温州苍南县金乡镇的标牌集群、号称“东方纽扣之珠”的永嘉县桥头镇的纽扣集群、苍南县宜山镇的再生腈纶集群、瑞安市场桥镇的羊毛衫集群、乐清市柳市镇的低压电器集群等都是在此时形成，且是国内闻名遐迩的产业集群。

温州产业集群的成功发展，使浙江迅速崛起了一大批以产业集群为特征的专业品镇，如诸暨市山下湖镇的珍珠集群、诸暨大塘镇的袜业集群、湖州市织里镇的童装集群、杭州的女装集群等。目前浙江省平均每个县有 3 个产业集群，这些集群在全国行业中不是最大就是最强。在象山爵溪不足 2 平方公里的土地上，密密麻麻地分布着 400 余家针织企业。仅在宁波，像爵溪这样的外贸出口基地就有几十个，如慈溪的小家电、轴承、打火机，余姚的水暖洁具、灯具，宁海的文具，鄞州的蔺草制品、服装等。这些不起眼的小商品占据了全市出口总量的 25%以上，如星星之火般的出口基地构成了宁波外贸的货源基础。

资料来源：http://wenku.baidu.com/view/7ee944010740be1e650e9aee.html

第五节 国家竞争优势理论

一、国家竞争优势理论的提出

国家竞争优势理论是由迈克尔·波特在他的《国家竞争优势》一书中提出的。该理论从企业参与国际竞争这个微观角度来解释国际贸易现象，正好弥补了比较优势理论的不足，在生产要素禀赋理论与产品生命周期理论的基础上，波特试图赋予国家的作用以新的生命力，提出了国家具有“竞争优势”的观点。

✣人物简介 5—3

迈克尔·波特

迈克尔·波特(Michael E.Porter，1947—)，1947 年出生于美国密歇根州，美国哈佛商学院大学教授。迈克尔·波特毕业于普林斯顿大学，在世界管理思想界是“活着的传奇”，他是全球第一战略权威，被商业管理界公认为“竞争战略之父”。1979 年，克尔·波特获哈佛商学院终身教授之职，成为世界上竞争战略和竞争力方面公认的权威。1983 年，迈克尔·波特被任命为美国总统里根的产业竞争委员会主席，开创企业竞争战略理论并引发美国乃至世界的竞争力讨论。他的主要著作有《竞争战略》(1980)、《竞争优势》(1985)、《国家竞争优势》(1990)等。

资料来源：http://www.ceconline.com/go/guru/7000000030/

二、国家竞争优势理论的主要内容

(一)创新机制理论

1.微观竞争机制

国家竞争优势的基础是企业内部的活力，企业缺少活力则不思进取，国家就难以树立整体优势。能使企业获得长期盈利的创新，应当是在研究、开发、生产、销售、服务各环节上都使产品增值的创新。企业要在整个经营过程的升级上下功夫，在强化管理、研究开发、提高质量、降低成本等方面实行全面改革。

2.中观竞争机制

企业的创新不仅取决于企业内部要素，还要涉及产业及区域。企业经营过程的升级有赖于企业的前向、后向和旁侧关联产业的辅助与支持。企业追求长远发展要有空间战略，可以把企业的研究开发部门、生产部门和销售部门按一定的方式组合与分割，分别置于最适当的地区。

3.宏观竞争机制

波特认为，个别企业、产业的竞争优势并不必然导致国家竞争优势。为了对国家竞争优势提供一个比较完整的解释，他提出了一个“国家竞争优势模型”（如图5－2所示），波特认为，国家整体优势取决于四个基本因素和两个辅助因素的整合作用。

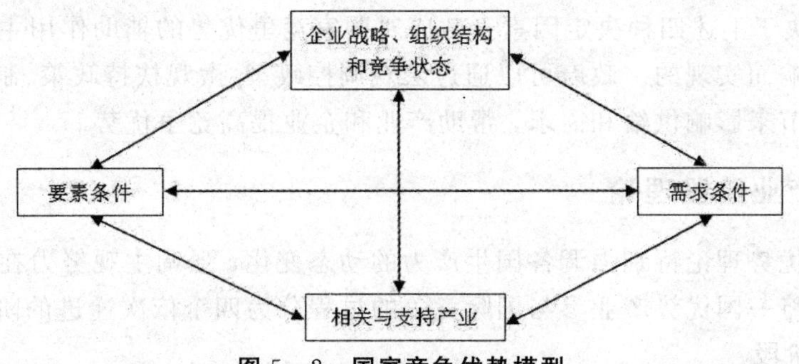

图5－2　国家竞争优势模型

(1)要素条件。波特把要素分为基本要素和高等要素两类。基本要素是指自然资源、气候、地理位置、非熟练或半熟练劳动力等。高等要素包括现代化电信网络、高科技人才、高精尖技术、熟练劳动力等，它们往往需要长期的投资和后天的开发才能得到，高等要素才是竞争优势的长远来源。因此，各国在发展国家竞争优势时，最关键的是创造一种有利于高等要素生成、发展、不断提高的环境。

(2)需求条件。波特认为，国内需求状况的不同会导致各国竞争优势的差异。国内需求对竞争优势最重要的影响是通过国内买主的结构和买主的性质实现的。不同的国内需求使企业对买方需求产生不同的看法和理解，并做出不同的反应。在国内需求给当地公司及早提供需求信号或给当地企业施加压力，要求他们比国外竞争者更快地创新，并提供更先进产品的产业或部门时，国家最可能获得竞争优势。

(3)相关与支持产业。一个国家的产业想要获得持久的竞争优势，就必须具有在国际上有竞争能力的供应商和相关产业。相关产业是指因共用某些技术，共享同样的营销渠道或服务而联系在一起的产业或具有互补性的产业，如计算机设备和计算机软件。支持产业是指某一产业的上游产品，它主要向其下游产业提供原材料、中间产品，如发动机业和汽车制造业。相关和支持产业的价值不仅在于它们能以最低价格为主导产业提供投入品，更重要的是，它们与主导产业在地域范围上的邻近，将使得企业相互之间能频繁、迅速地传递产品信息、交流创新思路，从而极大地促进企业的技术升级。

(4)企业战略、组织结构和竞争状态。国与国之间在企业管理方式上存在着很大的不同，没有一种管理系统是普遍适用的。只有企业所采取的管理方式和措施能适应本国环境且又适于培植产业竞争优势时，该行业才能赢得竞争优势。公司目标、员工的个人目标和公司对员工的激励、国家文化传统和价值取向对企业的影响等因素对于创造和维持竞争优势也会产生深远的影响。波特认为，国家竞争优势还取决于国内的竞争程度，激烈的国内竞争是创造和保持竞争优势最有利的刺激因素，其作用在于减少外国竞争者的渗透，造成模仿效应和人员交流效应，促使竞争升级，强化竞争程度，迫使企业向外扩张，去寻求国际市场，并在国际市场竞争中保持优势。

除了上述四种因素外，还有两个辅助因素也会对国家的竞争优势产生影响，这就是机遇和政府。机遇是指经济发展过程中遇到的一些新机会和新情况，比如重要的新发明，重大的技术创新，投入成本的巨变，外汇汇率的重要变化，突然出现的世界或地区需求、战争等。这些偶然性因素会影响到需求、供给、成本、价格等，从而使各国的竞争优势发生大的变化，有的国家会在机遇中快速上升，有的国家则因竞争优势的失去而逐渐没落。但机遇对竞争优势的影响不是决定性的，同样的机遇可能给不同的企业带来不同的后果，能否利用机遇以及如何利用，还是取决于上述四种决定因素。政府对国家竞争优势的辅助作用主要是通过对四种决定因素施加影响而实现的。政府可以通过宏观调控政策、微观扶持政策、制定规则和培养高素质劳动力等环节来影响供给和需求，帮助产业和企业提高竞争优势。

(二)优势产业阶段理论

波特的竞争优势理论特别强调各国生产力的动态变化，强调主观努力在赢得优势地位中所起的作用。他将一国优势产业参与国际竞争的过程分为四个依次递进的阶段。

1.要素驱动阶段

此阶段的竞争优势主要取决于一国在生产要素上拥有的优势，如廉价的劳动力和丰富的资源。一国在基本要素上的优势虽然可以在一段时间维持其竞争优势和经济增长，但是基本要素推动下的竞争优势由于缺乏生产力持续提高的基础，不可能长久地保持下去。

2.投资驱动阶段

此阶段的竞争优势主要取决于资本要素，大量投资可更新设备，扩大规模，增强产品的竞争力。在这一阶段，随着就业大量增加，工资及要素成本的大幅度提高，一些价格敏感的产业开始失去竞争优势。因此，政府能否实施适当的政策是很重要的，政府可以引导稀缺的资本投入特定的产业，增强承担风险的能力，提供短期的保护以鼓励本国企业的进入，建设有效规模的供应设施，刺激和鼓励获取外国技术以鼓励出口等。

3.创新驱动阶段

此阶段的竞争优势主要来源于产业中整个价值链的创新，企业特别注重对人员的培训而且效果显著。企业重视研究与开发工作，注重创新意识和创新能力，并把科技成果转化为商品作为努力的目标。一国进入创新驱动阶段的显著特点之一是高水平的服务业占据越来越高的国际地位。

4.财富驱动阶段

在这一阶段，产业的创新意识、竞争意识和竞争能力都会明显下降，经济发展缺乏强有力的推动，企业开始失去国际竞争优势。长期的产业投资不足是财富驱动阶段的突出表现。进入财富驱动阶段的国家，一方面是富裕的人享受着过去积累的成果，另一方面是衰落的企业受到各种困扰，失业和潜在失业严重，平均生活水平下降。这就提醒人们要居安思危，通过调整产业结构和制度创新等途径防止衰退。

三、国家竞争优势理论的意义及局限性

(一)贡献及现实意义

波特的国家竞争优势理论弥补了其他国际贸易理论的不足，是对传统的国际贸易理论的一个超越。波特第一次明确地阐述了竞争优势的内涵，较圆满地回答了理论界长期未能解答的一些问题。同其他贸易理论相比，波特理论的贡献可以归纳为以下几点。

1.波特提出国家竞争优势的决定因素，为我们分析各国竞争优势的基础、预测它们竞争

优势的发展方向以及长远发展潜力，提供了一个非常有用的分析工具。

2.传统的比较优势理论强调的是比较利益，注重的是各国现有的要素禀赋，因此，它无法解释为什么像日本和韩国这类资源稀缺的国家能在众多领域获得竞争优势，而许多资源丰富的国家却长期落后，波特从动态的竞争优势角度比较圆满地解决了这一问题。

3.国家竞争优势理论明确提出了国内需求同国家竞争优势之间的因果关系，弥补了传统贸易理论对需求的忽略。

4.国家竞争优势理论强调国家在决定企业竞争力方面的关键作用，它对于加强国家对企业竞争优势的培育和促进，对企业竞争优势的发展有着积极的意义。

(二)不足之处

1.波特的竞争优势理论尽管研究角度新，理论框架较为完整，但基本上是一般经济学原理的重新组合，逻辑性不是很强，其产业结构的分析方法也略显不足。

2.波特的竞争优势理论过多地强调了企业和市场的作用，而对政府在当代国际贸易中所扮演的角色的重要性认识不足，仅把政府的作用作为一个辅助的因素。

❖**【案例 5－4】**

芬兰诺基亚公司的崛起

移动电话设备工业是 20 世纪 90 年代发展最为迅速的行业之一。到 1994 年底，全球共有移动电话用户 5000 多万个，而 1990 年还不到 10 万个。目前在全球移动设备市场上占主导地位的有三家公司：摩托罗拉、诺基亚和爱立信。其中，诺基亚的迅速崛起也许是最令人惊讶的。诺基亚的崛起开始于 1981 年，当时，北欧国家决定创立世界上第一个国际移动电话网络，它们也有充分的理由成为这一领域的开拓者。由于北欧各国人口稀少，冬季异常寒冷，要铺设传统的有线电话网费用太高。而正是这样一些特点使得通信在当地备受重视。在北极圈严寒的冬季里驾车行驶的人和居住在偏远的北部地区的人一旦遇到意外情况就需要用电话来求助。因此，瑞典、挪威和芬兰就成为世界上最早认真考虑移动通信的国家。它们发现，要把传统的有线电话服务接通到北部的偏远地区，每个用户需花 800 美元，而采用无线移动电话设备每人只需花 500 美元。因此，到 1994 年，斯堪的纳维亚国家中已有 12％的人拥有移动电话，而在美国这一比例还不到 6％。诺基亚长期以来一直都是通信设备的供应商，它自然可以充分利用北欧国家的这种优势。但是，芬兰国内的一些因素也对诺基亚公司创建自己的竞争优势起到了促进作用。与所有其他的发达国家不同，芬兰对电话行业从来就没有过国家垄断。相反，在该国，电话服务一直由 50 个自治的地方电话公司提供，这些公司的董事会通过公民表决的方法来确定价格(这当然意味着低价格)。这些独立的成本意识很强的电话服务供应商，使诺基亚公司在本国感受到强大的竞争压力而不敢掉以轻心。芬兰人有着特有的实用思想，它们愿意从成本最低的供货商处购买电话服务，不论它是诺基亚、爱立信、摩托罗拉还是其他供货商。这些情况与直到 20 世纪 80 年代末 90 年代初还盛行于大多数发达国家的情况截然不同。当时，在那些国家，国内的电话服务垄断商往往只从当地市场的一个主要供货商处购买设备，或者是自己生产设备。而诺基亚面对本国激烈的竞争压力，在努力保持其在移动通信技术方面的领先优势的同时又竭尽所能降低生产成本。芬兰国内的这些因素给诺基亚公司带来的影响是显而易见的。目前，在数码移动技术这一未来的潮流领域中占领先地位的是诺基亚，而不是摩托罗拉公司，而诺基亚之所以能在这一领域中处于领先地位，是因为斯堪的纳维亚国家比世界其他地区早五年便开始转向数码技术。此外，面对成本意识很强的芬兰消费者的压力，诺基亚公司十分注重降低成本，它的成本结构是目前世界上移动电话设备制造商中最低的，这就使它能获得比摩托罗拉更高的利润率。

资料来源：http://www.newhua.com/2014/1125/285410.shtml

◈复习思考题：

1.结合中国对外贸易的现实，你认为哪些理论能解释这种现实？你认为什么理论更能支持中国从贸易大国转变为贸易强国？

2.举例区别产业内贸易和产业间贸易，并分析产业内贸易和产业间贸易产生的原因。

3.近年来，美国企业越来越关注国外的盗版和仿冒产品，一些美国成功地创新和出口的产品，在没有遵守专利或知识产权保护条款的情况下被国外生产者仿造，这种现象将会如何影响美国的产品生命周期以及新产品的研制与开发？

第六章 关税措施 6

✲本章学习目标：

本章系统介绍了关税的特点、作用、关税的种类及其征收的依据与方法。要求学生掌握关税的主要分类以及关税的征收方法。

第一节 关税概述

一、关税的概念

关税(Customs Duties;Tariff)是进出口商品经过一国关境时，由政府设置的海关向本国进出口商征收的一种税。由于征收关税提高了进出口商品的成本和价格，客观上限制了进出口商品的数量，故关税又被称为关税壁垒(Tariff Barriers)。

关税的征收是通过海关来执行的，海关是设立在关境上的国家行政管理机构，其职责是依照国家法令，对进出口货物、货币、金银、行李、邮件、运输工具等进行监督管理，征收关税，查禁走私，临时保管通关货物和编制进出口统计等。

二、关税的性质与特点

(一)关税的性质

关税作为国家税收的一种，同其他税收一样，是国家凭借政治权力取得财政收入的一种方式，也是管理社会经济和国民生活的一种手段，因此，它具有税收所共有的强制性、无偿性和固定性。

1.强制性

关税由国家凭借政治权力和法律强制征收，纳税人必须依法纳税，否则会受到法律制裁。

2.无偿性

国家征收关税后即缴入国库，成为国家的财政收入，无须付给纳税人任何补偿。

3.固定性

关税是按照国家规定的税则计征缴纳的，税率相对固定，一般不得随意变动和减免。

(二)关税的特点

除具有一般税收的共性之外，关税作为一个单独的税种，又具有不同于其他税收的特点。

1.关税是一种间接税

关税的纳税人虽然是进出口企业，但是进出口企业可用增加货价的方法，将关税负担转嫁到消费者身上，因而它是一种间接税。

2.关税的税收主体和客体

关税的税收主体(即纳税人)是本国的进出口商，关税的税收客体(即课税对象)是进出口商品。

3.关税具有涉外性，是对外贸易政策的重要手段

由于关税与世界各国的利益关系密切，主权国家常以关税为手段来体现其对外政策，把它作为进行国际经济竞争及政治斗争的手段。

三、关税的作用

(一)积极作用

1.增加财政收入

海关征收关税后即上缴国库，成为国家财政收入，这对某些发展中国家特别重要，关税是发展中国家财政收入的重要来源。

2.保护本国的生产和市场

对进口商品征收关税，等于提高其进口成本，并相应提高销售价格，以此削弱其与本国产品竞争的能力，从而保护国内同类及相近产品的生产与发展。

3.调节进出口商品结构和国内经济

关税税率的高低和减免可以直接影响一国的对外贸易规模和结构。进出口商品的种类和数量在关税的调解下可以有效地保持市场供求平衡，稳定国内市场价格，保持国际收支平衡。

4.有利于开展对外经济斗争和建立友好经济关系

主权国家可以运用关税来调整本国和他国的经济贸易，影响政治关系。利用优惠关税，可以促进友好贸易往来、改善国际关系；利用关税壁垒，可以限制由对方进口或惩罚对方；利用差别关税，可以在对外贸易谈判时迫使对方让步，开拓国外市场。

(二)消极作用

1.加重消费者的负担

征收关税后，消费者将支付较高的价格购买商品，这是所有间接税征收过程中需谨防的

消极作用。

2.过度保护，会降低企业竞争力

如果对某种产品不适当地长期保护，会使被保护的产业和企业产生依赖性，影响竞争力的培育和提高。

3.恶化贸易伙伴间的友好关系

在利用关税壁垒作为限制由对方进口以保护本国生产的同时，可能会使对方也采取相应报复措施，从而导致贸易伙伴间友好关系的恶化。

4.关税过高会刺激走私行为

走私通常是指违反一个国家(地区)的法令，非法运输物资进出境的行为。有些商品由于征税过高使内外差价过大，遂成为走私的对象。

❖【案例 6－1】

两次世界大战期间的关税战

1922 年美国议会通过了《福得尼—麦克坎贝尔关税法案》以加大对其国内产业的保护，从而把美国的关税提至一个新的水平。1930 年通过的《斯姆特—赫利关税法案》是 1922 年《福得尼—麦克坎贝尔关税法案》的延续，但是很多种类的关税率都更高，尤其是农产品。矿物的关税率则从 1922 年的 50％升至 1930 年的 100％，其他种类的商品也都有了大幅度的提高。

《斯姆特—赫利关税法案》是在大萧条以后通过的，但它对于解决萧条状况不仅没有帮助，反而在一定程度上加重了灾难。它使人们的生活开支增加，民不聊生的状况更严重。《斯姆特—赫利关税法案》的实施加大了别国市场进入美国市场的难度，从而使世界工业遭受极大创伤，而别国工业的衰落也使美国在第一次世界大战期间给别国的贷款收回的可能性大大降低。关税确实使农产品及制造业的价格上升，然而来自国外的激烈的报复性措施也使美国农产品、制造产品的出口降低，而保护造成的较高价格又使国内需求量减少。钢铁、家用器具、自动化等持续的高价直接导致有效需求的不足，最终造成生产削减和长期居高不下的失业率：1933 年美国失业率高达 25％，GNP 比 1929 年下降 1/3，直至 1937 年，GNP 才恢复到 1929 年的水平。很多经济学家认为，《斯姆特—赫利关税法案》加剧了美国的大萧条。

美国 1930 年的高关税不仅对本国经济不利，也由此引起了别国的报复和一场关税大战，对国际货币体系和世界资本市场的稳定带来了冲击。

1929 年法国提议成立经济欧洲联盟以对抗美国。作为对美国《斯姆特—赫利关税法案》的对抗，1931 年法国政府直接针对美国采取了配额体系：限制煤炭、亚麻、酒、木材、肉蛋和家禽等商品的进口数量。

1929 年 7 月初，在《斯姆特—赫利关税法案》出台之前，美国、法国、比利时、奥地利、西班牙、丹麦、瑞士、挪威、瑞典、澳大利亚等 38 个欧洲、澳洲和拉美国家向美国参议院金融管理协会递交了抗议书。澳大利亚反对羊毛关税，丹麦反对皮革关税，比利时攻击玻璃关税。

瑞士钟表生产每年有 90％～95％用于出口，其中 1921 年仅美国就吸引其出口的 18.5％。美国《斯姆特—赫利关税法案》增加了钟表的进口关税(300％)，从而使 1930 年瑞士钟表对美国出口比 1929 年下降了 48％，严重损害了瑞士经济。美国的贸易政策遭到了瑞士政府的强烈反对，瑞士传媒甚至号召全国人民抵制美货。在所有欧美国家中，英国堪称最坚持自由贸易原则的，然而，在面临美国的《斯姆特—赫利关税法案》时，英国也在 1932 年通过了进口关税法案，提出了全面保护的贸易政策。当年7月，英国又和其附属国、殖民地在渥太华签署了《渥太华协议》，允许和鼓励英及其附属国之间开展自由贸易，同时一致对美国的进口商品征收高额关税。1930年，70.5%的美国商品进入英国免税，而到1932年只剩下20.5%的美国商品仍能享受此待遇。

两次世界大战之间的贸易保护政策造成了世界贸易量的下降，以1929年的世界贸易水平为100，1932年这个指数降低到了39.1，1934年降到最低点，只有34，直到1938年才恢复到40.5。

资料来源：海闻，P.林德特，王新奎：《国际贸易》，上海人民出版社，2003年版，第261—263页

第二节 关税的分类

一、按征收对象和商品的流动方向分类

按照关税征收对象和商品流动方向，可将关税划分为进口关税、出口关税、过境关税。

(一)进口关税

进口关税是指进口国家的海关在外国商品输入时，根据海关税则对本国进口商所征收的关税。该种关税在进口商品直接进入一国关境和国境时征收，或者在外国货物从自由港、自由贸易区、出口加工区、保税仓库进入国内市场时征收。进口关税是保护关税的主要手段，通常所说的关税壁垒，实际上就是对进口商品征收高额关税以此提高其成本，进而削弱其竞争力，起到限制进口的作用，关税壁垒是一国推行保护贸易政策所实施的一项重要措施。

一般来说，大多数国家对工业制成品的进口征收较高关税，对半制成品的进口税率次之，而对原材料的进口税率最低甚至免税。也就是说，随着产品加工程度的提高，征收的进口关税越来越高，这就是所谓的“关税升级”。

(二)出口关税

出口关税是出口国家的海关在本国产品输往国外时，对出口商所征收的关税。目前大多数国家对大多数产品都不征收出口税，征收出口税的国家主要是发展中国家，征收出口关税的原因主要是：

第一，对本国资源丰富、出口量大的商品征收出口关税以增加财政收入。

第二，保护国内重要的原材料资源，以支持国内相关产业的发展，防止无法再生的资源逐渐枯竭。

第三，控制和调节某些商品的出口流量，防止盲目出口，平衡国际收支。

第四，一些发展中国家为了维护本国的经济利益，以出口税为手段反对跨国公司在当地低价收购初级产品，以此作为同跨国公司斗争的手段。

(三)过境关税

过境关税，又称通过关税，它是一国对于通过其关境的外国货物所征收的关税。过境税在交通不发达的资本主义发展初期盛行于欧洲各国。随着国际贸易的发展，交通运输竞争的加剧，加之过境货物对本国生产和市场又没有影响，从 19 世纪后半期开始，各国相继废除了过境税。“二战”后，关税总协定第五条规定了“自由过境”的原则，目前大多数国家对过境货物只征收少量的签证费、印花税、登记费、统计费等。

❖【案例 6－2】

中国取消稀土等产品出口关税

2014 年，美国及其贸易伙伴欧盟和日本在 WTO 针对中国关于稀土、钨和钼出口限制措施的投诉取得了重大胜利。据悉，稀土、钨和钼是美国制造的产品中的关键部件，涉及混合动力汽车电池、风力涡轮机和节能照明等诸多关键制造部门。2014 年 9 月 26 日，中国在 WTO 争端解决机构例会上表示，愿意履行 WTO 争端解决机构就该案作出的建议和裁决。2014 年 12 月 8 日，中美双方通知争端解决机构，称已就合理的执行期限问题达成共识，合理的执行期为上诉机构和专家组报告通过之日起的 8 个月零 3 天，即截至 2015 年 5 月 2 日。2015 年 4 月 23 日，中国国务院关税税则委员会公布消息，自 5 月 1 日起取消稀土、钨、钼、钢铁颗粒粉末等产品的出口关税。

资料来源：商务部网站

二、按征税目的分类

按照征税的目的，可将关税划分为财政关税和保护关税。

(一)财政关税

财政关税是以增加本国财政收入为目的而征收的关税。财政关税收入的关键在于税率的高低和进出口商品的数量。

(二)保护关税

保护关税是以保护本国的产业和国内市场为目的而征收的关税。保护关税的税率越高，保护程度越强。与财政关税不同，其税率一般都较高，有时达 100%以上，等于禁止进口。

三、按特定的实施情况分类

按照特定的实施情况，可将关税划分为正常关税和进口附加税两种。

(一)正常关税

通常把按国家税法规定的税率征收的关税称为正常关税。它是相对于附加税而言的。

(二)进口附加税

进口附加税是指进口国海关对进口的外国商品在征收正常关税之外，出于某种特定的目的，而额外加征的关税。进口附加税的种类主要有以下几种：

1.反倾销税

反倾销税是指对实施倾销的进口货物所征收的一种临时性进口附加税。征收反倾销税的目的在于抵制商品倾销，以保护本国产品和国内市场。

2.反补贴税

反补贴税又称抵消税或补偿税，是对于直接或间接地接受奖金或补贴的外国商品进口所征收的一种进口附加税。征收反补贴税的目的在于，提高进口商品的价格，抵消其所享受的补贴金额，削弱其竞争能力，以保护国内生产和市场。

3.紧急关税

紧急关税是指应付某种紧急情况，对某些商品加征的进口税。在国际贸易中，当短期内外国某种商品大量涌入某国，进口量大大超过正常水平，对某国生产这种产品的行业构成威胁，甚至造成巨大损失，一般正常关税已不能起到有效保护作用，通过正常谈判渠道又难以解决时，该国往往加征紧急进口附加关税来限制该商品的大量涌入，保护本国生产。

4.惩罚关税

惩罚关税是指出口国某商品违反了与进口国之间协议，或者未按进口国海关规定办理进口手续时，进口国海关对该进口商品征收的一种临时性进口附加税。

5.报复关税

报复关税是指一国为报复他国对本国商品、船舶、企业、投资或知识产权等方面的不公正待遇，对从他国进口的商品所课征的进口附加税。

❖【案例 6－3】

美企业对中国大型洗衣机产品提起反倾销调查申请

美国当地时间 2015 年 12 月 16 日，惠而浦公司（Whirlpool Corporation）向美国商务部和国际贸易委员会申请对三星电子与 LG 电子在中国生产的洗衣机产品征收反倾销税，惠而浦称，这两家公司在美国以低于成本价格销售洗衣机。在惠而浦递交的申请中，对于产品的具体描述为：家用大型洗衣机，无论轴线旋转方向如何，箱体宽度大于 62.23 厘米，但小于 81.28 厘米，不包括叠加式洗衣机、烘干机和商用洗衣机。相关产品在美国海关主要列于 8450.20.0040、8450.20.0080、8450.11.0040、8450.11.0080、8450.90.2000 和 8450.90.6000 税则号。

惠而浦在此次发布的声明中称，三星与 LG 通过将供应美国的洗衣机生产从韩国和墨西哥转移至中国工厂，导致“规避”了反倾销税。惠而浦认为，原产于中国的大型洗衣机产品在美国的倾销幅度为 68.92％～109.04％。

针对惠而浦公司的指控，LG 电子美国公司发言人约翰·泰勒（John Taylor）在一份声明中表示，调查最终会证明 LG 并没有在美国市场不公平销售洗衣机。泰勒称，“申请者试图剥夺消费者在不同品牌间的选择，LG 在这个过程中会积极捍卫自己，以保护消费者的选择。”与此同时，三星电子的一位发言人表示，“尊重美国市场的贸易规则，并且相信美国商务部和国际贸易委员会认定三星并未倾销。”

资料来源：商务部网站

四、按差别待遇分类

按差别待遇，可将关税划分为普通关税和优惠关税两种。

（一）普通关税

普通关税又称一般关税，是相对于优惠关税而言的，是指一国政府对与本国未签署贸易协定、经济互助协定等友好协定的国家（地区）按普通税率所征收的非优惠性关税。这种关税税率一般由进口国自主制定，税率较高。一般要比优惠税率高 1 到 5 倍，少数商品甚至高达 10 倍 20 倍，被称之为歧视性关税。

(二)优惠关税

优惠关税是对来自特定国家的进口货物征收的低于普通关税税率的优惠税率关税。优惠关税一般是互惠的，通过国际间的贸易或关税协定，协定双方相互给予优惠关税待遇，但也有单方面的，给惠国给予受惠国单向的优惠关税待遇而不要求受惠国提供反向优惠。

优惠关税一般有最惠国关税、普惠制关税和特惠关税三种。

1.最惠国关税

最惠国关税适用于从与该国签订有最惠国待遇条款的贸易协定的国家或地区所进口的商品。所谓最惠国待遇，是指缔约国各方实行互惠，凡缔约国一方现在和将来给予任何第三方的一切特权、优惠和豁免也同样给予对方。

第二次世界大战后，大多数国家都加入了关税与贸易总协定和世界贸易组织或者签订了双边贸易条约或协定，相互提供最惠国待遇，享受最惠国税率，因此这种关税通常又被称为正常关税。

2.普惠制关税

普惠制关税是在普遍优惠制下的优惠关税待遇，普惠制是发达国家给予发展中国家出口的制成品和半制成品(包括某些初级产品)普遍的、非歧视的、非互惠的一种关税优惠制度，税率一般比最惠国税率低约 1/3。

普遍性、非歧视性和非互惠性是普惠制的三项基本原则。普遍性是指发达国家对所有发展中国家出口的制成品和半制成品给予普遍的关税优惠待遇；非歧视性是指所有发展中国家或地区都不受歧视、无例外地享受普惠制待遇；非互惠性是指发达国家应单方面给予发展中国家作出特殊的关税减让而不要求发展中国家提供反向优惠。

实行普惠制的国家是根据各自制订的普惠制方案实施的。这些方案是由各给惠国或国家集团单独制定和公布的，各有特点，不尽相同。但在方案组成中，主要的规定如下：

(1)对受惠产品范围的规定。一般而言，农产品的给惠商品较少，工业制成品或半制成品只有列入普惠制方案的给惠商品清单，才能享受普惠制待遇。一些敏感性商品，如纺织品、服装、鞋类以及某些皮制品、石油制品等常被排除在给惠商品之外或受到一定限额的限制。

(2)对受惠国家或地区的规定。普惠制在原则上应对所有发展中国家或地区无歧视、无例外地提供优惠待遇，但实际上发展中国家能否成为普惠制方案的受惠国是由给惠国单方面确定的。各给惠国从自身的政治经济利益出发，把某些受惠国或地区排除在受惠国名单之外。

(3)对受惠产品减税幅度的规定。给惠商品的减税幅度取决于最惠国税率与普惠制税率之间的差额，即普惠制减税幅度＝最惠国税率－普惠制税率。最惠国税率越高，普惠制税率越低，差幅就越大；反之，差幅就越小。并且减税幅度与给惠商品的敏感度密切相关。一般来说，农产品减税幅度小，工业品减税幅度大，甚至免税。

(4)对给惠国的保护措施的规定。各给惠国一般都在其方案中规定保护措施，以保护本国某些产品的生产和销售。保护措施主要有：例外条款、预定限额、毕业条款。

例外条款，是指受惠国产品的进口量增加到对其本国同类产品或有竞争关系的商品的生产者造成或即将造成严重损害时，给惠国保留对该产品完全取消或部分取消关税优惠待遇的权利。

预定限额，是指给惠国根据本国和受惠国的经济发展水平及贸易状况，预先规定一定时期内(通常为一年)某项产品(一般为工业产品)的关税优惠进口限额，达到这个额度后，就停止或取消给予的关税优惠待遇，而按最惠国税率征税。

毕业条款，是指给惠国以某些发展中国家或地区由于经济发展，其产品已经能适应国际竞争而不再需要给予优惠待遇和帮助为由，单方面取消这些国家或产品的普惠制待遇。

(5)对原产地的规定。原产地的规定又称原产地规则，是各国(地区)为了确定商品原产国和地区而采取的法律、法规和行政管理决定，也是衡量受惠国出口产品是否取得原产地资格、能否享受优惠的标准。一般包括三个部分:原产地标准、直接运输规则和原产地证明。

原产地标准，是指只有完全由受惠国生产或制造的产品，或者进口原料或部件在受惠国经过实质性改变而成为另一种不同性质的商品，才能作为受惠国的原产品享受普惠制待遇。

直接运输规则，是指受惠国原产品必须从出口受惠国直接运至进口给惠国。

原产地证明，是指受惠国必须向给惠国提供由出口受惠国政府授权的签证机构签发的普惠制原产地证书，作为享受普惠制减免关税优惠待遇的有效凭证。

【案例 6－4】

欧盟给予中国的普惠制待遇

欧盟从 1980 年开始给予中国普惠制待遇，它对促进我国产品进入欧盟市场方面起到积极的推动作用。目前，我国可以享受除美国以外的约 40 个给惠国家的普惠制优惠，其中欧盟国家是主要成员，包括欧盟 28 个国家。近年来，欧盟不断收紧对华普惠制，自 1996 年起，欧盟多次大规模缩小我国输欧产品享受普惠制待遇的范围。自 2014 年 1 月 1 日起，欧盟普及特惠税制度(GSP)修订案正式实施，我国受惠产品范围由 11 大类商品缩减至 5 大类，受惠产品种类仅占欧盟普惠制给惠产品种类的 6.82%。我国原产的活动物、大部分动物产品、蔬菜、食品等传统优势产品不再享受普惠制优惠待遇。

在 2011 年、2012 年和 2013 年，按人均国民总收入，世界银行已连续 3 年将中国内地、厄瓜多尔、马尔代夫和泰国归类为高收入或中等收入国家。2013 年 12 月 31 日，欧盟《公报》刊登欧洲委员会第 1421/2013 号法规，修订了欧盟的普惠制条例。在其生效一年后，中国内地、厄瓜多尔、马尔代夫和泰国将不再属于受惠国行列。这意味着自 2015 年 1 月 1 日起，我国已从欧盟普惠制“毕业”，我国内地所有产品不再享受欧盟普惠制优惠待遇。

资料来源:http://wenda.tianya.cn/question/1fd2e5d9e7be1d12

3.特惠关税

特惠关税又称特定优惠关税，是对来自特定国家或地区的进口商品给予特别优惠的低关税或免税待遇。特惠税有的是互惠的，有的是非互惠的，税率一般低于最惠国税率和协定税率。

最早的特惠关税产生于宗主国与其殖民地及附属国之间的贸易。目前仍在起作用的且最有影响的是 2000 年 2 月 3 日欧盟与非洲、加勒比海及太平洋地区 77 国(简称非加太集团)签订的有效期为 20 年的《科托努协定》(前身为《洛美协定》)的特惠税，它是欧盟向参加协定的非洲、加勒比海和太平洋地区的发展中国家单方面提供的特惠关税。协定在关税方面的优惠主要有:欧盟逐步取消对非加太地区国家提供单向贸易优惠政策，代之以向自由贸易过渡，双方最终建立自由贸易区，完成与世贸规则接轨;欧盟将建立总额为 135 亿欧元的第九个欧洲发展基金，用于向非加太地区国家提供援助，并从前几个发展基金余额中拨出 10 亿欧元用于补贴重债穷国等。

❖【案例 6-5】

《2015 年关税实施方案》关于特惠税的有关规定

2015 年 1 月 1 日起实施的《2015 年关税实施方案》规定：根据我国与有关国家或地区签署的贸易或关税优惠协定，对原产于孟加拉国和老挝的部分商品实施亚太贸易协定项下特惠税率；对原产于埃塞俄比亚、布隆迪、赤道几内亚、刚果(金)、吉布提、几内亚、几内亚比绍、莱索托、马达加斯加、马拉维、马里、莫桑比克、南苏丹、塞拉利昂、塞内加尔、苏丹、索马里、坦桑尼亚、乌干达、乍得、中非、阿富汗、也门和瓦努阿图共 24 个国家的部分商品实施 97％税目零关税特惠税率；对原产于安哥拉、贝宁、多哥、厄立特里亚、科摩罗、利比里亚、卢旺达、尼日尔、赞比亚、东帝汶、柬埔寨、缅甸、尼泊尔和萨摩亚共 14 个国家的部分商品实施 95％税目零关税特惠税率；对原产于毛里塔尼亚和孟加拉国的部分商品实施 60％税目零关税特惠税率。

资料来源：商务部网站

第三节 关税的征收

一、关税的征收依据

(一)海关税则的概念

海关税则(Customs Tariff),又称关税税则,是各国征收关税的依据。它是一国或地区对进出口商品计征关税的规章和进出口应税商品、免税商品和禁止进出口商品加以系统分类的一览表。海关税则是关税制度的重要内容,是国家关税政策的具体体现。

海关税则一般包括两部分:一部分是海关课征关税的规章条例及说明,另一部分是关税税率表。其中,关税税率表是海关税则的主体,其内容主要包括税则号列(TariffItem)、商品分类目录(Description of Goods)和税率(Rate of Duty)三部分。

(二)海关税则的分类

1.单式税则和复式税则

单式税则(Single Tariff),又称一栏税则,是指一个税目下只有一个税率,即对来自任何一个国家的商品没有差别待遇。目前只有少数发展中国家如委内瑞拉、巴拿马、乌干达等实行单式税则。

复式税则(Multiple Tariff),又称多栏税则,是指同一个税目下设有两个或两个以上的税率,即对于来自不同国家和地区的商品按不同的税率征收,实行差别待遇。其中普通税率、最惠国税率、协定税率、普惠税率、特惠税率依次由高至低排列,普通税率最高,特惠税率最低。目前世界绝大多数国家实行复式税则,根据自己的需要,分别采用两栏、三栏、四栏不等的税则。

2.自主税则和协定税则

在单式税则或复式税则中,依据制定税则的权限又可分为自主税则和协定税则。

自主税则(Autonomous Tariff)又称国定税则,是指一国立法机构根据关税自主原则单独制定而不受对外签订的贸易条约或协定约束的一种税率。

协定税则(Conventional Tariff)是指一国与其他国家或地区通过贸易与关税谈判,以贸易条约或协定的方式确定的关税税率,一般适用于协定的商品。协定税则是在通过与其他国家进行关税谈判中制定的税率,因此要比国定税率低。

二、关税的征收方法

关税的征收方法又称征收标准,是各国海关计征进出口商品关税的标准、计算的方法,主要有从量税、从价税、混合税、选择税。

(一)从量税(Specific Duties)

从量税是以进口货物的重量、数量、长度、容量和面积等计量单位为标准计征的关税。其中，重量单位是最常用的从量税计量单位。例如，美国对薄荷脑的进口征收从量税，普通税率为每磅 50 美分，最惠国税率为每磅 17 美分。从量税的计算公式为：

从量税额＝商品计量单位数×每单位从量税率

以重量为单位征收从量税必须注意，在实际应用中各国计算重量的标准各不相同，所以计算方法也有差异，常用的有 3 种。

(1)毛重(Gross Weight)，又称总重量法，指按商品本身的重量加内外包装材料在内的总重量计征税额。

(2)半毛重(Semigross Weight)，又称半重量法，指按商品总重量扣除外包装后的重量计征税额。

(3)净重(Net Weight)，又称纯重量法，指按商品总重量扣除内外包装后的重量计征税额。

采用从量税的优点是：

(1)手续方便。不需审定货物的规格、品质和价格，便于计算，可以节省大量征收费用。

(2)对低档的进口商品保护作用比较大。因单位税额固定，不论商品质量和价格如何，征收同样的税额，低价货物进口利润较低，可有效增加商品的成本。

(3)税额固定。商品价格降低时，财政收入不受影响。

采用从量税的缺点是：

(1)税负不合理。同一税目的货物不管质量好坏、价格高低，均按同一税率征税，税负相同，这显然是不合理的。

(2)不能随价格变动作出调整。当国内物价上涨时，税额不能随之变动，使税收相对减少，保护作用削弱。

(3)难以普遍采用。征收对象一般是谷物、棉花等大宗产品和标准产品，对某些商品如艺术品及贵重物品不便使用。

(二)从价税(Ad Valorem Duties)

从价税是指以进口商品的价格为标准计征的关税，其税率表现为货物价格的百分值。例如，美国对玩具进口征收从价税，普通税率为 70%，优惠税率为 6.8%。从价税的计算公式为：

从价税额＝完税价格×从价税率

征收从价税的一个重要问题是确定进口商品的完税价格。所谓完税价格(Dutiable Value)，是指经海关审定的作为计征关税依据的货物价格，是决定税额多少的关键因素。

目前，世界各国所采用的完税价格标准很不一致，大体上有以下三种：

(1)以装运港船上交货价(FOB)作为征税标准；

(2)以成本加运费、保险费价格(CIF)作为征税标准；

(3)以法定价格或进口官方价格作为征税标准。

为了弥补各国确定完税价格的差异，东京回合达成了《海关估价协议》，规定了六种应依次使用的海关估价方法，并严格按照下列程序使用：前三种方法是必须按顺序依次适用的，当按前三种方法仍不能确定价格时，应进口商的要求，第四、五种方法的顺序可以颠倒使用。如果前五种方法均不能确定货物价格时，则可采用第六种方法，即按照与本协议以及与关贸总协定第 7 条的原则和一般规定相一致的可行办法，并以进口国现有资料为依据，确定一个与贸易价格最为接近的价格，即用合理方法推算出来的价格。估价优先采用的方法是实际的"成交价格"，其他的估价方法依次为相同商品的成交价格、类似商品的成交价格、倒扣价格、计算价格、其他合理的方法。

采用从价税的优点是：

(1)税负合理。同类商品质高价高，税额也高；质次价低，税额也低。加工程度高的商品和奢侈品价高，税额较高，相应的保护作用较大。

(2)物价上涨时，税款相应增加，财政收入和保护作用均不受影响。

(3)适用性广，对于各种商品均可适用。

(4)从价税税率以百分数表示，便于与别国进行比较。

采用从价税的缺点是：完税价格不易掌握，征税手续复杂，大大增加了海关的工作负荷，从而延缓了通关的进程，也容易因完税价格的确定发生贸易纠纷。

(三)混合税(Mixed Duties)

混合税又称复合税，是在税则的同一税目中定有从量税和从价税两种税率，征税时同时使用两种税率计征，以两种税额之和作为该种商品的关税税额。混合税的计算公式为：

混合税额＝从量税额＋从价税额

混合税在计征时有两种形式：一种是以从量税为主加征从价税；另一种是以从价税为主，加征从量税。

混合税的优点是：在物价上涨时，所征税额比单一从量税多，增强了关税的保护作用；在物价下跌时，所征税额比单一从价税多，关税的保护作用同样提高。

混合税的缺点是：手续复杂，成本高，从量税与从价税的比例难以掌握。

(四)选择税(Alternation Duties)

选择税是指对某种商品同时制定从量和从价两种税率，征税时由海关选择其中的一种征税，作为该商品的应征关税额。海关一般是选择税额较高的一种税率征收。选择税的计算公式为：

选择税额＝从量税额或从价税额

选择税的优点是：具有很强的灵活性，可以根据不同时期经济条件的变化和进口产品的来源国家不同而进行适当的选择。

选择税的缺点是：对出口国来说，很难掌握，容易引发争议，被他国视为贸易歧视的手段，遭到其他国家的报复。

三、通关手续

通关手续又称报关手续，是指进出口商向海关申报进口或出口，接受海关的监督和检查，履行海关规定的手续。通关手续一般有 4 个基本环节：报关、查验、纳税、放行。

(一)报关

报关(Declaration)又称申报，是指在货物进出境时进出口商或其代理人向海关申报，请求办理货物进出口手续的行为。在报关时，除提交进口报关单、提单、商业发票或海关发票外，还往往根据海关特殊规定，提交原产地证明书、进口许可证或进口配额证书、品质证书和卫生检验证书等。

(二)查验

查验(Inspection)又称验关，是由进口货物的收货人、进口商或代理人随同海关人员在进口货物到岸卸货后，在海关指定的仓库内进行查验，核实货物与单证是否相符。

(三)纳税

纳税(Pay Duty)是指进出口商或其代理人依据海关签发的税款缴纳证，在规定的日期内，向指定的银行缴纳税款。如发现货物缺少，可扣除缺失部分的进口税。

(四)放行

放行(Release)是指海关在审核单证、货物并照章向进口商收取关税后，在单证上盖章放行，报关人即可到海关监管仓库或场所提货。

第四节 关税的经济效应

关税的经济效应是指一国征收关税对其国内价格、贸易条件、生产、消费、贸易、税收、再分配以及福利等方面所产生的影响。关税的经济效应可以从静态和动态两个方面来进行分析，前者分析关税的直接经济影响，后者分析关税对一国经济产生的进一步影响。因动态分析较为复杂且不同的学者之间有很大争议，本节只通过静态经济效应来分析关税所产生的直接经济影响。我们通过贸易"小国"和贸易"大国"两种情形可以分别解释关税的经济效应。

一、贸易"小国"关税经济效应的局部均衡分析

如果一国某种商品的进口量占世界市场的份额很小，该国进口量的变动不会影响世界市场价格，如同完全竞争的企业，该国只是价格的接受者，称该进口国为贸易"小国"。这样该国征收关税后，进口商品国内价格上涨的幅度等于关税税率，关税全部由进口国消费者承担。贸易"小国"的关税经济效应如图 6－1 所示。

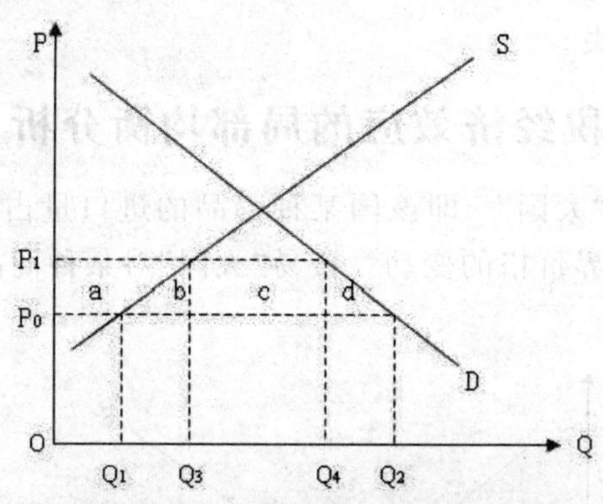

图 6－1 贸易"小国"的关税效应

假设图 6－1 中的 D 为国内需求曲线，S 为国内供给曲线；P_0 为自由贸易条件下的国际价格(也是国内价格)，Q_1Q_2 为此条件下的进口量；P_1 为征收关税后的国内价格(等于国际价格加关税额)，Q_3Q_4 为征收关税后(即保护贸易条件下)的进口量。贸易"小国"对某种进口商品征收关税后，将产生如下的经济效应：

1.价格效应(Price Effect)

进口国征收关税引起国内价格由 P_0 上涨到 P_1。

2.消费效应(Consumption Effect)

征收关税降低了该商品的国内消费量。

征收关税之前，国内需求量为 Q_2，征收关税后引起价格上涨，需求量减少到 Q_4。由于征收关税，引起国内消费量的减少，就是关税的消费效应。关税给消费者带来损失，其损失为 a＋b＋c＋d 的面积。

3.生产效应(Production Effect)

征收关税增加了该商品的国内产量。征收关税前，国内供应量为Q_1，征收关税后引起价格上涨，供应量增加到Q_3。由于征收关税，刺激国内供应量的增加，就是关税的生产效应。关税给生产者带来利益，其利益为a的面积。

4.贸易效应(Trade Effect)

征收关税减少了该商品进口量。征收关税前，该国进口量为Q_1Q_2，征收关税后，进口量减少到Q_3Q_4。由于征收关税，导致进口量的减少，就是关税的贸易效应。

5.财政收入效应(Revenue Effect)

征收关税给国家带来了财政收入。只要关税不提高到禁止关税的水平，它会给进口国带来关税收入，这项收入等于每单位课税额乘以进口商品数量，其数额为c的面积。

6.收入再分配效应(Redistributionof Income Effect)

征收关税使消费者的收入再分配。征收关税后，生产者增加了面积为a的利益，这是由消费者转移给生产者的;国家财政收入增加了面积为c的利益。

7.净福利效应

征收关税后，各种福利效应的净值为－(b+d)。它意味着对贸易"小国"而言，关税会降低其社会福利水平，其净损为b+d。这部分损失也称为保护成本或无谓损失。其中，b为生产扭曲，表示征税后国内成本高的生产替代原来来自国外成本低的生产，而导致资源配置效率比下降所造成的损失。d为消费扭曲，表示征税后因消费量下降所导致的消费者满意程度降低，是消费者剩余的净损失。

二、贸易"大国"关税经济效应的局部均衡分析

如果进口国是一个贸易"大国"，即该国某种商品的进口量占了世界进口量的较大份额，该国进口量的变化会引起世界价格的变动。贸易"大国"对某种商品征收关税以后，将产生的经济效应如图6－2所示。

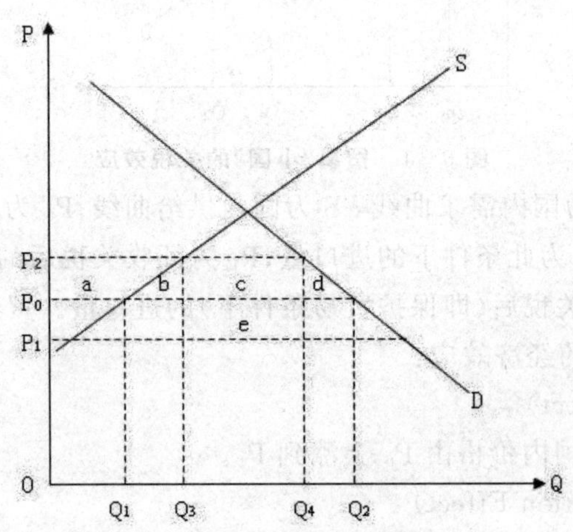

图6－2 贸易"大国"的关税效应

图6－2中的D为国内需求曲线，S为国内供给曲线，P_0为自由贸易条件下的国际价格(也是国内价格)，Q_1Q_2为该条件下的进口量;P_1为征收关税前的进口价格，P_2为征收关税后的国内价格(等于进口价格加关税额)，Q_3Q_4为征收关税后的进口量。"大国"征收关税后，

产生的经济效应如下：

1.价格效应。“大国”对进口商品征收关税后，导致该进口商品的国内价格从 P_0 上涨到 P_2，价格上升促使国内生产扩大，消费减少，导致该“大国”对进口商品的购买，从而引起该商品世界市场价格从 P_0 下跌到 P_1。“大国”进口商在进口商品时支付的进口关税，不是全部由进口国的消费者承担的，而是由进口国消费者和出口国的生产者(通过出口商)共同承担的，“大国”向出口国转嫁了部分关税。

2.贸易条件效应。由于进口价格降低，“大国”贸易条件得到了改善，其利益面积为 e。但与“小国”相比，在其他条件不变的前提下，“大国”关税对本国生产者的保护作用相对较小。这是由于“大国”关税引起的价格上涨，部分的被出口国下降的价格所抵消了，因此进口数量的下降不像“小国”情况那么多。

3.消费效应。关税给消费者带来的损失为 a＋b＋c＋d 的面积，只是此时 a＋b＋c＋d 的面积小于“小国”模型中的 a＋b＋c＋d 的面积。

4.生产效应。关税给生产者带来利益为 a 的面积。

5.财政收入效应。征收关税带来的财政收入是 c＋e 的面积。

6.福利效应。由图 6－2 可知关税的净福利效应＝生产者福利增加－消费者福利损失＋政府财政收入＝a－(a＋b＋c＋d)＋(c＋e)＝e－(b＋d)。它意味着对贸易“大国”而言，关税是增加还是降低，其社会福利水平是不确定的，它取决于贸易条件效应与生产扭曲和消费扭曲两者效应之和。e＞b＋d 时，“大国”征收关税将增加其社会福利水平，e＜b＋d 时将降低其社会福利水平。b＋d 同样是无谓损失，e 相当于外国出口商承担的关税部分。

复习思考题：

1.关税的种类有哪些？

2.关税有哪些作用？

3.反倾销税与反补贴税有何异同？

4.什么是普惠制？其原则有哪些？

第七章 非关税措施 7

✲本章学习目标：

本章主要介绍非关税措施的种类、变化特点，分析非关税措施对国际贸易的影响。要求学生掌握进口配额、进口许可证、技术性贸易壁垒等主要的非关税措施，并能结合我国面临的非关税措施现状进行分析。

第一节 非关税措施概述

一、非关税措施的含义

非关税措施或称非关税壁垒(Non－Tarff Barriers)，是指除关税措施以外的一切限制进口的措施。

关税是世贸组织所认可的保护进口国生产和市场的基本手段，“二战”后，特别是20世纪60年代后期以来，在关贸总协定的努力下，各国的关税总体水平得到大幅度下降，关税的保护作用已越来越弱。发达国家为了转嫁经济危机，实现超额垄断利润，转而主要采用非关税措施来限制进口。经过多年的演化，非关税措施的形式更加隐蔽，对本国贸易保护技巧更高，已成为贸易保护主义的主要手段。

二、非关税措施的特点

(一)灵活性

一般来说，各国关税税率的制定必须通过立法程序，具有相对稳定性。同时，关税税率的调整直接受到世界贸易组织的约束，各国海关不能随意提高。而非关税措施则通常采用行政手段，改变或调整都比较简便，伸缩性大，能随时针对实际情况实施，在限制进口方面表现出更大的灵活性和实效性。

(二)有效性

关税的实施旨在提高进口商品的国内价格，它对商品进口的限制是相对的，如果出口国家采用出口补贴或商品倾销等手段应付，关税有可能无法达到预期效果。而有些非关税措施对进口的限制则是绝对的，比如进口配额，预先规定进口的数量和金额，超过限额就直接禁止进口，这样在限制进口方面更直接、更有效。

(三)隐蔽性

关税是公开制定，公布于众，依法执行的。但是，一些非关税措施往往不公开，或规定极为烦琐、复杂的标准，隐蔽性极强，出口商往往难以适应。

(四)歧视性

一国只有一部关税税则，因而关税措施同等程度地限制了所有国家的进出口，而非关税措施则可以针对某个国家或某种商品相应制定，因而更具有歧视性，便于对不同的国家实施差别待遇。

三、非关税措施的种类

非关税措施总体上可以分为两大类，一类是直接限制进口的非关税措施，是指由进口国直接对进口的数量或金额加以限制或迫使出口国直接限制商品出口；另一类是间接限制进口的非关税措施，是指对进口商品制定一些严格的制度和程序，间接地限制商品进口。另外，随着国际贸易的发展，一些新型的非关税措施越来越成为发达国家保护市场的手段，如绿色贸易壁垒、社会壁垒等。下面将依次对非关税措施的种类进行介绍。

第二节　直接限制进口的非关税措施

一、进口配额

(一)进口配额的含义

进口配额(Import Quotas)又称进口限额，是一国政府对一定时期内(通常为一年)进口的某些商品的数量或金额加以直接限制。在规定的期限内，配额以内的货物可以进口，超过配额不准进口或者征收较高关税或罚款后才能进口。

(二)进口配额的分类

根据控制的力度和调节手段不同，进口配额可分为绝对配额和关税配额两种形式。

1.绝对配额

绝对配额(Absolute Quarters)，即在一定时期内，对某些商品的进口数量或金额规定一个最高限额，达到这个限额后便不准进口。这种配额在实施中又分为全球配额和国别配额两种。

(1)全球配额

全球配额(Global Quarters)。即对某种商品的进口规定一个总的限额，对来自任何国家或地区的商品一律适用。由于全球配额不限定进口国别或地区，进口商取得配额后可以从任何国家或地区进口，这样，邻近国家或地区因地理位置接近，交通便利，到货迅速而占了先机，而较远的国家就处于不利的地位。因此，在配额的分配和利用上，难以贯彻国别和地区政策，所以很多国家转而采用国别配额。

(2)国别配额

国别配额(Country Quarters)。即政府规定一定时期内的进口总配额，并将总配额在各出口国家和地区之间加以分配，超过规定配额的不准进口。为了区分来自不同国家的产品，在按国别配额进口时，进口商必须提供进口商品的原产地证明书。与全球配额不同的是，实行国别配额可以很方便地贯彻国别政策，具有很强的选择性和歧视性。进口国往往根据其与有关国家或地区的政治经济关系分别给予不同的额度。

2.关税配额

关税配额(Tariff Quarters)，是指对进口商的绝对数额不加限制，而对一定时期内规定配额以内的进口商品给予低税、减税或免税待遇。对超过配额的进口商品则征收较高的关税或附加税。

关税配额按征收关税的优惠性质，可分为优惠性关税配额和非优惠性关税配额。

(1)优惠性关税配额，是对关税配额内进口的商品给予较大幅度的关税减让，甚至免税，超过配额的进口商品即征收原来的最惠国税率。

(2)非优惠性关税配额，是对关税配额内进口的商品征收原来正常的进口税，一般按最惠国税率征收，对超过关税配额的部分征收较高的进口附加税或罚款。关税配额与绝对配额的区别在于，关税配额在超过配额后仍可进口，但需要征收较高的关税；而绝对配额是规定一个最高进口额度，超过后一律不准进口。因此关税配额是一种把关税和进口配额结合在一起限制进口的措施。两者的共同点都是以配额的形式出现，可以通过提供、扩大或缩小配额向贸易对方施加压力，使之成为贸易歧视的一种手段。

❖【案例 7－1】

进口片配额 2017 年进一步放开，国产片面临挑战

2014 年 4 月 15 日第四届北京国际电影节“华语电影新焦点”举行的全球记者会上，新闻出版广电总局电影频道节目中心副主任陆红实发表讲话，“中国的进口份额或将于 2017－2018 年进一步放开，中国电影人应该做好思想准备。”美国媒体《好莱坞报道者》也以题为《当地高层领导者透露中国电影市场 2017 年将全面开放》的报道关注了此事。

在“华语电影新焦点”记者会上，陆红实表示：“中国 2012 年就目前的配额制度在洛杉矶签订的《中美双方就解决 WTO 电影相关问题的谅解备忘录》(以下简称《备忘录》)有效期为五年，这意味着 2017 年 2 月 17 日双方将进行第二轮谈判。”

“近期国产片在中国电影市场上略显优势的地位是由于实行了配额制，”陆红实说，“如果中国电影市场完全开放，那么现状将完全改变，结果是无法想象的。”他补充道，好莱坞的目标不是中国电影市场“进一步开放”，而是“完全开放”。

就目前状况来看，中国政府会避免过快地开放电影市场，因为这对于国产片来说，很可能是灾难性的，陆红实这样认为，“总的来说，中国的进口配额会增加，中国电影市场会进一步开放是肯定发生的，但具体会调整到什么程度，这取决于下一次的谈判。”

陆红实还表示，“台湾电影在电影市场全面放开之后，2002 年本土电影一度只占 0.5%的市场份额，基本上算是消亡了。这些年依托《那些年，我们一起追的女孩》《痞子英雄》《海角七号》等片把本土电影做到了 15%以上的份额，但仍然处于极度劣势。再看中国内地市场，这些年本土影片虽然一直占据优势(2012 年除外)，但主要还是因为进口片的上映数量相对有限，从而保护了本土电影；如果全面放开，后果不堪设想。”

资料来源：http://blog.sina.com.cn/9bocc

二、“自动”出口配额

(一)“自动”出口配额的含义

“自动”出口配额(Voluntary Export Restrains)，是指出口国家或地区在进口国的要求和压力下，“自动”规定某一时期内(一般为 3～5 年)某些商品对该国的出口限额，在该限额内自行控制出口，超过此限额即禁止出口。

(二)“自动”出口配额与进口配额的区别

“自动”出口配额和进口配额虽然从实质上来说都是通过数量限制来限制进口，但仍有许多不同之处。主要表现在：

第一，从配额的控制方面看，进口配额是由进口国直接控制来限制商品的进口，而“自动”出口配额则由出口国直接控制配额。

第二，从配额表现形式看，“自动”出口配额表面上好像是出口国自愿采取措施控制出口，而实际上是在进口国的强大压力下才采取的措施，并非真正出于出口国的自愿。

第三，从配额的影响范围看，进口配额通常应用于一国大多数供给者的进口，而自动配额仅应用于几个甚至一个特定的出口者，具有明显的选择性。

第四，从配额适用时限看，进口配额适用时限相对较短，往往为一年，而“自动”出口配额较长，往往为3～5年。

(三)“自动”出口配额的主要形式

1.非协定的“自动”出口配额

它是指出口国由于来自进口国的压力，自行单方面规定出口配额以限制商品出口。这种类型的配额有的是由政府有关机构规定并定期公布配额，出口商向政府有关机构申请配额，领取出口授权书或出口许可证后出口；有的是由出口厂商或协会“自动”控制出口。

2.协定的“自动”出口配额

它是指进出口双方通过谈判签订“自动协议”(Self－Restriction Agreement)或“有秩序销售协议”(Orderly Marketing Agreement)，规定在一定时期内某些商品的出口配额，出口国应根据此配额实行出口许可证或出口配额签证制(Export Visa)，自动限制这些商品的出口，进口国则通过海关进行统计核查。目前，“自动”出口配额大多属于这一种。

❖【案例7－2】

我国正式取消稀土出口配额管理，尊重市场主动选择

从2015年1月1日开始，我国正式取消实施多年的稀土出口配额管理。企业只需拿出口合同即可申领出口，无须再提供批文。一同取消出口配额管理制的还有矾土、焦炭、钨及钨制品、碳化硅、锰、钼和氟石。

我国取消稀土出口配额管理事出有因。长期以来，中国以仅占世界23%的稀土储量向国际市场供应超过90%的稀土产品。而同样拥有稀土等资源的一些国家此类产品出口量长期为零，却以低廉价格大量进口我国稀土等资源。稀土贱卖，价格一直与价值背道而驰，被称为是“黄金卖了白菜价”。考虑到资源、环境保护等问题，我国政府对稀土的开采、生产和出口各个环节同步实施了管理措施，实行了配额和出口关税管理。2011年5月，国务院发布《关于促进稀土行业持续健康发展的若干意见》，再次重申我国政府通过综合管理措施保护环境、节约稀土资源的政策目标。

2012年3月，欧美等国家和地区曾以中国稀土、钨等占全球储量的比例较大，采取出口限制影响了各国相关产业发展为由，诉诸WTO争端解决机制。2014年3月，世界贸易组织初步裁定我国对稀土、钨、钼等相关产品采取的出口配额、出口许可证和出口限价措施不符合其相关规定。此后我国进行上诉，申明我们的政策目标是符合世贸组织规则的，但世贸组织8月终裁依然做出了令人遗憾的结论，在认可中方对稀土采取的综合性资源与环境保护措施的同时，判定中方稀土出口政策违规。

“要变坏事为好事。”中国社科院国际法研究所教授黄东黎说，“一些地方和部门传统习惯上制定政策时只考虑自身领域利益，缺乏对我国已经是WTO成员并需遵守WTO规则的认识。而不管有关政策出于何种考虑，在 WTO 框架下，都必须按照有关争端解决机制来解决贸易摩擦中出现的问题，败诉方也必须执行有关裁决。在此过程中，需要提高的是利用规则进行博弈的能力。”

此次我国取消稀土出口配额管理既是兑现入世承诺，是应对 WTO 裁决的结果，也是我国让市场在资源配置中起决定性作用，构建更加开放的市场经济体系的主动选择。党的十八届三中全会决议指出，紧紧围绕使市场在资源配置中起决定性作用和更好发挥政府作用，深化经济体制改革。

取消稀土出口配额管理以后，稀土出口主要由市场需求来决定。一是减轻了稀土出口企业的负担，企业不需要再去争取配额;二是压缩了走私等非正常出口的空间，正常渠道出口的稀土量将得到提升，稀土产业发展将更加健康有序。

资料来源:商务部网站

三、进口许可证

(一)进口许可证的含义

进口许可证(Import License)，是指一国政府规定某些商品的进口必须申领许可证，否则一律不准进口。它是进口国管理贸易和控制进口的一种重要措施。

许可证与进口配额一样，也是一种进口数量限制，是运用行政管理措施直接干预贸易行为的手段。大多数国家将配额和进口许可证结合起来使用，即受配额限制进口的商品，进口商必须向有关部门申请进口许可证，政府发放配额许可证，进口商凭证进口。

(二)进口许可证的分类

1.有定额与无定额进口许可证

按照进口许可证与进口配额的关系，可将进口许可证分为两种:有定额的进口许可证和无定额的进口许可证。

(1)有定额的进口许可证

有定额的进口许可证是指进口国预先规定有关商品的进口配额，然后在配额的限度内，根据进口商的申请，对每笔进口货物发给一定数量或金额的进口许可证，配额用完即停止发放。一般来说，进口许可证是由进口国有关当局向提出申请的进口商发放的，但也有将这种权限交给出口国自行分配使用的。

(2)无定额的进口许可证

无定额的进口许可证是指进口国预先不公布进口配额，只是在个别考虑的基础上发放有关商品的进口许可证。因为它是个别考虑的、没有公开的标准，发放权完全由进口国主管部门掌握，因此更具有隐蔽性，起到更大的限制进口的作用。

2.公开一般许可证与特种许可证

按照进口商品的许可程度可将进口许可证分为公开一般许可证和特种许可证。

(1)公开一般许可证

公开一般许可证又称公开进口许可证、一般许可证或自动进口许可证。它对进口国别或地区没有限制，凡列明属于公开一般许可证的商品，进口商只要填写许可证后，即可获准进口。因此，这一类商品实际上是可“自由进口”的商品。填写许可证的目的不在于限制商品进口，而在于管理进口。

(2)特种进口许可证

特种进口许可证又称非自动进口许可证。对于特种许可证下的商品，如烟、酒、军火武器、麻醉品或某些禁止进口的商品，进口商必须向政府有关当局提出申请，经政府有关当局逐笔审查批准后方能进口。特种进口许可证往往都指定商品的进口国别或地区。

第三节 间接限制进口的非关税措施

一、外汇管制

(一)外汇管制的含义

外汇管制(Foreign Exchange Control)也称外汇管理，是指一国政府通过法令对国际结算和外汇买卖交易加以限制，以平衡国际收支和维持本国货币汇价的一种制度。

一般来说，实行外汇管制的国家，大都规定出口商须将其出口所得外汇收入按官方利率结售给外汇管理机构，而进口商也必须向外汇管理机构申请进口用汇。此外，外汇在该国禁止自由买卖，本国货币的携带出入境也受到严格的限制。这样，政府就可以通过确定官方汇率，集中外汇收入，控制外汇支出，实行外汇分配的办法来控制进口商品的数量、品种和国别。

(二)外汇管制的种类

外汇管制的方式可分为如下几种：

1.数量性外汇管制

数量性外汇管制即国家外汇管理机构对外汇买卖的数量直接进行限制和分配。一些国家实施数量性外汇管制时，往往规定进口商必须获得进口许可证后，方可得到所需的外汇。

2.成本性外汇管制

成本性外汇管制即国家外汇管理局对外汇买卖实行复汇率制，利用外汇买卖成本的差异来间接影响不同产品的进出口。所谓复汇率制是指一国货币对外有两个或两个以上汇率，分别适用于不同的进出口商品，主要目的是通过汇率的差别达到限制或鼓励某些商品进出口的目的。

3.混合性外汇管制

混合性外汇管制是指同时采用数量性和成本性外汇管制，对外汇实行更为严格的控制，以影响商品进出口。

二、歧视性政府采购政策

歧视性政府采购政策，是指国家通过法令和政策明文规定政府机构在采购商品时必须优先购买本国产品，从而对外国产品构成歧视，起到了限制进口的作用。目前，一些国家歧视性政府采购政策限定的货物主要有军火、办公设备、计算机和汽车等。

三、设置海关障碍

(一)通过海关估价制度限制进口

经海关审查确定的完税价格也称为海关估定价格。进出口货物的价格经货主(或申报人)向海关申报后，海关需按本国关税法令规定的内容进行审查，确定或估定其完税价格。有些国家专断地提高进口货的海关估价来提高进口货物的关税负担，阻碍商品的进口，就成为专断的海关估价。

(二)改变进口关道

有些国家往往不按合同规定，任意改变货物入关口岸。即让进口货物在海关人员少、海关仓库狭小、商品检验能力差的海关进口，拖延商品过关时间，增加进口商的负担，从而达到限制进口的目的。

(三)制定独特的商品分类

进口商品的税额取决于进口商品的价格大小与税额高低。在海关税率已定的情况下，税额大小除取决于海关估价外，还取决于征税产品的归类。有些国家不依关税理事会制定的税则和“协调制度”(HS)来制定本国海关税则和商品分类，自己单独搞一套商品分类，使得海关在确定将进口商品归在哪一税号下征收关税时，具有非常大的灵活性，使出口商难以应付。进口商品的具体税号必须在海关现场决定，在税率上一般就高不就低。这就增加了进口商品的税收负担和不确定性，从而起到限制进口的作用。

❖【案例 7－3】

普瓦蒂埃海关效应

1982 年 10 月，为了限制日本等主要出口国向法国出口录像机，法国政府规定所有录像机进口必须到普瓦蒂埃海关接受检查，同时还规定了特别烦琐的海关手续，对所伴随文件都要彻底检查，每个包装箱都要打开，认真校对录像机序号，查看使用说明书是不是法文、检查是不是所报原产地生产等。普瓦蒂埃是个距法国北部港口几百英里的内地小镇，海关人员很少、仓库狭小，难以应付大量堆积如山的待进口的录像机，原先一卡车录像机一上午就可以检查完，而在普瓦蒂埃要花 2～3 个月，结果严重地限制了录像机进入法国市场。进口量从原来每月 6.4 万多台下降至每月不足 1 万台。

资料来源：http://www.doc88.com/p－3156791775136.html

四、技术性贸易壁垒

(一)技术性贸易壁垒的含义

技术性贸易壁垒是指一国以维护国家安全、保护人类、动植物生命及健康、阻止欺诈、保护环境、保证产品质量为由制定的一些强制性和非强制性的法律法规、标准以及检验程序所形成的贸易障碍，即通过颁布法律、条例、规定对进口商品建立各种严格、复杂、苛刻而且多变的技术标准、法律法规和认定制度等方式，对外国进口商品实施技术、卫生检疫、商品包装和标签等标准，从而提高产品技术要求，增加进口难度，最终达到限制外国商品进入、保护国内市场的目的。

(二)技术性贸易壁垒的分类

1.繁杂的技术标准

发达国家对于许多制成品规定了极为严格、烦琐的技术标准。进口商必须符合这些标准才能进口，其中有些规定往往是针对某些国家的。这些技术标准不仅在条文本身上限制了外国产品的销售，而且在实施过程中也为外国产品的销售设置了重重障碍。例如，原联邦德国禁止在国内使用车门从前往后开的汽车，而这种汽车恰好是意大利菲亚特500型汽车的样式。

2.严格的卫生检疫规定

发达国家更加广泛地利用卫生检疫的规定限制商品的进口。它们对于要求卫生检疫的商品越来越多，卫生检疫规定越来越严。例如，美国对其他国家或地区输往美国的食品、饮料、药品及化妆品规定必须符合美国的《联邦食品、药品及化妆品法》，否则不准进口。

3.商品包装和标签的规定

商品包装和标签的规定主要是针对商品包装所使用的材料、包装规格、文字、图形或者代号所作的规定。进口商品必须符合这些规定，否则不准进口。许多外国产品为了符合这些规定，不得不重新包装和改换商品标签，因而增加商品成本，削弱其竞争力，影响了商品的销路。

4.信息技术壁垒

所谓信息技术壁垒是指进口国利用信息技术优势，对国际贸易的信息传递手段提出要求，从而造成贸易商的障碍。如以商品条码为代表的物品编码系统、电子数据交换系统等。

目前，发达国家在电子商务技术水平和应用程度上均明显超过发展中国家，所以发达国家有条件构造信息技术壁垒，并获得战略性竞争优势。发展中国家则因信息技术的落后，如数据加密和数据签名方面的安全性不能满足发达国家的要求、彼此系统之间的不兼容，从而形成贸易壁垒。

✣【案例7－4】

中国制造如何突破技术性贸易壁垒

在中国，每年有超过30%的出口企业不同程度地遭受国外技术性贸易措施的影响。但不管是政府还是企业，都不应该把这些措施视作壁垒，而是要当作消费者市场来研究，并且在研究发达国家消费者市场不断提高的标准中，让中国制造不仅“走出去”，而且“走回来”。

技术性贸易措施的初衷是合情合理的，比如《贸易技术壁垒协议》中规定:“任何国家在其认为适当的范围内可采取必要的措施保护环境，只要这些措施不致认为在具有同等条件的国家之间造成任何不合理的歧视，或成为对国际贸易产生隐蔽限制的一种手段。”又比如《实施卫生与植物卫生措施协定》规定:“缔约方有权采纳为保护人类、动物或植物生命或健康的卫生措施。”显然，这里面的空间十分之大。因此，技术标准被许多国家用来实施贸易保护，它们往往以技术性贸易措施等非关税措施的面目出现。这种措施名义上合理，形式上隐蔽，但技术性复杂，对出口以及产品进口造成了极大障碍。在中国每年有超过30%的出口企业不同程度地遭受国外技术性贸易措施的影响。

那么，美国企业有没有遭遇技术贸易壁垒的时候？当然有，而且也不少。它们是如何应对的，其经验又对中国企业有哪些借鉴意义呢？

面对这种情况，美国企业通常采取的态度有两种。一是美国公司擅长利用法律“维权”，如果财大气粗，有理有利，就会拿起法律的武器和对方打官司，政府也往往会出来助阵。二是美国公司擅长投其所好，与其打贸易战，比如研究透对方的市场需求和消费者习惯，不但达到对方的标准，而且研究出比本土公司更受消费者欢迎的产品。

那么，中国政府应该如何指导企业应对技术性贸易壁垒，有哪些方面可以向美国等国家学习？首先一条就是不要把技术性贸易措施当作壁垒来研究，而是当作消费者市场来研究。中国社会早已过了温饱期，不妨借着这个机会改“要我做”为“我要做”。在研究发达国家消费者市场不断被提高的标准中，多拿一些东西回来。中国政府对企业的最大帮助应该是提供咨询服务和指导，焦点是对世界市场的现行法规和消费者市场的了解，让中国制造的产品不仅“走出去”，而且“走回来”。多研究市场，多投其所好，少投诉，尽量避免两败俱伤的诉讼。

再就是开发自家后院这个“超级市场”。不要用“内销”这个概念，就把中国市场当国际市场来做。提高标杆，国际化从中国市场开始，千万不要急功近利，不要欺骗消费者。

最后，中国制造最需要的是以法律为基础的长远国策为其保驾护航，从制造大国升级为制造强国。出口制造是劳动力密集型产业，中国这一产业已经成为了国家竞争优势，一定要好好呵护，并进一步发展。中国出口制造兴，国家兴；中国出口制造旺，民族旺。反之亦然。

资料来源：新财富

五、进出口的国家垄断

进出口的国家垄断，是指在对外贸易中，对某些商品的进、出口规定由国家机构直接经营，或者把某些商品的进口或出口的专营权给予某些垄断组织。

各国国家垄断的进出口商品主要有四大类。第一类是烟和酒。政府可以从烟和酒的进出口垄断中，取得巨大的财政收入。第二类是农产品，对农产品实行垄断经营，往往是一国农业政策的一部分，这在欧美国家最为突出。如美国的农产品信贷公司，高价收购国内的“剩余”农产品，然后以低价向国外倾销，或者“援助”给缺粮国家。第三类是武器。它关系到国家安全与世界和平，自然要受到国家的专控。第四类是石油。它是一国的经济命脉，主要的石油出口国和进口国都设立国营石油公司，对石油贸易进行垄断经营。

六、进口押金制

进口押金制(Advanced Deposit)又称进口存款制或进口担保金制，是一种通过支付制度限制进口的措施。进口商在进口商品时，必须先按进口金额的一定比率和规定的时间，在指定的银行无息存放一笔现金方能获准报关进口，存款须经一定时间后才返还给进口商。这样就增加了进口商的资金负担，影响了资金的周转，起到了限制进口的作用。

芬兰、新西兰、巴西等国都曾经实行过这种措施。如巴西的进口押金制规定，进口商必须按进口商品船上交货价格交纳与合同金额相等的为期 360 天的存款，方能进口。

七、最低限价制和禁止进口

(一)最低限价制

最低限价制(Minimum Price),是指一国政府规定某种进口商品的最低价格,凡进口商品的价格低于这个标准,就会加征进口附加税或禁止进口。例如 1985 年智利对绸坯布进口规定每公斤的最低限价为 52 美元,低于此价格,将征收进口附加税。

(二)禁止进口

禁止进口(ProhibitiveImport)是进口限制的极端措施。当一些国家感到实行进口数量限制已不足以解救国内市场受冲击的困境时,往往颁布法令,公布禁止这些商品的进口。如 1975 年 3 月,欧共体决定自 1975 年 3 月 15 日起,禁止 3 千克以上的牛肉罐头及牛肉下水罐头从欧共体以外市场进口。

八、国内税

国内税(Internal Taxes)是指一国政府在一国的国境内,对生产、销售、使用或消费的商品所征收的各种捐税,如周转税、零售税、消费税、营业税等。一些国家往往采取国内税制度直接或间接地限制某些商品进口。这是一种比关税更灵活、更易于伪装的贸易政策手段。因为国内税通常是不受贸易条约或多边协定限制的。例如法国曾对引擎为 5 匹马力的汽车每年征收养路税 12.15 美元,对于引擎为 16 匹马力的汽车每年征收养路税高达 30 美元,当时法国生产的最大型汽车为 12 匹马力。因此,实行这种税率的目的在于抵制进口汽车。

第四节 新型非关税措施

一、绿色贸易壁垒

(一)绿色贸易壁垒的含义

绿色贸易壁垒(Green Tread Barriers)是一种新型的非关税措施，指一国以保护生态环境、自然资源和人类健康为由而制定并贯彻实施于产品研制、开发、生产、包装、运输、使用、再循环、再利用等整个经济过程的贸易限制措施。由于绿色壁垒直接或间接地关系到环境保护问题以及可持续发展的理念，近年来在世界范围内得到迅速传播与使用，越来越成为国际贸易保护的重要方式与手段。

(二)绿色贸易壁垒的主要表现形式

1.绿色关税和市场准入

这种形式是绿色壁垒的初期表现形式。发达国家以环境保护为名，对一些污染环境和影响生态环境的进口产品征收进口附加税，或限制、禁止其进口甚至对其进行贸易制裁。

2.绿色技术标准

绿色技术标准也就是所谓的环保技术标准，是指产品生产过程中有关环境保护的技术体系、技术要求、技术参数、技术认证等。很多环保标准对发展中国家来说，在短期内是根本无法达到的。绿色技术标准貌似公平，实则歧视。

3.绿色环境标志

绿色环境标志也称为生态标志，是由政府管理部门或民间团体按严格的程序和环境标准颁发“绿色通行证”，并要求印于产品包装上，以向消费者表明，该产品从研制开发到生产使用，直至回收利用的整个过程均符合生态环境的要求。

例如，德国的“蓝天天使”、日本的“生态标志”、欧盟的“欧洲环保标志”等，要将产品出口到这些国家，必须经审查合格并拿到“绿色通行证”。

4.绿色认证制度

所谓“绿色认证”是指由政府管理部门(主要是环保部门)、权威机构或由政府授权的机构按一定程序和要求，对符合或达到了规定的环保技术标准的企业及其产品所授予的环保标志。通过绿色认证的企业及其产品因其符合或达到了规定的环保技术标准而在国际贸易中可以免除必要的进口检验程序。

5.绿色包装制度

绿色包装是指能节约资源、减少废弃物以及再回收、再利用的包装。绿色包装在发达国家十分流行。这些国家通过立法或制定强制性制度，要求某些特定产品的包装必须符合或达到所规定的环保包装标准，才准予进口，否则就限制或禁止其进口。设置绿色包装制度的国家利用这种壁垒能够有效地防止出口国的病虫传入，保证货物和使用者的安全和便利。但过分苛刻的要求就会大大增加出口商品成本，成为贸易障碍。

6.绿色卫生检疫制度

绿色卫生检疫制度是指为了保护人类与动植物的生命与健康、保护生态环境而制定的有关法律、行政法规、规章、要求和程序，特别包括：最终产品标准；工序和生产方法；检验、检查、认证和批准程序；各种检疫处理，有关统计方法、抽样程序和风险评估方法的规定；与产品安全直接有关的包装和标签要求等。

7.绿色反补贴

发展中国家因为生产的技术基础、工艺过程以及技术管理落后，其生产过程中的环境成本相对较高，而多数企业的环境治理机制不健全，投入较低。为此，政府对企业给予一定的环境治理与环境保护补贴，以提高企业环境治理的能力与效率。这就是所谓的“环境补贴”。但是，发达国家却借故环境补贴违反了 WTO 的补贴原则而对发展中国家提起环境补贴诉讼，这就是“环境反补贴”或“绿色反补贴”，以此限制或禁止产自发展中国家的相关产品的进口。

✣【案例 7－5】

“碳关税”对我国对外贸易的影响

碳关税，也称边境调节税。它是对在国内没有征收碳税或能源税、存在实质性能源补贴国家的出口商品征收特别的二氧化碳排放关税，主要是发达国家对从发展中国家进口的排放密集型产品，如铝、钢铁、水泥和一些化工产品征收的一种进口关税。目前，碳关税正在酝酿之中，美国拟于 2020 年开始对从发展中国家进口的商品征收碳关税，而法国宣布从 2010 年初开始对环保立法不及欧盟严格的发展中国家的进口品征收碳关税。虽然目前各发达国家还没有征收碳关税，但 WTO 一般例外条款的第 20 条“允许 WTO 成员国在某些情况下采取基于环境理由的贸易限制”的规定给欧盟和美国等发达国家征收碳关税提供了可能。因此，碳关税的确是渐行渐近。

碳关税的提出，与不容乐观的国际气候变化形势及其背景下的低碳经济模式逐步确立密不可分。OECD 一份研究报告指出，如果人类不采取任何行动，2050 年全球温室气体排放增幅将达 70%，导致 2100 年世界气温将升高 4～6℃。2003 年，英国政府发表的《我们能源的未来——创建一个低碳经济体》白皮书中首次明确提出“低碳经济”概念。随后，低碳经济发展模式就逐步进入理论研究的视野。特别是在世界金融危机发生后，一些国家相继提出了“绿色新政”措施，低碳经济发展模式的研究开始逐步升温。可以说，低碳经济是人类从工业文明向生态文明转变的一种新的经济模式与生活方式。

碳关税的提出，还与后金融危机时代贸易保护主义抬头息息相关。在当前金融危机余波未退、各国经济增长乏力的国际环境下，部分发达国家出于降低进口对本国经济造成的冲击、增加本国居高不下的失业率以及对碳泄漏的担忧，拟开征碳关税。在发达国家与发展中国家所处经济发展阶段存在较大差异的情况下征收碳关税，而且是将针对所有工业品征收碳关税，对发展中国家外贸出口的影响将要比特别保障措施、反补贴或反倾销等贸易救济措施更为严重。

在未来的 10 年内，世界各国将通过协商最终确定碳关税征收的对象、范围和标准。在这个过程中，各国都将尽力争取对本国有利的规定，因为不同的规定产生的各国应征碳关税额度有很大不同。可见，2011—2020 年这十年是非常关键的十年，它不仅仅将在世界范围内塑造碳关税征收新规则，也必将打破现有世界贸易和经济格局，并建立低碳经济模式下新的世界各国经济实力格局。

“碳关税”将对我国出口企业造成严重影响，如果按照美国方案，中国四大能源密集型出口部门每年最多需要支付 22.53 亿美元；如果按照欧洲方案，则最多需要支付 76.75 亿美元。不同部门碳税额度占出口总额的比重差异较大，非金属矿物制造业、有色金属行业所受到的影响会比较大，在高碳税背景下，碳税最高可达出口总额的 32.8%（非金属制品业，如水泥、平板玻璃），行业总的碳税成本可达总的主营业务成本的 13.4%，这对中国出口企业而言的确较难承受。

资料来源：http://www.tanpaifang.com/tanshui/2015/0313/43149_2.html

二、社会壁垒

社会壁垒（Social Barriers）是指以劳动者劳动环境和生存权利为借口采取的贸易保护措施。社会壁垒是对国际公约中有关社会保障、劳动者待遇、劳工权利、劳动标准等方面规定的总称，它与公民权利和政治权力相辅相成。目前，社会壁垒的核心是社会责任标准（Social Accountability 8000，SA8000）。SA8000 是根据国际劳工组织公约、世界人权宣言以及联合国儿童权益公约制定的一套可被第三方认证机构独立审核、认证的标准体系，其宗旨是确保生产商及供应商所提供的产品符合社会责任的要求，主要包括童工、强迫劳工、安全卫生、结社自由和集体谈判权、歧视、惩罚性措施、工作时间、工资报酬及管理体系等九个方面内容。2004 年 5 月欧美一些国家开始强制推行 SA8000，将企业道德规范纳入企业经营管理体系，要求供应商必须接受并通过社会责任审核才能获得订单。

SA8000 是全球第一个用于第三方认证社会责任管理体系标准，社会责任标准认证是责任也是工具，它具有合理与不合理的双重性，非常隐蔽和复杂，它绝不仅是一道门槛，社会责任的推行将成为发达国家实施贸易保护主义的又一借口。

三、反倾销措施

WTO《反倾销协议》规定，当某一产品自一国出口至另一国的出口价格低于在正常贸易过程中出口国供消费的同类产品的可比价格，即以低于正常价值的价格进入另一国的市场，则该产品被视为倾销。所谓反倾销，是指进口国有关部门根据本国反倾销法，就本国厂商针对外国厂商的倾销行为提出的起诉进行调查，如果符合征收反倾销税的基本条件，就按照倾销幅度做出征税裁决。

对倾销产品征收反倾销税必须符合三个基本条件：第一，倾销存在；第二，损害存在；第三，倾销与损害之间存在着因果关系。当进口国认为外国企业有倾销行为时可以发起调查。反倾销调查可以由受倾销影响的国内企业申请，也可以由政府有关部门直接进行。但不管用什么方式开始，都必须掌握足够的证据，包括：倾销存在的证据；损害存在的证据；倾销与损害之间因果关系存在的证据，一旦证据确凿，进口国就可以实施反倾销措施。

在过去的反倾销实践中，由于多边贸易规则的不完善，一些国家出于贸易保护的目的，纷纷制定本国的反倾销规则并强加于他国，出现了大量滥用反倾销政策的现象。具有讽刺意味的是，反倾销等公平贸易政策的滥用现在已经被公认为是一种主要的不公平贸易行为，成为一种新型的非关税措施。

❖【案例 7—6】

13 家企业胜诉土耳其反倾销调查

土耳其聚酯长丝纱线反倾销案于 2013 年 4 月立案，2014 年 10 月终裁，历时一年半的时间。

2013 年 4 月 26 日，土耳其经济部发布公告，正式对原产于中国、印度和马来西亚的聚酯合成长丝纱线产品发起反倾销调查，涉案金额为 8882.7 万美元，倾销调查期为 2012 年 1 月 1 日—2012 年 12 月 31 日。

中国纺织品进出口商会在立案后迅速反应，一方面向商务部贸易救济局汇报产业情况，另一方面加紧与涉案企业联络。2014 年 5 月，中国纺织品进出口商会召集排名靠前的涉案企业在位于江苏昆山的中国出口服装创新能力训练基地召开了应诉协调会，后案件经过多次沟通协调，最终共有 13 家中国企业应诉。

经过多方的沟通商议，最终，土耳其当局采纳了通过损害幅度计算税率的方式，给予了中国应诉企业和印度、马来西亚相同的税率。

在本案中，我国化纤企业表现得相对主动。因涉案金额较大，企业应诉较为积极。

企业在应诉过程中主要遇到两个问题：首先，土耳其不承认中国市场经济地位，而同案被调查的印度、马来西亚却被认可了市场经济地位，这导致我国应诉企业的抗辩较为被动；其次，土耳其官员没有对我国企业进行实地核查，中国应诉企业只能通过书面材料进行抗辩。

2014 年 10 月 17 日，土耳其调查当局公布聚酯长丝纱线终裁结果。经过多方的沟通商议，最终我国应诉企业决定从倾销和损害两个方面进行抗辩，力争降低终裁税率。中国应诉企业获得每公斤 0.15 美元的税率，折合税率约为 10%，未应诉企业获得每公斤 0.17 美元的税率。

根据该终裁结果，包括福建百宏聚纤科技实业有限公司、江苏恒力化纤股份有限公司、桐昆集团等在内的 13 家应诉企业均获得了与马来西亚、印度公司相同的税率，在很大程度上有利于中国企业继续出口。这一成果是我国外贸对土耳其贸易救济案件抗辩方式的胜利，也为以后案件的应诉积累了经验。

据不完全统计，2014 年是各国对我国化纤行业提出进行贸易调查较为集中的一年：巴西决定对从中国进口的尼龙线征收反倾销税；4 家来自印度尼西亚的纱线公司也向印度尼西亚反倾销委员会提出申请，要求对在 2010—2012 年期间从外国进口的部分纱线征收额外关税；马来西亚国际贸易工业部 2014 年 6 月宣布已经对来自中国、印度尼西亚和韩国的进口聚酯发起初步反倾销调查……

信息来源：《中国纺织报》

四、反补贴措施

补贴是指一国政府或者任何公共机构提供的、并为接受者带来利益的财政资助以及任何形式的收入或者价格支持。补贴的作用主要体现在两个方面：一是帮助本国生产商与进口商竞争，二是帮助出口商获得出口市场，为了促进出口采取的补贴就是出口补贴。

如果一国对另一国出口的产品存在补贴，并对进口国已经建立的国内产业造成实质性损害或者产生实质威胁，或者对建立国内产业造成实质阻碍的，该国可以对此进行立案调查，采取反补贴措施。反补贴也是经 WTO 允许用以抵制不公平贸易行为的一种措施。

为了防止各国政府以反补贴为名实施贸易保护，世贸组织对补贴和反补贴也作出了明确界定，制定了《补贴与反补贴协议》。根据协议，补贴被分为禁止的补贴、可申诉的补贴和不可申诉的补贴三类。不可诉补贴包括具有全局影响的补贴（如教育、基础设施、基本的研究与开发）和非经济的补贴（包括解决地区不平衡或城乡收入差距等）。这些措施被称为“绿箱措施”，除此之外的补贴进口国可以采取反补贴措施。

与反倾销措施一样，反对不公平竞争而采取反补贴措施是合理的，但如果反补贴措施的实施超过了合理范围或合理程度，便成为了一种阻碍正常贸易的贸易保护主义措施，是典型的歧视性贸易做法。

五、保障措施

保障措施是根据关贸总协定第 19 条而形成的一种限制进口的措施。该条所表述的原则是：在特定紧急条件下，允许任何一个成员方为保障本国经济利益而暂时背离总协定的一定义务。所以，保障措施机制设置的目的在于允许在特定条件下为保护本国直接利益而背离最惠国、国民待遇、减让关税、取消数量限制及其他贸易壁垒的义务，反映了各国的主权权利。

根据关贸总协定第 19 条和《保障措施协议》的规定，成员方实施保障措施必须具备 4 个条件：第一，进口产品相对国内生产而言绝对地或相对地增长；第二，进口产品对生产同类产品或直接竞争产品的国内产业造成了严重损害或严重损害威胁；第三，进口增长与产业损害或损害威胁之间存在因果关系，并有客观证据的支持；第四，保障措施的实施应不分来源地适应于某项进口产品，不能对不同来源的产品有歧视性待遇。

◈复习思考题：

1.什么是非关税措施？它与关税措施比较有何特点？

2.什么是进口配额制？绝对进口配额与关税配额、“自动”出口配额的主要区别是什么？

3.进口许可证可分为哪几种？

4.结合现实分析中国产品如何突破技术性贸易壁垒？

5.结合现实分析绿色贸易壁垒盛行的原因及我国应采取的应对措施。

第八章 鼓励出口与出口管制 8

✲本章学习目标：

通过本章内容的学习，要求掌握鼓励出口的基本概念，把握鼓励出口的目的，掌握出口信贷的各种主要形式，了解其他出口鼓励措施，了解出口管制的目的和方式。

第一节 鼓励出口措施

鼓励出口措施是指出口国政府通过运用经济、行政和组织等各方面的措施，促进本国商品的出口，扩大国外市场。各国鼓励出口的做法有很多，主要有以下几种：

一、信贷政策

(一)出口信贷(Export Credit)

出口信贷是一个国家为了鼓励商品出口，加强商品的国际竞争力，通过银行对本国出口厂商或外国进口厂商提供的低利率贷款。它是一国出口厂商利用本国银行的贷款扩大商品出口，特别是对某些金额较大、期限较长的商品，如成套设备、船舶等大型设备出口的一种重要手段。

1.出口信贷的特点

(1)出口信贷必须联系出口项目，即贷款的全部或大部分必须用于购买提供贷款国家的出口商品。

(2)出口信贷以 1 年以上的中长期贷款为主，为配合周转期长、成交金额大的出口项目的实施，出口国常常向本国出口商或国外进口商提供期限在 3～5 年或 5 年以上的对外贸易中长期贷款，给予资金融通，促进出口。

(3)出口信贷的利率，一般低于相同条件资金贷放的市场利率，利差由出口国补贴。

(4)出口信贷的贷款金额，通常只占买卖合同的80%左右，其余由进口厂商支付现金。

(5)出口信贷的发放往往与出口信贷担保相结合。各国为了鼓励出口，避免或减少信贷风险，一般都设立专门的银行办理此项业务。如日本的输出输入银行、法国的对外贸易银行、加拿大的出口开发银行等。除此之外，这些机构同时向商业银行提供低利贷款或贷款补贴，支持他们的出口信贷业务。我国在1994年7月1日正式成立了中国进出口银行，以支持国内的商品出口。

2.出口信贷的主要类型

(1)卖方信贷(Supplier's Credit)。它是指出口银行向本国出口厂商(即卖方)提供的贷款，是银行为了促进商品出口，特别是金额大、期限长的项目出口，资助本国出口厂商向外国进口厂商提供延期付款方式出口的一种信贷。由于采取延期付款方式，出口厂商为加速资金周转而向银行贷款，因而其向银行支付的利息、费用一般通过加价转移给进口厂商负担，所以货价高于现汇支付的货价。

(2)买方信贷(Buyer's Credit)。它是指出口银行直接向外国进口商(即买方)或进口方银行提供的贷款，这种贷款的前提条件是必须用于购买债权国的商品，这样起到促进商品出口的作用，也称为约束性贷款(Tied Load)。在具体操作中有两种形式：

第一，出口方贷款给进口厂商的买方信贷。在这种信贷方式中，进口商除自筹资金交纳15%左右的定金外，其余贷款将由银行提供的贷款以即期付款方式一次性地支付给进口厂商，然后按贷款协议所规定的条件向银行还本付息。

第二，出口方贷款给进口方银行的买方信贷。在具体业务中，进口厂商首先支付15%左右的定金，再由出口方银行贷款给进口方银行，然后由进口方银行以即期付款方式代进口厂商支付其余的货款，并按贷款协议规定的条件向出口方供款银行还贷付息。进口厂商则与该银行在国内按商定的方式结算清偿。买方信贷不仅使出口厂商能够较快地得到货款和减少风险，而且使进口厂商对货价以外的费用比较清楚，便于进行讨价还价，一次性付款使货价相对延期付款的货价低廉。此外，对于出口方银行来说，贷款给国外的买方银行，还款风险大大降低。因此，这种方式较为流行。

❖【案例 8－1】

进出口银行“组合拳”融资支持骨干民营船厂接新单

2015年8月20日，中国进出口银行与英国BCAP投资控股公司(以下简称“英国BCAP公司”)签署6.9亿美元船舶出口买方信贷协议，为该公司在浙江金海重工股份有限公司(以下简称“金海重工”)订造的10艘万箱集装箱船提供融资支持。同时，进出口银行还将为金海重工提供建造期出口卖方信贷贷款。

中国进出口银行在本项目中运用了出口“买信＋卖信”的“组合拳”融资方式，一方面锁定国际船东在我国船厂高端船型订单，另一方面有效解决船厂建造期“融资难、融资贵”的问题，同时，进出口银行还为金海重工造船所需进口关键设备提供融资，支持其与国际一流制造商发挥各自优势，进行紧密合作，是支持我国骨干船厂开展国际产能合作的有益尝试。

中国是造船大国，船舶制造业作为我国的优势产能，与欧美发达国家产能契合度高，双方合作意愿强，合作基础好，因此应作为我国与发达国家开展产能合作的重要方向。中国进出口银行自1994年成立以来，对船舶行业整体授信累计超过6000亿元人民币，共支持了9800余艘船舶出口，累计商务合同金额逾2000亿美元。特别是近三年来，该行通过创新多种融资方式，积极帮助船舶工业和航运企业淘汰落后产能和运能，提升产业整体技术水平与核心竞争力，重点支持大型 LNG 船、大型集装箱船、新能源船舶等高技术含量、高附加值、节能环保船型的建造，为我国船舶工业和航运业的转型升级、推动船舶工业国际产能合作发挥了重要作用。

资料来源：商务部网站

❖【案例 8—2】

发挥政策性金融作用，支持"一带一路"建设

2016 年 1 月 14 日，第 25 场银行业例行新闻发布会在京举行，中国进出口银行新闻发言人代鹏以"发挥政策性金融作用，支持'一带一路'建设"为主题，介绍了该行积极履行政策性金融职能，全方位助推"一带一路"战略实施的情况。

代鹏指出，作为以支持进出口贸易、助力企业"走出去"、促进开放型经济发展为己任的国家政策性金融机构，支持"一带一路"建设是进出口银行的职责所在。

发布会上，代鹏就进出口银行支持"一带一路"建设具体情况进行了介绍，主要有以下几方面：

一是不断加大信贷支持力度。截至 2015 年末，进出口银行在"一带一路"沿线国家贷款余额超过 5200 亿元人民币。有贷款余额的"一带一路"项目 1000 多个，分布于 49 个沿线国家，涵盖公路、铁路、港口、电力、通信等多个领域。

二是充分发挥投资基金的作用。进出口银行发起设立的中国—东盟投资合作基金、中国—中东欧投资合作基金和中国—欧亚经济合作基金，为"一带一路"建设造血输血，取得了良好的经济和社会效益。

三是务实推动重大项目，促进设施联通。进出口银行紧扣重点方向和国家，推动重点项目取得实效，支持了大量公路、铁路、机场、港口、通信等联通项目。

四是推动人民币国际化，支持货币流通。近年来，进出口银行不断推进人民币跨境结算和融资业务。目前，该行在"一带一路"沿线贷款中，人民币贷款余额占比为 37%。

五是加强外部合作，促进政策沟通。进出口银行对外加强与"一带一路"沿线政府、企业沟通交流，展示合作成果。对内与政府部门、企业对接项目金融需求，强化合作关系。

六是支持经贸合作，促进贸易畅通。进出口银行积极开展经贸合作项目，仅 2015 年就在"一带一路"沿线开展经贸合作项目 384 个，带动进出口商务合同金额超过 1300 亿美元。

七是支持民生项目，促进民心相通。进出口银行在教育卫生、人文交流、旅游合作等民生领域支持了一系列重大项目，为推进"一带一路"建设奠定了民意基础。

代鹏表示，未来进出口银行将继续发挥政策性金融机构的独特优势，进一步加大对相关国家和地区的业务开拓力度，大力开展金融创新，继续深化多边、双边金融合作，进一步做好国别风险防控，在"一带一路"建设中发挥更积极的作用。

资料来源：http://www.eximbank.gov.cn/tm/Newlist/index_343_27977.html

(二)出口信贷国家担保制(Export Credit Guarantee System)

出口信贷国家担保制是指一国为了扩大出口，对于本国出口商或商业银行向国外进口商或银行提供信贷，由国家设立的专门机构出面担保。当外国债务人因政治原因(如进口国发生政变、革命、暴乱、战争以及政府实行禁运、冻结资产或限制外汇支付等)，或由于经济原因

(如进口商或借款银行因破产倒闭无力偿付、货币贬值、通货膨胀等)拒绝付款时，这个国家的机构即按照承保的数额给予补偿。出口信贷国家担保制是国家替代出口商承担商业保险公司所不承担的出口风险，支持出口商争夺国外市场、扩大出口的措施之一。

1.担保对象

出口信贷国家担保制的担保对象主要有两种：

(1)对出口厂商的担保。出口厂商因出口商品所需要的短期或中长期信贷均可向国家担保机构申请担保。有些国家的担保机构本身不向出口厂商提供出口信贷，但它可以为出口厂商取得出口信贷提供有利条件。例如，有的国家采用保险金额的抵押方式，允许出口厂商所获得的承保权力，以"授权书"方式转移给供款银行而取得出口信贷。这种方式使银行提供的贷款得到安全保障，一旦债务人不能按期还本付息，银行即可从担保机构得到补偿。

(2)对银行的直接担保。银行所提供的出口信贷均可得到国家担保机构的直接担保，而且还可得到更为优惠的补偿待遇。例如，英国出口信贷担保署对商业银行向出口厂商提供的某些信贷，一旦出现过期未能清偿付款时，该署可以给予100%的补偿，而不问未清付的原因，但保留对出口厂商的追索权。

2.担保的期限和费用

出口信贷国家担保的期限通常按贷款期限的不同分为短期和中长期两种。短期信贷担保为半年左右，承保出口厂商所有海外短期信贷交易，其手续简便，有的国家采用综合担保(Comprehensive Guarantee)的方式，出口厂商一年只需办理一次投保，就可承保在这一年中对海外的一切短期信贷交易。一旦外国债务人拒付时，出口厂商就可以从担保机构得到补偿。中长期信贷担保时间通常为2～15年，由于金额大、时间长，一般采用逐笔审批的特殊担保方式(Specific Guarantee)。

出口信贷国家担保是各国鼓励出口的措施之一，所以收费低廉，保险费率因出口担保的项目、金额、期限长短和输往国别或地区而有所不同。此外，各国保险费率不一样，如英国为0.25%～0.75%，德国为1%～1.5%。

二、出口补贴

出口补贴(Export Subsidies)又称出口津贴，是一国政府为了降低出口商品的价格，加强其在国外市场上的竞争能力，在出口某种商品时给予出口厂商的现金补贴或财政上的优惠待遇。

出口补贴的方式分为直接补贴和间接补贴。

(一)直接补贴

直接补贴(Direct Subsidies)是指政府在商品出口时，利用财政拨款直接付给出口商的现金补贴。直接补贴的目的在于弥补出口商品国内价格高于国际市场价格所带来的亏损或者补偿出口商利润率低于国内利润所造成的损失，如美国和一些西欧国家对农产品出口普遍采取直接补贴方式。直接补贴以奖励出口为目的，有时补贴金额还可以超过实际的差价。

(二)间接补贴

间接补贴(Indirect Subsidies)是指政府对某种产品的出口给予财政上的优惠。主要包括退还和减免各种国内税（如消费税、增值税等）；退还进口税；免征出口税；提供信贷补贴、汇率补贴等。其目的仍在于降低产品价格、增强国际竞争力。

出口补贴对于降低商品价格，增强国际竞争力，扩大出口意义重大。长期以来，各国普遍采用这些措施促进本国商品出口。在国际贸易中也多因此发生纠纷。为此，乌拉圭回合达成的《补贴与反补贴协议》中将除农产品之外其他的补贴分为禁止性补贴、可申述补贴和不可申述补贴 3 类。禁止性补贴指不允许成员方政府实施的补贴，一旦实施，任何受其影响的其他成员方可以直接采取反补贴措施；可申述补贴指成员方根据自己的政治、经济发展需求，在一定范围内可以对生产者或销售者进行补贴，若这种补贴造成对其他成员方利益的损害，其他成员方可以采取反补贴措施并可诉诸争端解决机制；不可申述补贴指成员方采取的对国际贸易影响不大的补贴，其他成员方不应采取反补贴措施并不可诉诸争端解决机制。协议中还比较明确地规定了上述 3 类出口补贴的涵盖内容、损害的判定、争端解决的具体规定，这为有关国际贸易纠纷的解决提供了依据，并在一定程度上规范了市场。

✣【案例 8－3】

美国农业补贴政策的历史演变

自 1933 年美国遭遇经济大萧条以来，美国政府颁布了一系列农业法案，采取了各种措施和政策，如今已形成了完善的农业补贴系统。总体而言，美国农业补贴政策的演变可以分为四个阶段：

1.市场化改革前期（1933—1985 年）：以价格支持为补贴中心

美国经济受第一次世界大战影响，出口受到严重制约，1929 年经济危机加重，美国农业收入大幅减少，农产品价格下跌超 50％。为此，美国 1933 年通过了《农业调整法》，首次立法对农产品的生产、加工和销售进行管理，以维持价格稳定，保障农民收益，为农业补贴的发展奠定了法律基础。到 1985 年，美国以价格支持为中心，共颁布了 12 部农业法案，提高美国农产品竞争力。

2.市场化改革中期（1985—2002 年）：以提高农业补贴效率为目标

20 世纪 70 年代起，美国巨额的农业补贴与农产品过剩产生了剧烈矛盾，政府采取对内发放食物和对外援助等措施，仍无法解决。为了能够提高农业支持补贴政策利用效率，从 1985 年起，逐步开始减少农业的直接补贴额度，1996 年以法律的形式确定了缩减农业补贴的政策改革，成为美国农业市场化改革的重要标志。

3.市场化改革后期（2002—2012 年）：以保障农民收入为重

2002 年美国修订颁布的农业法把“提供给农场主可靠的收入安全网”作为主要的目标。2008 年，美国政府在完善农场安全网的同时，更加注重环境保护、食品和能源安全。这一时期美国政府对农业产品的补贴核心是脱钩直接补贴，补贴额度和范围极度扩大，导致了世界其他国家的不满，但美国的补贴政策在实际中却扭转了美国经济的困境，确保了农民收入的稳定。

4.市场化改革完善期（2012 年—2014 年）：削减直接补贴，加大保险补贴力度

美国农业进入市场化改革完善期，补贴的主要目标是在农产品过剩情况下为农业提供保护与支持，提升农场主抵御风险能力，保证美国出口农产品的竞争优势。2014 年，美国最新农业法扭转过去以高补贴为主的模式，逐渐减少并取消了政府对农业的直接干预，使调控手段趋向市场化，重视农业保险的作用，保障美国农业健康发展。

资料来源:http://www.ltbka.com/html/c39/2015-08/8249.html

三、商品倾销

商品倾销(Products Dumping)是指商品以低于国内市场价格，甚至低于生产成本的价格，在国外市场上大量抛售，打击竞争对手，占领和垄断市场。

按商品倾销的目的不同，商品倾销可以分为以下三种。

(一)偶然性倾销

偶然性倾销(Sporadic Dumping)通常是指因为本国市场销售旺季已过，或因公司改营其他业务，在国内市场上很难售出的积压库存，以倾销方式在国外市场抛售。由于这种倾销时间短、数量小，对进口国同类产品影响不大，进口国通常较少采取反倾销。

(二)间歇性或掠夺性倾销

间歇性或掠夺性倾销(Intermittentor Predatory Dumping)是以低于国内市场价格甚至低于成本的价格在国外市场销售，其目的是打击竞争对手，垄断市场，从而获得高额垄断利润。这种倾销严重损害了进口国家的利益，违背公平竞争的原则，因而许多国家都采取反倾销措施予以制裁。

(三)持续性倾销

持续性倾销(Persistent Dumping)是指长期、持续地以低于国内市场价格在国外市场销售商品。由于这种倾销是一种长期倾销，因此，其价格虽然低于国内市场价格，但通常不低于其边际成本。出口商通过从本国政府获取出口补贴来弥补其倾销所造成的亏损，因此能够支持长期倾销。

长期以来，发达资本主义国家的大企业利用商品倾销，争夺国外市场，这就加剧了它们之间在世界市场上的矛盾。

四、外汇倾销

外汇倾销(Foreign Exchange Dumping)是出口企业利用本国货币对外贬值的机会，争夺国外市场的特殊手段。当一国货币贬值后，用外币表示的本国出口商品的价格就会降低，该商品在国际市场上的竞争能力则相应地提高，从而有利于扩大出口。与此同时，本币贬值后，会引起进入该国的外国商品价格上涨，从而削弱了进口商品的竞争力，达到了限制进口的作用。以美日为例，假如美元对日元由1美元比200日元跌到1美元比100日元，那么一件1美元的商品出口到日本时折算成日元的价格就由200日元变成100日元，这对美出口商来讲是十分有利的。他可以按照原来的价格200日元继续出售商品，从而获得高额利润，也可以按新汇率折算价格100日元在日本市场上出售该产品，加强价格竞争力，增加更多的商品出口。与之相反，美元贬值对日本出口商来讲十分不利，使日本出口至美国市场的商品价格上涨了1倍，削弱了日本产品在美国市场的竞争力和利润率。

当然，外汇倾销不能无限制和无条件地进行，只有满足以下两个必备条件才能起到促进出口、限制进口的双重作用。其一，货币贬值的程度大于国内物价上涨的程度。货币贬值必然引起一国国内物价上涨。当国内物价上涨程度赶上或超过货币贬值的程度时，内外贬值差距消失，也就不存在外汇倾销了。但一般来讲，国内物价上涨滞后于货币贬值。因此，外汇倾销可以在一段时间内进行，促进货币贬值国的商品出口。其二，其他国家不同时实行同等程度的货币贬值和其他报复性措施。

✣【案例 8－4】

尼日利亚外汇管制措施成效初显

据尼日利亚《今日报》2015 年 7 月 26 日报道，尼央行(CBN)统计数据显示，2014 年 1 月至 2015 年 5 月，尼日利亚进口牛奶、鱼产品、大米、家具、纺织品和牙签等六类产品的累计金额达 1.18 万亿奈拉(约合 74 亿美元)。2015 年前 5 个月，上述六类产品消耗外汇近 10 亿美元，其中牛奶 3.76 亿美元，鱼产品 3.74 亿美元，大米 2.2 亿美元，家具 2039 万美元，纺织品 649 万美元，牙签 132 万美元。根据尼央行 6 月 23 日发布的通告，为维持外汇市场稳定，确保外汇使用效率，推进国内产业复苏，鼓励本地生产，改善就业环境，包括上述产品在内的 40 种商品和服务的进口购汇业务已被禁止。此举有效遏制了尼外汇不断下降的势头，最新数据显示尼外汇储备已经小幅上升至 318.9 亿美元。

资料来源：商务部网站

五、经济特区措施

(一)经济特区的概念

经济特区(Economic Zone)是指一个国家或地区在其国境或管辖范围之内、关境之外划出一定区域，实行特殊的经济政策，改善基础设施和环境，吸引外国企业从事贸易与出口加工等活动的区域。设立经济特区的目的是促进对外贸易的发展，鼓励转口贸易和出口加工贸易，繁荣本地区和邻近地区的经济，增加财政收入和外汇收入。

(二)经济特区的主要类型

各国或地区设置的经济特区各种各样，主要有以下几种：

1.自由港或自由贸易区

自由港(Free Port)又称自由口岸。自由贸易区(Free Trade Zone)有的称为对外贸易区、自由区、工商业自由贸易区等。无论自由港或自由贸易区都是划在关境以外，对进出口商品全部或大部分免征关税，并且准许在港内或区内开展商品自由储存、展览、拆散、改装、重新包装、整理、加工和制造等业务活动，以便于本地区的经济和对外贸易的发展，增加财政收入和外汇收入。

自由港或自由贸易区分为两种类型：一种是港口及设区所在城市均划为自由港或自由贸易区。例如，香港除了个别商品外，绝大多数商品可以自由进出、免征关税。另一种形式是把港口及设区所在城市的一部分划为自由港或自由贸易区。例如，汉堡自由贸易区是由汉堡市的两部分组成，卡尔勃兰特航道以东的归自由港，卡尔勃兰特航道以西的几个码头和附近地区属于汉堡自由贸易区。

❖【案例 8—5】

辐射“一带一路”，多个自贸区谈判提速

商务部网站 2016 年 1 月 4 日消息，我国正在推进多个自贸区谈判，包括《区域全面经济伙伴关系协定》(RCEP)、中日韩、中国—海合会等自贸区谈判。商务部表示，2015 年我国积极推进中日韩自贸区谈判、与斯里兰卡的自贸区谈判和与巴基斯坦的自贸区第二阶段谈判，还启动了与马尔代夫、格鲁吉亚的自贸区谈判和与新加坡的自贸区升级谈判。

2016 年，商务部将继续按照党中央和国务院有关要求，深入贯彻落实国务院《关于加快实施自由贸易区战略的若干意见》，加快构筑立足周边、辐射“一带一路”、面向全球的自由贸易区网络。同时，努力实施好已生效的自贸协定，帮助我国企业更好地应用自贸协定优惠政策，促进我国对外贸易和投资合作。

第一，自贸区多边谈判加速商务部最新数据显示，截至 2016 年 1 月，我国已经签署并实施 14 个自贸协定，涉及 22 个国家和地区，自贸伙伴遍及亚洲、拉美、大洋洲、欧洲等地区。这些协定分别是我国与东盟、韩国、澳大利亚、新加坡、巴基斯坦、冰岛、瑞士、智利、秘鲁、哥斯达黎加、新西兰的自贸协定，内地与香港、澳门的《更紧密经贸关系的安排》(CEPA)，以及大陆与台湾的《海峡两岸经济合作框架协议》(ECFA)。

值得关注的是，中国—东盟自贸区升级谈判 2016 年将有新进展。商务部表示，目前，双方正努力推动中国—东盟自贸区升级《议定书》于 2016 年尽早生效。《议定书》是我国在现有自贸区基础上完成的第一个升级协定，内容涵盖货物贸易、服务贸易、投资、海关合作与贸易便利化、经济技术合作等领域，是对原有协定的丰富、完善和补充。中国—东盟自贸区的升级，将为双方经济发展提供新的助力，推动实现 2020 年双边贸易额达到 1 万亿美元的目标，并促进《区域全面经济伙伴关系协定》谈判和亚太自贸区建设进程。

此外，RCEP 谈判也有望于 2016 年结束。RCEP 谈判于 2012 年启动，是目前亚洲正在建设的规模最大的自贸区，涵盖了全球一半以上的人口，经济和贸易规模占全球的 30%。商务部表示，2015 年，在中方推动下，谈判取得了积极的进展。在 2015 年 11 月的东亚领导人系列会议上，RCEP 领导人又达成了力争 2016 年结束谈判的共识。

第二，内陆自贸区建设加快除了上述自贸区外，国内自由贸易园区建设也将加快。业内人士表示，第二批自贸区试点已筛选出 21 项改革经验、8 个创新实践案例，并由相关部门上报国务院，近期有望获批并开始向全国适合的地区推广。为加快推广这些经验，近期有望推出第三批自由贸易试验区试点，从而加大对内、对外开放力度，推动“十三五”时期经济增长。

国务院日前发布的《关于加快实施自由贸易区战略的若干意见》(以下简称《意见》)要求，继续深化自由贸易试验区试点，可把对外自由贸易区谈判中具有共性的难点、焦点问题，在上海等自由贸易试验区内先行先试，通过在局部地区进行压力测试，积累防控和化解风险的经验，探索最佳开放模式。

各省、区、市近期发布的“十三五”规划建议稿显示，浙江、黑龙江、四川、陕西、贵州、甘肃、广西、海南等地提出积极申建自由贸易试验园区或自由贸易实验港区的建议。例如，四川省提出，“十三五”期间，要积极创设中国(成都)内陆自由贸易试验区。山东省提出，要为山东自由贸易试验区申建积累经验、奠定基础。

分析人士认为，新一批自由贸易试验区试点有望在“一带一路”沿线产生，正如《意见》提出的，积极推进“一带一路”沿线自由贸易区，积极同“一带一路”沿线国家商建自由贸易区，

形成“一带一路”大市场，将“一带一路”打造成畅通之路、商贸之路、开放之路。

资料来源：中国证券报

2.保税区

保税区(Bonded Zone)又称保税仓库区，是海关所设置的或经海关批准注册的特定地区和仓库。外国货物存入这些保税区内可以暂时不缴纳进口税，如再出口，也不缴纳出口税。运入区内的货物也可以进行储存、改装、分类、混合、加工与制造等。因此，这些保税区起到了类似自由港和自由贸易区的作用。根据职能不同，保税区可分为货物储存期限较短的指定保税区；由海关监管的暂未纳税的进口货物的保税仓库及海关监管下供外国货物进行加工、分类及检修保养业务活动的保税工厂。

3.出口加工区

出口加工区(Export Processing Zone)是指一个国家或地区在其交通便利的地方，如港口、机场等地划出一定范围，创造良好的基础设施和优惠政策，鼓励外国企业在区内投资，生产以出口为主的制成品的加工区域。出口加工区是从自由贸易区中分化出来的，其目的在于吸引外国投资者，引进先进技术、设备与管理，扩大工业品出口，增加外汇收入，促进外向型经济发展。

❖【案例 8－6】

威海出口加工区复制上海自贸区 4 项创新制度显成效

2015 年威海出口加工区结合业务发展实际和企业需求，成功复制推广了上海自贸区 4 项创新制度，并投资 1000 多万元，启动了海关查验场、智能信息平台及监控系统建设，成效明显，2016 年将继续复制保税“展示交易”等 6 项制度，吸引更多企业入驻。据介绍，随着上海自贸区“可复制、可推广”14 项海关创新制度陆续在全国推广，威海出口加工区以“需求导向、分步实施、协同推进”为原则，结合区内企业发展现状，在复制推广“简化统一进出境备案清单”“批次进出、集中申报”“简化无纸通关随附单证”三项制度后，又获准复制推广“内销选择性征税”制度。“我们多次召开区内企业会议，介绍上海自贸区 14 项创新制度，发放调查问卷，了解企业需求，并对区内企业报关员进行了培训。”威海出口加工区管理局相关负责人说。到目前已根据企业需求和园区实际成功复制推广了简化统一进出境备案清单、内销选择性征税等 4 项创新制度。“选择性征收关税”制度实施后，设在海关特殊监管区域内的企业生产、加工并销往内地的货物，可由企业自主申请，对该内销货物按制成品或按其对应进口料件征收关税。“选择性征税制度的推广实施，有利于加工区内企业进一步整合生产资源、降低生产成本、提高生产效率，增强区内企业竞争优势，助力企业拓展国内市场。”出口加工区相关负责人说。除了选择性征税，同样受益于“简化统一进出境备案清单”“批次进出、集中申报”等制度的复制推广，日月光半导体(威海)有限公司的通关物流成本下降了近一半。12 月 23 日，该企业通关部经理郭庆华像往常一样向海关部门提交了通关清单，他们的产品将在当日发往上海自贸区，之后再转运到马来西亚等地的客户手中。据介绍，截至 2015 年 11 月底，4 项创新性制度中，有 48 家企业申报新版统一后的备案清单，共申报备案清单 52109 票，通关时间缩短了一半；12 家企业开展“批次进出、集中申报”业务 348 笔，报关单量减少 80%，节约报关费用 35 万元人民币，通关时间由 1 小时缩短至 5 分钟；区内 2 家企业办理过内销审征手续，综合税负平均下降 23.94%。

资料来源：商务部网站

4.自由边境区

自由边境区(Free Perimeter)是指一国或地区为了发展边境落后地区经济所设立的经济特区，在此区域，国家采取类似自由贸易区或加工出口区的优惠政策，吸引国内外厂商投资，发展本地区的经济。与其他经济特区有所不同的是，在自由边境区生产加工的商品主要供区内使用。设置自由边境区有一定的期限，当该区域经济发展到一定程度优惠待遇会逐渐取消，直至废除自由边境区。这种特区仅在拉丁美洲少数国家设有。

5.过境区

过境区(Transit Zone)又称为中转贸易区，指一些沿海国家为方便内陆邻国的进出口运货，开辟某些海港、河港或国境城市作为过境货物的自由中转区。在该区域内，对过境货物简化海关手续，免征或只征小额过境费，准许这些货物在区内短期存储、重新包装，但不得加工制造。

第二节 出口管制措施

出口管制(Export Control)是指国家通过法令和行政措施，对本国出口贸易实行管理和控制。一般而言，世界各国都会努力扩大商品出口，积极参与国际贸易活动。然而，有时候出于某些政治、军事和经济上的考虑，各国都有可能限制、禁止某些战略性和其他重要商品输往其他国家，于是就要实行出口管制。

一、出口管制的商品

出口管制的商品主要可分为以下几类。

(一)战略物资及有关的先进技术资料

如武器、军事设备、军用飞机、军舰、先进的电子计算机及有关技术资料等，大多数国家对这类商品与技术资料均严格控制出口。这些商品必须领取出口许可证，方能出口。

(二)国内紧缺物资

国内紧缺物资包括国内市场紧缺的商品，以及国内生产所需的原材料、半成品等。这些商品直接影响国内市场的供应，是保持经济稳定发展的重要物资。

(三)珍贵文化艺术品、贵金属

珍贵文化艺术品及黄金、白银等特殊商品。

(四)"自动"限制出口的商品

为了缓和、避免与进口国的贸易摩擦，或迫于进口国的压力，被迫管制具有竞争力的商品，如发展中国家的纺织品。

(五)经济制裁的国家出口的商品

对政治对立、关系紧张或国际组织实行制裁的国家出口的商品。

(六)出口国或组织垄断的商品

出口国或组织垄断的商品，如欧佩克(OPEC)组织对其成员国石油产量及出口量的管制，其目的是维护其垄断价格。

❖【案例 8—7】

与中国相关的美国出口管制制度的改革

美国的出口管制制度一直是中美关系中的敏感议题，历年来在各种级别的中美交流和对话机制中都会涉及，但长期得不到实质解决。美国对华出口管制，尤其是对于高技术的出口管制，不仅限制了中美之间潜在的技术合作空间，更是美国对华贸易多年保持巨大逆差的重要原因。国内媒体对于美国出口管制制度的评论已是汗牛充栋，但对于这项制度的具体规范内容却鲜有涉及。

美国"对华高技术出口管制"是中美经贸关系中的核心话题之一，美国总是表现出对其进行改革的意愿，但也总被中国抱怨为"只听楼梯响，不见人下来"。中美之间为推动民用高科技合作，建立了若干工作机制。一个是 2011 年 11 月在中美商贸联委会第 22 次会议上达成的"中美高技术贸易重点领域合作行动计划"；另一个是 2006 年在中美商贸联委会机制下建立的"中美高技术与战略贸易工作组"，该工作组由中国商务部和美国商务部下属的产业和安全局牵头负责。两个工作机制的目的都是简化美国对华民用高技术出口流程，便利两国高技术出口合作。

美国唯一一次修改与中国有关的出口管制法律是在 2007 年 6 月，美国商务部修改并澄清了"两用"出口管制的法律基础——《出口管理条例》中的部分条款。主要变动有两条，涉及与中国有关的"两用"出口审查政策和审查标准，其中一些内容事实上加严了对中国的出口管制。

第一，美国商务部修改了《出口管理条例》第 742.4(b)(7)款，即针对中国的与国家安全管制理由相关的出口审查政策。在修改之前，该款规定，因国家安全理由而受管制的项目在向中国出口时应接受额外审查或直接拒绝出口申请，只要该出口可能对中国军事发展有直接和重大贡献。修改之后的第 742.4(b)(7)款突出了对于民用高技术出口的支持，规定对于向中国出口的用于民事用途的项目，原则上应予批准出口；但对于可能对中国军事发展有直接和重大贡献的出口项目，应做出拒绝出口的推定。

第二，美国商务部修改了《出口管理条例》第 744.21 条，主要是修改了专门为该条而设置的第 744 条附件 2，将《商业管制目录》中一些原本向中国出口时不需要申请和审批的项目加入附件 2。因此，根据第 744.21 条的规定，对于这些新加入的项目，即使根据《商业管制目录》和《商业国家列表》向中国出口时不需要审批，但若出口企业"知道"该项目可能意图被用于军事用途，则也必须由美国商务部批准才能出口。这实际上是加严了对中国的"两用"出口管制。但对于这种情况下的出口审批申请，美国商务部并不直接做出不予批准的法律推定，而是将根据具体情况进行逐案审批。

资料来源：中国经济网

二、出口管制的形式

出口管制分为两种形式：

(一)单边出口管制

单边出口管制是指一国根据本国的需要，制定出口管制方面的法律，设立专门的执行机构，对本国的某些商品出口进行审批和颁发出口许可证，实行出口管制。

例如，美国的《1917 年与敌对国家贸易法案》，在财政金融和商业往来方面进行管制。《1949 年出口管制法案》，主要是对高新技术管制。

(二)多边出口管制

多边出口管制是指几个国家政府，通过一定的方式建立国际性多边出口管制机构，商讨和编制多边出口管制货单和出口管制国别，规定出口管制的办法，以协调彼此的出口管制政策和措施，达到共同的政治和军事目的。

1949 年 11 月，在美国操纵下西欧 12 国成立的“巴黎统筹委员会”就是一个实行多边出口管制的组织机构，其主要宗旨就是管制对社会主义国家出口商品。该组织于 1994 年 4 月 1 日正式解散。

三、出口管制的措施

出口管制的措施主要有以下几种:第一，国家专营，对于一些敏感性商品和关系国计民生的重要商品的出口实行国家专营，由政府指定的专门机构直接控制和管理;第二，数量限制，主要是通过出口许可证的运用来进行的;第三，商品清单与国别分组，即将商品按照技术水平、性能和用途的不同，编制商品清单，明确规定某类商品出口到不同国家所要求的许可证;第四，征收出口税;第五，封锁禁运，这是对其他国家实行经济制裁和出口管制最严厉的手段。

◈复习思考题:

1.什么是出口信贷？可分为哪两种？试比较两者的异同。

2.简述外汇倾销对出口的作用及其限制条件。

3.什么是经济特区？它有哪几种类型？各自特点如何？

4.一国在什么情况下会实行出口管制？

5.简述主要的出口管制措施。

第九章 区域经济一体化 9

✻本章学习目标：

本章系统地介绍了区域经济一体化的主要形式，论述了主要的区域经济一体化组织及其对国际贸易的影响以及区域经济一体化理论。要求学生掌握区域经济一体化的特征和类型，了解当前区域经济一体化发展的主要特点和主要区域经济一体化组织对国际贸易发展的影响。

第一节 区域经济一体化概述

一、区域经济一体化的概念及特征

(一)区域经济一体化的概念

区域经济一体化是指地理或经济制度上比较接近的两个或两个以上的国家、地区，为了维护共同的经济和政治利益，通过签订某种政府间条约或协定，制定共同的经济贸易政策等措施，甚至通过建立起各国政府一定授权的共同机构，实行长期而稳定的超国家的经济调节，形成一个超国家的和经济贸易高度协调统一的整体。

(二)区域经济一体化的特征

1.成员资格的区域性

典型的区域经济一体化组织首先在相邻、相近国家或地区建立起来，然后不断向外拓展。后续加入的成员也多是同一地区地理位置邻近或在贸易投资、经济体制、文化习俗等方面具有相似性的国家和地区。但近年来，随着“跨区域经济集团”和“跨区域双边自由贸易区”的涌现，以上特征已不甚鲜明。

2.内部的开放性

各种区域经济一体化组织虽然在合作形式、合作规模、合作范围、合作机制等方面存在着差异性，但总是推行相互间全面降低关税、取消非关税壁垒，实现商品的自由流通，并放宽内部的投资限制，促进地区的资本和其他生产要素的自由流动，从而达到改善资源配置、降低生产成本、相互得益的目的。

3.对外的排斥性

区域经济一体化组织建立的目标是形成一个超国家的经济集团，以集团的力量进入国际市场。它们对内开放的同时，对外实行各种关税和非关税壁垒，并利用各种有利条件，实施种种显性和隐性的贸易保护主义措施来约束、限制与集团外非成员经济关系的发展。

4.利益的放大性

区域经济一体化的根本出发点是谋求每一成员方能获得比单边主义更大的利益。对每一个成员而言，它们降低关税、削减非关税壁垒的目的不仅仅是顺应生产要素自由流动的内在要求，而且是按照规模经济原理，从最佳的国际生产分工出发，实现资源的优化配置，提高效率，增强与区域外国家或经济集团对抗的实力。

二、区域经济一体化的类型

按照区域经济一体化发展程度的高低，区域经济一体化组织可分为优惠贸易安排、自由贸易区、关税同盟、共同市场、经济联盟和完全的经济一体化 6 种类型。

(一)优惠贸易安排

优惠贸易安排(Preferential Trade Arrangements)，是指在成员国之间通过签署优惠贸易协定或其他安排形式，对其全部贸易品或部分贸易品互相提供特别的关税优惠，对非成员国之间的贸易则设置较高贸易壁垒的一种区域经济安排。这是最松散的一种区域经济一体化组织形式。例如“非洲木材组织”、美加汽车产品协定，战后初建的东南亚国家联盟。

(二)自由贸易区

自由贸易区(Free Trade Area)是指签订了自由贸易协定的国家或地区组成的贸易区。成员国之间相互取消了商品贸易的关税和非关税的贸易障碍，商品可在成员国间完全自由流动，但成员国之间没有统一的对外关税。例如，1960 年成立的欧洲自由贸易联盟(EFTA)，1994 年建立的北美自由贸易区(NAFTA)都属于此种一体化组织。

(三)关税同盟

关税同盟(Customs Union)是指两个或两个以上的国家完全取消关税或其他壁垒，并对同盟外的国家实行统一的关税税率而缔结的同盟，关税同盟外的商品不论进入同盟内的哪个成员国都将被征收相同的关税。它在一体化程度上比自由贸易区又进了一步。它除了包括自由贸易区的基本内容以外，而且对同盟外的国家建立了共同的、统一的关税税率，组成了共同的对外关境。关税同盟开始带有一定的超国家性质，是实现全面经济一体化的基础。例如 2009 年 6 月 7 日建立的东南非共同市场关税同盟(COMESA)就属于此种一体化组织。

(四)共同市场

共同市场(Common Market)是指两个或两个以上的国家或经济体通过达成某种协议，不仅实现自由贸易，建立了共同对外关税，还实现了资本、服务和劳动力等生产要素自由流动的经济一体化组织。可见，共同市场是比自由贸易区和关税同盟更高一级的区域经济一体化组织。原欧共体于1970年已接近此阶段。

(五)经济联盟

经济联盟(Economic Union)是指成员国之间不但废除了贸易壁垒，建立了统一的对外贸易政策、进口关税制度，实现了商品、服务、生产要素的自由流动，而且在协调的基础上，各成员国还制定和执行了许多共同的经济政策，并采取某些统一的社会政策和政治纲领，从而将一体化的程度从商品交换扩展到生产、分配乃至整个国民经济的一种区域经济组织。目前的欧洲联盟(EU)即为此类。

(六)完全的经济一体化

完全的经济一体化(Perfectly Economic Integration)是指两个或两个以上的国家或经济体通过达成某种协议，在实现了经济联盟目标的基础上，进一步实现经济制度、政治制度和法律制度等方面的协调，甚至形成统一的国际经济一体化组织。这是经济一体化的最高级阶段。

优惠贸易安排、自由贸易区、关税同盟、共同市场、经济联盟和完全的经济一体化是处在不同层次上的区域经济一体化组织，根据它们让渡国家主权程度的不同，一体化组织也从低级向高级排列，但是并不存在低一级的经济一体化组织向高一级经济一体化组织升级的必然性。各种区域经济一体化组织的特点如表9－1所示。

表9－1　区域经济一体化组织特征一览表

合作特征	优惠贸易安排	自由贸易区	关税同盟	共同市场	经济联盟	完全的经济一体化
全部取消关税	否	是	是	是	是	是
设立共同壁垒	否	否	是	是	是	是
不限制要素流动	否	否	否	是	是	是
统一经济政策	否	否	否	否	是	是

资料来源：裴长洪.国际贸易学[M].北京：中国社会科学出版社，2007:238

三、区域经济一体化的影响

(一)对成员国内部经济贸易的影响

1.促进了经济一体化组织内部贸易的增长

通过削减关税或免除关税，取消贸易的数量限制，削减非关税壁垒形成区域性的统一市场，加深了成员国在经济上的相互依赖程度，同时经济一体化组织内部的国际分工使销售渠道稳定，这就促进了区域内成员间的贸易的迅速发展。

2.促进集团内部的国际分工和技术合作

一体化组织内部市场扩大了，于是各国的资源配置发生变化，各自生产在一体化区域内具有优势的产品，促进生产格局以至国际分工的格局发生变化，使成员国的国际分工更为密切和精细。成员国在许多单纯依靠本国力量难以胜任的重大科研项目，如原子能利用、大型电子计算机等高精尖技术领域进行合作。

3.改变了国际贸易的地区分布

在一体化内部贸易迅速增加的同时，成员国减少与区域外非成员国(地区)的贸易。区域经济一体化改变了国际贸易的地区分布或地理结构，使贸易更多地趋向于区域内部，使完整的世界经济和贸易体系被割裂成一个个相互对立的区域。

4.提高了经济一体化国家整体贸易地位

原来一些经济力量比较薄弱的国家(地区)以整个集团出现在世界经济舞台上，地位上升了，竞争能力加强了，也加重了这些国家(地区)在国际贸易谈判桌上的分量，在一定程度上维护了本身的贸易利益。

(二)对非成员国经济贸易的影响

区域经济一体化对区内国家的保护加强，使得区外国家本可以进入区内的商品和劳务受到严厉的保护主义的打击，这样就恶化了国际贸易环境，尤其是使区外发展中国家的贸易环境雪上加霜。大多数发展中国家的出口商品结构还比较落后，竞争能力不强，进入西欧、北美更加困难。

区域经济一体化削弱了多边贸易谈判的注意力，不利于多边贸易体系的改善，影响世界贸易的宏观环境。在世界经济舞台上，国与国之间的协调，将转化为区域与区域之间的国际经济协调。

第二节 关税同盟理论

关税同盟是区域经济一体化的典型形式。除自由贸易区外，其他形式的区域经济一体化都是以关税同盟为基础逐步扩大其领域或内涵而形成的，所以，关于区域经济一体化经济影响效果的分析，在理论上大都以关税同盟理论为例。关税同盟理论最早由维纳在《论关税同盟问题》一文中提出，维纳认为，组建关税同盟会产生贸易创造(Trade Creation)和贸易转移(Trade Diversion)两个静态效应。后来，利普西(R.G.Lipsey)提出了成立关税同盟导致福利变动的渠道。

✣人物简介 9－1

雅各布·维纳

雅各布·维纳(Viner.Jacob，1892－1970)，1892 年生于加拿大蒙特利尔，1914 年从加拿大麦吉尔大学毕业后移居美国。在哈佛大学师从著名国际经济与贸易学家陶西格(Frank W. Taussing)，1922 年获哈佛大学博士学位。1925 年至 1946 年担任芝加哥大学教授，1946 年后赴普林斯顿任教。维纳是芝加哥自由主义学派的代表人物，是凯恩斯主义革命的反对者，被罗宾斯誉为“他所处时代最杰出的教授”。

维纳的研究领域包括国际经济与贸易理论、微观经济学、经济思想史等，在这些领域中他都作出了卓越的贡献。在微观经济领域，维纳对成本理论和垄断竞争理论作出了突破性的研究，提出了包括曲线的概念。他对经济思想史的研究也有非凡的深度，维纳还是《政治经济学杂志》的主编之一。维纳的大部分著作都属于国际经济学领域，主要有：1923 年出版的《倾销：国际贸易中的一个问题》，该书对国际贸易中的倾销行为进行了最初的全面性和系统性的研究。1950 年发表的《关税同盟问题》第一次建立了关税同盟模型，并展开定量分析，提出了关税同盟的两种效应和关税同盟的福利效果，引发了其后经济学家对这一问题的广泛讨论。1951 年出版的《国际经济学》包括了该领域理论、思想史、政策等在内的各方面内容，并对关税同盟问题做了进一步分析。其他著作有：《国际贸易与经济发展》(1952 年)、《长期和短期观点》(1958 年)等。

资料来源：约翰·伊特韦尔.新帕尔格雷夫经济学大辞典(第四卷)[M].北京：经济科学出版社，1996，877—879。

一、关税同盟的静态效应

(一)贸易创造效应

贸易创造效应是指成立关税同盟后，成员国之间相互取消关税和非关税壁垒，使一些原来在本国国内生产的产品，现在被同盟内成员国更低成本的进口产品所替代，使成员国的进口增加，从而“创造”出新的贸易，并提高了成员国的福利水平。

举个例子来说明一下贸易创造效应:假定X商品在A国价格为36美元,在B国为26美元,在C国为20美元。在缔结关税同盟前,A国自己生产X商品,并凭借征收100%的保护性关税,有效地阻止来自C国的X商品进口,B国也同样如此。三国之间的贸易被关税隔断了,三国之间不存在商品的流动。

AB两国建立关税同盟,在内部成员之间取消关税和其他非关税壁垒,对外统一执行100%的关税措施。因为B国的产品价格是26美元,低于A国的36美元,所以B国具备了绝对优势,在不存在贸易壁垒的情况下,B国向A国出口产品。这样就创造出了从B国向A国出口的新的贸易和国际分工,这就是所谓的贸易创造效果。

对A国而言,A国便会停止生产X商品,把生产X商品的资源用于生产其他商品,这样就扩大和充分利用了自然资源。而且,A国可以用较低的价格买到X商品,从而提高了福利。

对B国而言,由于A国市场消费的X商品是由B国生产,则其生产规模扩大,生产成本降低,B国可获得生产规模扩大的好处。

对C国而言,由于它原来就不与A、B两国发生贸易关系,所以仍和新的贸易开始一样,没有什么不利。

(二)贸易转移效应

由于关税同盟对内取消关税,对外实行统一的保护关税,使成员国的进口由非成员国低成本的产品,现在被成员国高成本的产品所替代,从而使贸易对象发生了“转移”,并导致资源配置效率降低和福利减少。

缔结关税同盟前,假设A国不生产X商品,而采取自由地从B、C两国进口,B国X商品价格为26美元,C国X商品的价格为20美元。C国具有X商品的绝对优势,A国自然就会从成本和价格最低的C国进口。

而在同B国缔结关税同盟后,内部取消关税,假定A、B两国对外制定50%以上的统一关税。C国加上关税负担后产品价格是30美元,高于B国的26美元,于是,A国把X商品的进口从关税同盟以外的C国转移到同盟内的B国,出现了贸易转移效果。

这种转移也就是从成本低的供给来源(20美元)向成本高的供给来源(26美元)转移。这就意味着在关税同盟中保护了落后工业,A国和C国受到损失的同时,整个世界因不能有效地分配资源而使福利降低。

贸易创造与贸易转移的根本差别,在于缔结关税同盟前的状况不相同。

在贸易创造情况下,A、B两国有保护关税;而在贸易转移情况下,A国完全不生产X商品,实行免税或低税从C国进口,即A国对X商品实行完全专业化(不生产这种商品)。

可见,关税同盟以两种截然相反的方式影响贸易和福利。如果说贸易创造代表利益,贸易转移所增加的成本便是代价。结成关税同盟是获得净利益还是带来净损失,取决于贸易创造和贸易转移影响的大小。如果成员国的价格越接近低成本的世界市场价格,区域经济一体化对该国市场的影响越可能是正向的。

二、关税同盟的动态效应

(一)规模经济效应

关税同盟建立以后，在排斥非成员国进口的同时，也为成员国相互之间增加商品出口创造了条件。所有成员国企业可以在扩大了的区域市场内增强对非成员国企业的竞争实力，并不断扩大生产规模，降低生产成本，获得规模经济效应。当然，未加入关税同盟的小国通过向世界其他国家出口商品，也能克服国内市场狭小的缺点，获得规模经济的好处，但绝不会像加入关税同盟这样获得全方位的好处。

(二)竞争效应

在关税同盟建立之前，生产者在高贸易壁垒的保护下缺乏动力去降低成本，提高效率。但当关税同盟形成以后，成员国之间消除了一切贸易壁垒，这使那些缺乏危机感的国内垄断企业不得不面对同盟内部更多生产者的竞争，保护壁垒的消除迫使他们改进技术、改善经营管理以提高生产效率，增强企业的竞争力；即使是在寡头垄断的市场结构中，在产品差异和规模经济存在的条件下，市场竞争也将限制或削弱寻租、串谋等滥用垄断力量所带来的高额成本，并将刺激寡头企业改善经营管理和促进技术升级。这种更大范围、更高水平的市场竞争，使同盟内资源向最优效率的厂商和国家集中，提高了资源配置的效率，加深了专业化程度，提高了成员国的经济福利。

(三)投资促进效应

关税同盟成立以后，成员国市场变成统一的大市场，具有如下刺激投资效应：首先，由于商品自由流通的范围得以扩大，大大加强了对成员国内部的投资者和非成员国投资者的吸引力，从而使企业投资增加，投资环境得到进一步的改善。其次，由于同行业竞争的加剧，为了提高竞争能力，厂商一方面必须扩大生产规模，增加产量，降低成本；另一方面必须增加投资，更新设备，提高装备水平，改善产品质量，并研制新产品，以改善自己的竞争地位。再次，由于研发固定成本将在更广的市场范围内加以分散，统一的市场还会提高创新的利润率，增加投资机会并促进规模经济的实现。最后，由于关税同盟成员国减少了从同盟外的进口，迫使非成员国为了避免贸易转移的消极影响，绕到同盟成员国内部直接进行投资设厂，建立所谓的关税工厂(Tariff Factories)。

(四)资源配置效应

关税同盟建立后，市场趋于统一，资本、劳动力、技术等生产要素可以在成员国间自由流动，提高了要素的流动性。资源的优化配置还能促使企业家精神在关税同盟成员国之间传播和发扬，导致管理创新和制度创新。这些都将使生产要素配置更加合理，提高要素利用率，降低要素闲置的可能性，从而实现同盟内高效率的资源配置效应。

(五)技术进步效应

关税同盟建立后，同盟内贸易和投资的便利，使体现于其中的知识、技术在同盟内发生扩散，推动了成员国的技术进步。同时，同盟内竞争的加剧，又促使成员国增加自主技术研究与开发的投资，进行自主技术知识创新，这些都推动了关税同盟国整体的技术进步。

第三节　主要的区域经济一体化组织

一、欧洲联盟

欧洲联盟(European Union，EU)简称“欧盟”，其前身是欧洲共同体(Europe Communities，EC)，它是迄今为止发展程度最高的区域经济一体化组织。该组织的最终目标不仅是经济上的联合，而且要建立一个政治、经济和军事上完全一致的统一体。

(一)欧洲联盟的成立

1946 年 9 月，英国首相丘吉尔曾提议建立“欧洲合众国”。1950 年 5 月 9 日，法国外长罗伯特·舒曼提出欧洲煤钢共同体计划(即舒曼计划)，旨在约束德国。1951 年 4 月 18 日，西欧六国(法国、德国、意大利、荷兰、比利时、卢森堡)在法国巴黎签订了为期 50 年的《关于建立欧洲煤钢共同体的条约》(也称《巴黎条约》)，成立了欧洲煤钢共同体。1955 年 6 月 1 日，参加欧洲煤钢共同体的六国外长在意大利举行会议，建议将煤钢共同体的原则推广到其他经济领域，并建立共同市场。1957 年 3 月 25 日，西欧六国政府在意大利罗马签订了《建立欧洲原子能共同体条约》和《欧洲经济共同体条约》，这两个条约合在一起统称为《罗马条约》。《罗马条约》于 1958 年 1 月 1 日生效，同时，欧洲原子能共同体和欧洲经济共同体正式成立。

1965 年 4 月 8 日，六国签订了《布鲁塞尔条约》，并于 1967 年 7 月 1 日生效。六国决定将欧洲煤钢共同体、欧洲原子能共同体和欧洲经济共同体统一起来，统称为欧洲共同体，简称“欧共体”。

1991 年 12 月，在荷兰马斯特里赫特城举行了欧共体成员国首脑会议，决定正式签署《马斯特里赫特条约》(简称《马约》，又称《欧洲联盟条约》)。1993 年 11 月 1 日，《马约》正式生效，欧共体正式更名为欧洲联盟。

(二)欧洲联盟一体化的发展

1.建立关税同盟，取消内部关税

按照罗马条约的规定，关税同盟应该在 1958 年至 1969 年底的 12 年内完成。

这 12 年的过渡期分为三个阶段，每个阶段为 4 年。每个阶段逐步削减成员国之间的关税以实现自由贸易，调整成员国的对外关税以实现共同的对外关税。1968 年，西欧六国提前达到了罗马条约的预定目标，完成了关税同盟的建设，实现了对内取消关税，对外统一关税。在这 10 年期间，各成员国之间的贸易和对其他国家的贸易得到了飞速发展，各成员国之间的贸易额翻了两番，成员国之间贸易的增长速度是对其他国家贸易增长速度的两倍；同一时期，欧共体国家的国内总产值的年平均增长率达到 5%，高于同期英国、美国等国家的经济增长速度。

2.实现共同农业政策

共同农业政策的基本内容是:制定了统一的农产品价格管理制度;对农产品实行“奖出限入”政策。通过共同农业政策使欧共体实现了农业现代化，农业劳动生产率有了明显的提高，农业生产持续增长，农产品自给率大大提高，农业人口的收入水平有了很大提高。

3.建立共同市场

1985年起，欧共体执行委员会主席德洛尔提出了在1992年底建成统一大市场的具体计划。该计划不仅得到各成员国首脑的批准，而且实施起来也比较顺利。到1992年底，各国基本撤出了各种阻碍商品和要素自由流动的壁垒，一个统一大市场基本形成，这也意味着欧共体从关税同盟进入了共同市场。

4.创建欧洲货币体系

1999年1月1日，欧元正式诞生，奥地利、芬兰、德国、法国、意大利、

比利时、卢森堡、爱尔兰、挪威、西班牙、葡萄牙11个国家将欧元作为它们的官方货币。2001年希腊加入欧元区。2002年1月1日，欧元正式流通。至此，除英国、丹麦和瑞典等三国外，欧盟实现了货币的统一。欧盟成员国要加入欧元区必须达到下列标准:第一，每一个成员国削减不超过国内生产总值3%的政府开支;第二，国债必须保持在国内生产总值的60%以下或正在快速接近这一水平;第三，在价格稳定方面，通货膨胀不得超过三个最佳成员国上年通货膨胀的1.5%;第四，该国货币至少在两年内必须维持在欧洲货币体系的正常波动幅度以内。欧盟对成员国加入欧元区的时间并没有固定的要求，每一个成员国将根据自己国家的情况，按照自己的时间表加入。

5.向政治一体化迈进

在20世纪50年代签署的《罗马条约》中就达成了在实现经济一体化到一定阶段时，即开始规划政治一体化，建立“欧洲政治联盟”。1974年成立的“欧洲理事会”使各国首脑直接参与了欧共体的事务，开始向政治一体化的目标迈进了一大步，成为事实上的欧共体最高决策机构。1991年12月，在荷兰马斯特里赫特城举行了欧共体成员国首脑会议，决定正式签署《马斯特里赫特条约》，这个条约由《经济和货币联盟条约》和《政治联盟条约》组成。前者的最终目标是实现欧洲统一货币和成立欧洲中央银行;后者的目标是建立共同外交、防务、社会政策等方面的国家联盟。1993年11月1日，《马斯特里赫特条约》正式生效，这标志着欧共体从经济实体向政治实体过渡。2004年10月，欧盟25个成员国的领导人在罗马签署了欧盟历史上的第一部宪法条约，这标志着欧盟在推进政治一体化方面迈出了重要的一步。

6.成员国数量不断增加

20世纪70年代，英国、爱尔兰和丹麦加入欧共体;20世纪80年代，希腊、葡萄牙和西班牙加入欧共体;20世纪90年代，芬兰、奥地利和瑞典加入了欧盟;2004年5月，东欧10国波兰、捷克、匈牙利、斯洛伐克、斯洛文尼亚、拉脱维亚、爱沙尼亚、立陶宛、塞浦路斯和马耳他正式加入欧盟;2007年1月1日保加利亚和罗马尼亚加入欧盟。欧盟共经历了6次扩大，成为一个涵盖27个国家，总人数超过5亿的当今世界上经济实力最强、一体化程度最高的国家联合体。

二、北美自由贸易区

在当今世界上，与欧盟的发展具有同样重要意义的是由美国、加拿大和墨西哥组成的北

美自由贸易区(North American Free Trade Area，NAFTA)的发展，它使得北美地区成为了目前世界上最大的自由贸易区。

(一)北美自由贸易区的产生和发展

1985 年 3 月，加拿大总理马尔罗尼在与美国总统里根会晤时，首次正式提出美、加两国加强经济合作、实行自主贸易的主张。由于两国经济发展水平及文化、生活习俗相近，交通运输便利，经济上的互相依赖程度很高，所以，自 1986 年 5 月开始，经过一年多的协商和谈判，两国于 1987 年 10 月达成了协议，次年 1 月 2 日，双方正式签署了《美加自由贸易协定》。经由美国国会和加拿大联邦议会批准，该协定于 1989 年 1 月生效。

《美加自由贸易协定》规定两国将立即或在 5～10 年内逐步取消商品进口关税和非关税壁垒，取消对服务业的关税限制和汽车进出口的管制，开展公平、自由的贸易，并于 1991 年 1 月形成自由贸易区。《美加自由贸易协定》的签署，使身为发展中国家的墨西哥在北美经济大格局中面临被边缘化的危险。为了不在日益激烈的竞争中落后，墨西哥开始把与美国开展自由贸易区的问题列上了议事日程。1986 年 8 月，两国领导人提出双边的框架协定计划，并于 1987 年 11 月签订了一项有关磋商两国间贸易和投资的框架原则和程序的协定。在此基础上，两国多次进行谈判，于 1990 年 7 月正式达成了《美墨贸易和投资协定》，同年 9 月，加拿大宣布将参与谈判，三国于 1991 年 6 月 12 日在多伦多召开第一次部长级会议，经过 14 个月的谈判，于 1992 年 8 月 12 日达成了《北美自由贸易协定》，该协定于 1994 年 1 月 1 日正式生效，北美自由贸易区宣告成立。

1994 年 12 月 10 日，美洲 34 个国家的领导人在美国的迈阿密签订协议，同意建立"美洲自由贸易区"，并将 2005 年 12 月 31 日确定为建立自由贸易区的最后期限。美洲自由贸易区如果建成，将拥有 8 亿人口和 10 多万亿美元 GDP 的最大自由贸易区，可与欧盟形成对峙之势。在 2001 年举行的第三届美洲首脑会议上，这一倡议再次得以明确，从 2003 年开始，美洲自由贸易区谈判陆续取得实质性进展。但由于美国与阿根廷、巴西、巴拉圭等国在农产品补贴、农产品市场准入等问题上存在严重分歧，美洲自由贸易区谈判进展缓慢，最终没能在 2005 年底达成协议。目前，作为替代模式，一些国家纷纷与美国开展了双边和多边的自由贸易谈判，美国先后与智利、危地马拉、尼加拉瓜、萨尔瓦多、洪都拉斯和哥斯达黎加等国签署自由贸易协定。

(二)北美自由贸易区的宗旨、目标及《北美自由贸易协定》的内容

1.北美自由贸易区的宗旨和目标

《北美自由贸易协定》明确表示，美国、加拿大和墨西哥三国将根据自由贸易的基本精神，秉承国民待遇、最惠国待遇和透明度的原则，建立自由贸易区。其宗旨是：取消贸易壁垒，创造公平竞争的条件，增加投资机会，保护知识产权，建立执行协定和解决贸易争端的有效机制，以及促进三边和多边合作。其目标是经过 15 年的过渡期，到 2008 年建成一个取消所有商品和贸易障碍的自由贸易区，实现要素在区内的完全自由流动。

2.《北美自由贸易协定》的内容

北美自由贸易协定的主要内容有：(1)将用 15 年的时间，分 3 个阶段取消关税及其他贸易壁垒，实现商品和劳务的自由流通，在三国贸易的 9000 多种产品中，约 50%的商品的关税

立即取消，15%的商品的关税在5年内取消，其余的大部分商品的关税在10年内取消，少数商品的关税在15年内取消；(2)取消大部分阻碍国界的服务贸易壁垒；(3)保护知识产权；(4)取消三个成员国之间对外直接投资的大部分限制；(5)实行国家环境标准，不允许为了吸引投资而降低标准；(6)成立一个三边委员会，以解决三国之间在商业、环境、捕鱼权等问题上的纠纷；(7)对白领工人的流动限制将予以放宽；(8)墨西哥将逐步对美国和加拿大的投资商开放其金融部分，到2007年取消壁垒。

❖【案例9—1】

北美自由贸易协定使墨西哥成为北美制造中心

在墨西哥人口约100万的边境小镇蒂华纳，一眼望去，高耸入云的蓝色广告牌照亮夜空，耸立在三星集团开阔的新工业区内，这一切与这个灰暗、肮脏的边境小镇似乎显得不太协调。自从这个70英尺高的钢筋建筑物竖起几个月来，它已经成了一个非正式的纪念碑，成了墨西哥穷人的指明灯，也是北美自由贸易力量的象征。由于这种力量的作用，制造业工业机会从美国源源不断地流向墨西哥。自1992年北美自由贸易区建立后，美国和墨西哥取消了相互之间的贸易壁垒，两国制造的商品可以在区内自由流通，相互间没有什么关税、配额保护措施。而对于区外国家，如韩国、日本等国家仍然维持贸易壁垒，因此会产生“贸易创造”和“贸易转移”的双重结果。韩国、日本的产品会受到价格歧视，很可能被挤出美国市场，就全球资源利用角度看，这也是一种效率的降低。

针对这种情况，韩国、日本等国也不愿坐以待毙，转而采取新的战略。于是就有了三星公司、索尼公司、日立公司和松下电器JVC分布在诸如蒂华纳这样的边境小镇开的子公司。在该镇，受雇于这些跨国公司的墨西哥人已达2.46万人。由于墨西哥有廉价的劳动力从而也吸引了众多生产诸如成衣和手工工具之类低技术消费品的美国公司，因为这里成批生产的成本只有在美国生产的几分之一。对于生产高技术产品的亚洲公司而言，由于贸易壁垒的取消，蒂华纳成了它们在北美的第一站。而且由于接近硅谷和加利福尼亚的长滩港，产品再转运到世界各地也比以前容易了。

资料来源：参考消息，1996—7—6

三、亚太经济合作组织

亚太经济合作组织(Asia—Pacific Economic Cooperation，APEC)简称“亚太经合组织”。该组织成立之初是一个区域性经济论坛和磋商机构，经过十几年的发展，已逐渐演变为亚太地区重要的经济合作论坛，也成为亚太地区最高级别的政府间经济合作组织。

(一)亚太经济合作组织的产生和发展

20世纪80年代末，随着冷战的结束，国际形势日趋缓和，经济全球化、贸易投资自由化和区域集团化的趋势逐渐成为潮流。欧洲经济一体化进程加快，北美自由贸易区已显雏形，与此同时，亚太地区政治相对稳定，经济呈高速增长，在世界经济中的比重明显上升。面对东亚的崛起和欧洲的日渐强大，美国调整了其对外经济政策，提出了加强亚太地区经济合作的设想，欲以亚太为依托抗衡欧洲并牵制日本。日本则欲凭借其经济实力，确立自己在亚太的重要地位，与美欧形成三足鼎立之势。东盟对日渐增长的贸易保护主义深感忧虑，探求维护自身利益的途径，加之当时“乌拉圭回合”谈判困难重重，全球贸易体制前途未卜，加强合作、互相协调已成为各方的共识。在此背景下，1989 年 1 月，澳大利亚总理霍克倡议召开“亚洲及太平洋国家部长级会议”，讨论加强相互间经济合作问题。

1989 年 11 月，亚太地区的 12 个国家(美国、日本、澳大利亚、加拿大、新西兰、韩国、马来西亚、泰国、菲律宾、印度尼西亚、新加坡、文莱)在澳大利亚堪培拉举行第一届部长会议，正式成立了亚太经济合作组织，拉开了亚太地区广泛开展区域经济合作的序幕。1991 年 11 月，亚太经合组织第三届部长级会议在韩国首都汉城通过了《汉城宣言》，正式确立了该组织的宗旨和目标是:相互依存，共同利益，坚持开放的多边贸易体制和减少区域贸易壁垒。

在成立之初，亚太经合组织是一个仅由各成员国外交部长和贸易部长参加的部长级区域论坛。从 1993 年起，每年举行一次成员国首脑非正式会议，成员国首脑非正式会议不仅扩大了亚太经济合作组织的国际影响，而且为以后亚太经济合作组织向贸易投资和技术一体化方向的发展注入了政治推动力。经过多年的发展，亚太经合组织形成了领导人非正式会议、部长级会议、高官会、委员会和专题工作组、秘书处等多个层次的工作机制，涉及贸易投资自由化、经济技术合作、宏观经济政策对话等广泛的合作领域。其中最重要的是领导人非正式会议，会议形成的领导人宣言是指导亚太经济合作组织各项工作的重要纲领性文件。

亚太经合组织目前共有 21 个成员:澳大利亚、文莱、加拿大、智利、印度尼西亚、日本、韩国、马来西亚、墨西哥、新西兰、巴布亚新几内亚、秘鲁、菲律宾、俄罗斯、新加坡、泰国、美国、越南和中国及中国香港、中国台湾两个地区。其中，澳大利亚、文莱、加拿大、印度尼西亚、日本、韩国、马来西亚、新西兰、菲律宾、新加坡、泰国、美国 12 个成员是于 1989 年 11 月 APEC 成立时加入的;1991 年 11 月，中国、中国台湾和中国香港加入;1993 年 11 月，墨西哥、巴布亚新几内亚加入;1994 年智利加入;1998 年 11 月，秘鲁、俄罗斯、越南加入。东盟秘书处、太平洋经济合作理事会和太平洋岛国论坛为该组织观察员，可参加亚太经合组织部长级及其以下各层次的会议和活动。APEC 接纳新成员需全部成员协商一致。1997 年温哥华领导人会议宣布 APEC 进入十年巩固期，暂不接纳新成员。

(二)亚太经济合作组织的作用

1.促进世界经贸的发展

亚太经济合作组织成员中大多数是世界贸易组织成员，其中美国和日本更是“重量级”发达国家，在全球多边贸易谈判中具有较大的影响力。当多边谈判进程遇到阻力时，亚太经合组织的领导人会议通常会发生推动作用。

2.解决实质性的经贸问题

在贸易投资自由化和便利化以及经济技术合作等领域中，许多实质性问题是通过亚太经合组织与成员间的合作解决的。尽管亚太经合组织的领导人宣言和协议不具约束力，但许多“软性规定”实际上已经成为经贸界人士在实践中参考的规则。

3.推动多边和双边外交

领导人定期会晤有助于成员就国际和地区问题进行交流和磋商。2001 年美国发生“9 · 11”恐怖袭击事件，随后的亚太经合组织第九届领导人非正式会议为成员提供了加强政治和安全合作的平台，各方就反恐合作问题交换了看法，达成了共识。另外，领导人在年会期间的会晤也是成员增进理解，深化共识，加强多边和双边关系，促进交往的重要机会。

4.促进政府与企业间沟通

亚太经合组织是政府间的论坛，但每年有关经济和贸易的部长级会议以及工商领导人会议已经成为政府与企业间沟通的桥梁，有关的合作项目也推动了公共与民营部门间的合作。

❖【案例 9－2】

王受文出席亚太经合组织第 27 届部长级会议

2015 年 11 月 16－17 日，亚太经合组织第 27 届部长级会议在菲律宾马尼拉举行。受中国商务部部长高虎城委托，商务部副部长王受文出席了会议，并就“推动区域经济一体化，促进包容性增长”进行了重点发言。

王受文表示，亚太自贸区是实现亚太经济一体化的重要途径。为此，各成员大力推动 2014 年北京会议重要成果《APEC 推动实现亚太自贸区北京路线图》的落实，在 5 月贸易部长会议批准中美牵头起草的联合战略研究工作大纲的基础上，成立了研究小组，并确定了联合研究的分工安排、章节概要、起草机制等，为 2016 年底如期向领导人提交联合战略研究报告和意见打下扎实基础。

王受文强调，APEC 成员经济、文化、发展阶段多样，亚太自贸区需要具有广泛的包容性，使各类经济体都能从中受益。同时，亚太自贸区应以全面、高质量的自贸区为目标，应该涵盖 APEC 成员已经充分讨论的下一代贸易投资议题。为建设全面、高质量、平衡且具有包容性的亚太自贸区，还应加强信息交流机制和能力建设。

王受文指出，推动全球价值链发展及供应链互联互通也有助于促进区域经济融合。《APEC 全球价值链发展合作战略蓝图》各支柱工作有序推进，亚太示范电子口岸网络和绿色供应链合作网络建设初见成效，这些都进一步为加快建设亚太自贸区及实现区域经济一体化创造了更好条件。

王受文表示，中方坚定支持多边贸易体制，致力于推动第十届部长级会议（MC10）取得成功，达成平衡、有意义、符合发展方向的谈判成果，同时根据 2015 年 9 月联合国峰会《2030 年可持续发展议程》文件中的明确要求，在 MC10 后继续在多哈授权和框架内讨论剩余议题，早日成功结束多哈回合。

资料来源：商务部新闻办公室

四、东南亚国家联盟

东南亚国家联盟简称“东盟”（ASEAN），是一个全部由发展中国家组成的南南合作的典型。东盟的宗旨是在平等和协作的基础上共同促进本地区的经济增长、社会进步和文化发展，同国际和地区组织进行紧密和互利的合作。

1967 年 8 月 8 日，马来西亚、菲律宾、泰国、新加坡、印度尼西亚 5 国发表《东南亚国家联盟宣言》，正式组建东盟。20 世纪 80 至 90 年代又有文莱、越南、老挝和柬埔寨相继加入，目前共有 10 个成员国。东盟自由贸易区自 2002 年 1 月正式启动，目标是实现区域内贸易的零关税。2010 年，东盟 6 个成员国（马来西亚、菲律宾、泰国、新加坡、印度尼西亚、文莱）率先实现互免关税。2015 年，东盟所有成员国实现了贸易自由化。

❖【案例 9－3】

2015 年我国自贸区建设取得新成就

2015 年，商务部加快实施自由贸易区战略，积极推进自贸区建设，完善自贸区整体布局，取得新成就。

我国已经签署并实施 14 个自贸协定，涉及 22 个国家和地区，自贸伙伴遍及亚洲、拉美、大洋洲、欧洲等地区。这些协定分别是我国与东盟、韩国、澳大利亚、新加坡、巴基斯坦、冰岛、瑞士、智利、秘鲁、哥斯达黎加、新西兰的自贸协定，内地与香港、澳门的《更紧密经贸关系的安排》(CEPA)，以及大陆与台湾的《海峡两岸经济合作框架协议》(ECFA)。我国也正在推进多个自贸区谈判，包括《区域全面经济伙伴关系协定》(RCEP)、中日韩、中国—海合会等自贸区谈判。总体来看，自贸区建设促进了我国与有关国家和地区的经贸合作，取得了互利共赢的成果。2015 年我国自贸区建设主要进展如下：

一是成功签署并实施中韩自贸协定。经过 2 年多的谈判，2015 年 6 月 1 日，商务部高虎城部长和韩国产业通商资源部部长尹相直在韩国首尔签署中韩自贸协定。在完成各自国内程序后，中韩自贸协定已于 2015 年 12 月 20 日生效。中韩自贸协定是我国迄今为止对外签署的涉及国别贸易额最大的自贸协定，对中韩双方而言是一个互利、双赢的协定，实现了“利益大体平衡、全面、高水平”的目标。根据协定，在开放水平方面，双方货物贸易自由化比例均超过税目 90%、贸易额 85%。协定范围涵盖货物贸易、服务贸易、投资和规则等共 17 个领域，包含了电子商务、竞争政策、政府采购、环境等新议题。同时，双方承诺在协定生效后将以负面清单模式继续开展服务贸易谈判，并基于准入前国民待遇和负面清单开展投资谈判。

二是成功签署并实施中澳自贸协定。经过历时 10 年的谈判，2015 年 6 月 17 日，中澳自贸协定正式签署。在完成各自国内程序后，中澳自贸协定已于 2015 年 12 月 20 日生效。中澳自贸协定实现了“全面、高质量和利益平衡”的目标，是我国与其他国家迄今已商签的贸易投资自由化整体水平最高的自贸协定之一，在一些领域创新了谈判模式。在服务领域，澳方承诺自协定生效时对中方以负面清单方式开放服务部门，成为世界上首个对我国以负面清单方式作出服务贸易承诺的国家，中方以正面清单方式向澳方开放服务部门。澳方还在假日工作机制等方面对中方作出专门安排。在投资领域，双方自协定生效时起将相互给予最惠国待遇。双方还同意未来以负面清单模式谈判投资和服务的开放升级。

三是如期完成中国—东盟自贸区升级谈判并签署升级《议定书》。经过 2 年 4 轮谈判，2015 年 11 月 22 日，高虎城部长与东盟十国部长分别代表中国政府和东盟十国政府，在马来西亚首都吉隆坡正式签署中国—东盟自贸区升级《议定书》(以下简称《议定书》)。目前，双方正努力推动《议定书》于 2016 年尽早生效。《议定书》是我国在现有自贸区基础上完成的第一个升级协定，内容涵盖货物贸易、服务贸易、投资、海关合作与贸易便利化、经济技术合作等领域，是对原有协定的丰富、完善和补充，体现了中国与东盟深化和拓展双方经贸合作的共同愿望。中国—东盟自贸区的升级，将为双方经济发展提供新的助力，加快建设更为紧密的中国—东盟命运共同体，推动实现 2020 年双边贸易额达到 1 万亿美元的目标，并促进《区域全面经济伙伴关系协定》谈判和亚太自贸区建设进程。

四是推动《区域全面经济伙伴关系协定》(RCEP)谈判取得实质性进展。RCEP 谈判于 2012 年启动，是目前亚洲正在建设的规模最大的自贸区，涵盖了全球一半以上的人口，经济和贸易规模占全球的 30%，其中还包括中国和印度这两个世界上人口最多的国家。2015 年，在中方推动下，谈判取得了积极的进展。在 2015 年 8 月的吉隆坡 RCEP 经贸部长会上，经过中方大力引领，会议按照中方方案全面结束模式谈判，进入实质性出要价阶段。在 2015 年 11 月的东亚领导人系列会议上，RCEP 领导人又达成了力争 2016 年结束谈判的共识。

此外，2015 年我国积极推进中日韩自贸区谈判、与斯里兰卡的自贸区谈判和与巴基斯坦的自贸区第二阶段谈判，还启动了与马尔代夫、格鲁吉亚的自贸区谈判和与新加坡的自贸区升级谈判。

2016 年，商务部将继续按照党中央和国务院有关要求，深入贯彻落实国务院《关于加快实施自由贸易区战略的若干意见》，加快构筑立足周边、辐射“一带一路”、面向全球的自由贸易区网络。同时，努力实施好已生效的自贸协定，帮助我国企业更好地应用自贸协定优惠政策，促进我国对外贸易和投资合作。

2020 年是全面建成小康社会和“十三五”规划收官之年。回望“十三五”时期的中国经济发展历程，在以习近平同志为核心的党中央坚强领导下，随着从规模速度型转向质量效率型的发展方式逐步形成，中国综合国力、经济实力、科技实力、国际影响力等跃上新台阶。

人民网财经推出“回眸‘十三五’，喜看新成就”系列报道，梳理“十三五”时期中国经济社会各领域改革发展取得的新成就，展现全国各族人民攻坚克难、砥砺前行的新奋斗。

货物贸易连续 3 年保持全球第一大国地位，连续 11 年保持第一出口大国地位；2017 年成为全球第二大外资流入国；中国营商环境全球排名升至第 31 位，连续两年入列全球优化营商环境改善幅度最大的十大经济体；2016—2019 年，我国对外直接投资规模合计达 6344 亿美元，稳居世界前列……

9 月 4 日，国家主席习近平在 2020 年中国国际服务贸易交易会全球服务贸易峰会上致辞时指出：“纵观人类社会发展史，世界经济开放则兴，封闭则衰。中国将坚定不移扩大对外开放，建立健全跨境服务贸易负面清单管理制度，推进服务贸易创新发展试点开放平台建设，继续放宽服务业市场准入，主动扩大优质服务进口。中国将积极顺应服务贸易发展实际需要，推动多边、区域等层面服务规则协调，不断完善全球经济治理，促进世界经济包容性增长。”

“十三五”期间，我国在坚持推进市场化改革的同时持续扩大高水平开放，各项事业取得更大成就。通过推动实施一系列对外开放新举措，以共建“一带一路”为重点，对外开放无论从广度、深度、力度上都有序推进，开放水平和开放质量全面跃升，特别是通过积极应对疫情影响，全力稳住外贸外资基本盘，推动我国开放型经济发展迈上更高的新台阶。

新业态：跨境电商成为稳外贸“强心针”、促内销“催化剂”。

一键下单，消费者就能买到来自世界各地的商品；足不出户，企业也可以将产品销往全球各个角落……

“2020 年上半年，福建自贸区福州片区跨境电商进出口 36 亿元，同比增长 3 倍。”近日，在“行走自贸区”网络主题活动举行的福建自贸区云座谈会上，福建自贸试验区福州片区管委会办公室主任黎发明表示，跨境电商是福建自贸区福州片区发展较好的业态之一。

作为新型贸易业态，跨境电商凭借其线上交易、非接触式交货和交易链条短等优势逆势上扬，为外贸企业应对疫情冲击发挥积极作用。据海关总署统计，今年上半年，海关跨境电商监管平台进出口增长 26.2%，其中出口增长 28.7%，进口增长 24.4%。

商务部国际贸易经济合作研究院产业国际化战略研究所所长崔卫杰表示，“十三五”期间，我国跨境电商业态不断丰富，规模快速扩大。一方面，从跨境电商业态来看，推动更多传统外贸企业实现贸易渠道的拓展；另一方面，从跨境电商规模来看，跨境电商在稳外贸、促内销方面发挥了越来越重要的作用。

我国在跨境电商领域的实践和成果离不开政策支持。2020 年 4 月 7 日，国务院宣布新设 46 个跨境电商综合试验区，加上之前已经批准的 59 个，全国将有 105 个综试区，覆盖 30 个省、自治区、市，形成陆海内外联动，东西双向互济的发展格局。

为支持适销对路出口商品开拓国内市场，各级政府也出台了一系列政策措施。比如，广州海关制定十二条措施助力出口产品转内销，支持企业将符合条件的出口商品退回国内转内销；上海鼓励电商平台提供零佣金、流量扶持、保证金减免等优惠政策，积极举办线下特卖展销活动等。

“跨境电商是稳外贸的强心针、促内销的催化剂，在应对疫情冲击的特殊情况下更是发挥减震器的功能。”国研新经济研究院执行院长朱克力认为，跨境电商平台在大数据和供应链等方面具有不可替代的优势，尤其是在国际经贸形势不确定性加强、疫情影响长期化、数字化转型加速的三重叠加之下，能够帮助外贸企业更好把握内外变局和迅速洞悉市场需求，搭建出口转内销的渠道。与此同时，利用跨境电商平台以及直播带货、社群电商等电商新业态，可以让商业营销从人找货变为货找人，物美价优的出口商品得以快速打开国内市场，有效促进消费回暖。

新格局：从一枝独秀到“1＋3＋7＋1＋6＋3”开放新“雁阵”。

2020 年 9 月 21 日，国务院印发北京、湖南、安徽自由贸易试验区总体方案及浙江自由贸易试验区扩展区域方案的通知。至此，我国的自贸区数量增至 21 个。

资料来源：商务部新闻办公室

复习思考题：

1.区域经济一体化有哪几种形式？

2.简述关税同盟的静态效应。

3.结合现实分析经济全球化对发展中国家的主要影响。

4.列出当今世界上的主要区域经济一体化组织及其成员国。

5.分别列出中国已签署和处于谈判阶段的自由贸易区。

第十章 世界贸易组织 10

※本章学习目标：

本章要求学生了解关贸总协定的历次多边贸易谈判，世界贸易组织的宗旨、职能、原则、组织机构，中国加入世贸组织后的权利和义务。

第一节 关税与贸易总协定

关税与贸易总协定(General Agreement on Tariffs and Trade，GATT)，简称关贸总协定，是政府间缔结的协调、处理缔约方或成员方之间有关关税、对外贸易政策和国际货物贸易关系方面的权利、义务的国际货物贸易多边协定。

一、关税与贸易总协定的产生

第二次世界大战期间，美国为了称霸世界，就积极策划在战后世界经济、政治领域中建立霸权地位，从国际金融、投资和贸易各方面进行对外扩张。1944 年 7 月，美国、英国等 44 个国家在美国布雷顿森林城召开会议，讨论国际货币金融体系问题，建立了国际货币基金组织(International Monetary Fund，IMF)和国际复兴与开发银行(International Bankfor Reconstructionand Development，又称 World Bank)，并倡导组建国际贸易组织以促进贸易自由化。在美国的积极倡导下，联合国经济和社会理事会于 1947 年 4 月在日内瓦举行的筹备会议上通过了“国际贸易组织宪章”草案。在这次会议上，为了尽快进行关税减让谈判，参加会议的代表根据这项草案的有关关税的条文汇编成一个文件，即称为关税与贸易总协定，并经过谈判达成一项“临时适用议定书”，作为总协定的组成部分，于 1947 年 10 月 30 日在日内瓦由 23 个国家签署，并于 1948 年 1 月 1 日临时生效。

顾名思义，关贸总协定只是一项“协定”，并不是一个正式的国际经济组织，但是随着形势的发展，在关贸总协定的基础上逐步形成了一个临时性国际组织。总协定总部设在瑞士日内瓦，其组织结构主要有缔约国大会、代表理事会、委员会、工作组和专门小组、18 国咨询组、总干事、秘书处。每年召开一次的缔约国大会是关贸总协定的最高权力机构。

关贸总协定的宗旨是:“缔约国各国政府认为在处理它们的贸易和经济事业的关系方面，应以提高生活水平，保证充分就业，保证实际收入和有效需求的巨大持续增长，扩大世界资源的充分利用以及发展商品生产与交换为目的。希望达成互惠互利协议，导致大幅度地削减关税和其他贸易障碍，取消国际贸易中的歧视待遇，以对上述目的作出贡献。”

总协定从 1948 年开始至 1995 年正式结束的 47 年内，其内容及其活动所涉及的范围不断扩大，它在国际贸易领域内的作用日益加强，主要表现在以下几个方面：

(1)通过多边贸易谈判，在互惠互利基础上削减关税。

(2)消除其他贸易障碍及各种非关税壁垒。

(3)处理国际经济贸易的有关纠纷。

(4)增强贸易透明度。

(5)为各国在经济贸易上提供谈判和对话场所。

(6)促进国际服务贸易、知识产权和投资的发展。

二、关贸总协定的历次多边贸易谈判

关贸总协定成立以来的发展和壮大，是以八轮多边贸易谈判为里程碑的，每一轮谈判都取得了一定的成果。

(一)第一轮多边贸易谈判

关贸总协定第一轮多边贸易谈判于 1947 年 4 月至 10 月在瑞士日内瓦举行，主要进行削减关税谈判。关税减让的原则是坚持互惠、互利并在缔约方之间平等、非歧视的基础上加以实施。关贸总协定的 23 个原始缔约方参加了谈判，并正式创立了关贸总协定。

第一轮谈判共达成双边减让协议 123 项，涉及应税商品 45000 项，影响近 100 亿美元的世界贸易额，使占进口值约 54%的商品的平均关税降低 35%。

(二)第二轮多边贸易谈判

关贸总协定第二轮多边贸易谈判于 1949 年 4 月至 10 月在法国的安纳西进行。

除了原有的 23 个缔约方外，瑞典、丹麦、芬兰、意大利、希腊、海地、尼加拉瓜、多米尼加、乌拉圭、利比亚等 10 个国家参与了此次谈判。这轮谈判的目的是给处于创始阶段的欧洲经济合作组织成员提供进入多边贸易谈判的机会，促使这些国家在关税减让上作出努力。此轮谈判达成双边关税减让协议 147 项，使占应税进口值 5.6%的商品平均降低关税 35%，增加关税减让商品项目 5000 个。

(三)第三轮多边贸易谈判

第三轮多边贸易谈判于 1950 年 9 月至 1951 年 4 月在英国托奎举行，共 39 个国家参加。在此次谈判期间又有 4 个国家加入关贸总协定。黎巴嫩、叙利亚及利比里亚不再是关贸总协定缔约方，中国台湾当局退出了关贸总协定。此次谈判共达成关税减让协议 150 项，涉及减税项目 8700 个，使占进口值 11.7%的应税商品平均降低关税 26%。

(四)第四轮多边贸易谈判

第四轮多边贸易谈判于 1956 年 1 月至 5 月在瑞士日内瓦举行。由于美国国会对其政府的授权有限，谈判受到严重影响。这次谈判收效甚微，所达到的关税减让只涉及 25 亿美元的贸易额，共达成 3000 多项商品的关税减让，使应税进口值 16%的商品平均降低关税 15%。

(五)第五轮多边贸易谈判("狄龙回合")

第五轮多边贸易谈判于 1960 年 9 月至 1961 年 7 月在瑞士日内瓦举行，参加谈判的国家共 45 个。时任美国副国务卿道格拉斯·狄龙建议发动本轮谈判，所以又称"狄龙回合"。本次谈判的主题还是关税减让，结果达成了 4400 多项商品的关税减让，涉及 49 亿美元贸易额，使占应税进口值 20%的商品平均降低关税 20%。

(六)第六轮多边贸易谈判("肯尼迪回合")

第六轮多边贸易谈判于 1964 年 5 月至 1967 年 6 月在瑞士日内瓦举行，由于是当时美国总统肯尼迪根据《1962 年美国贸易扩大法》提议举行的，故称"肯尼迪回合"。共 54 个国家参加此轮谈判，而实际缔约方在该轮谈判结束时达到 74 个。这轮谈判的规模与复杂程度超过以往任何一次，达成关税减让商品 60000 种，涉及 400 亿美元贸易额，规定在 5 年内工业品进口关税降低 35%；首次涉及非关税措施，并制定了第一个反倾销协议；正式给予发展中国家缔约方优惠待遇，将"贸易与发展"列为《关税与贸易总协定》的第四部分内容。

(七)第七轮多边贸易谈判("东京回合")

"东京回合"是 1973 年 9 月至 1979 年 4 月在瑞士日内瓦举行的，参加谈判的国家共 99 个。因这轮贸易谈判的贸易部长会议是在日本东京举行的，故称"东京回合"。"东京回合"的主题和方式仍然是关税减让和非关税减让，谈判的结果是将世界 9 个主要工业品市场的关税平均削减 1/3，制成品的平均关税由总协定成立时的 40%左右降至 4.7%，数以千计的工业品和农产品的关税得以削减，削减的结果在 8 年内实施，减税范围从工业品扩大至部分农产品，并达成了一系列具体协议，包括使发展中国家之间的优惠关税和非关税措施待遇合法化，以及一系列关于非关税措施或具体产品的守则。

(八)第八轮多边贸易谈判("乌拉圭回合")

"乌拉圭回合"于 1986 年 9 月 15 日在乌拉圭首都埃斯特角开始举行，共 123 个成员参加，这次谈判至 1993 年 12 月 15 日在日内瓦完成。此次谈判比"东京回合"又大大前进了一步，取得了重大的成果和历史性的突破，主要表现在以下 5 个方面：①建立了法律框架更为明确的多边贸易体制，争端解决机制更加有效和可靠。②关税全面降低。发达国家成员方承诺总体关税削减幅度在 37%左右，对工业品的关税削减幅度达到 40%。发展中国家承诺关税总体削减幅度在 24%左右，工业品的关税削减比例低于发达国家成员。③非关税壁垒措施得到约束与规范。反倾销、反补贴措施、保障措施、技术贸易壁垒措施、进出口许可证等一系列非关税措施受到了约束，并达成了更加广泛的货物贸易市场开放协议，市场准入条件得到了改善。④制定了服务贸易和贸易有关的知识产权的多边规则框架，农产品和纺织品重新回到关贸总协定贸易自由化的轨道。⑤创立了世界贸易组织(WTO)并将关贸总协定的基本原则延伸至服务贸易和知识产权。

第二节 世界贸易组织

世界贸易组织(World Trade Organization, WTO),简称世贸组织,它是根据"乌拉圭回合"谈判达成的《建立世界贸易组织协定》于1995年1月1日在瑞士日内瓦成立的,是以市场经济机制和多边贸易规则为基础,以"乌拉圭回合"达成的各项协定为法律框架,并具有国际法人地位的正式国际经济组织,其前身为关贸总协定。

一、世界贸易组织的宗旨与职能

(一)世界贸易组织的宗旨

1.提高生活水平,保证充分就业,大幅度稳步地提高实际收入和有效需求。

2.扩大商品和服务的生产与贸易。

3.坚持走可持续发展之路,各成员应促进对世界资源的最优利用、保护和维护环境。

4.积极努力确保发展中国家,尤其是最不发达国家,在国际贸易增长中获得与其经济发展水平相应的份额和利益。

(二)世界贸易组织的职能

1.监督和管理职能

促进世界贸易组织目标的实现,监督和管理其统辖范围内的各项协议的贯彻实施。

2.解决贸易纠纷

组织实施各项多边贸易协议,为各成员方提供多边贸易谈判的场所,按一体化的争端解决规则与程序,主持解决各成员方之间的贸易纠纷。

3.审议贸易制度和政策

按照有关贸易政策审议机制,负责定期审议各成员方的贸易制度和与贸易相关的国内经济政策。

4.协调职能

协调与国际货币基金组织和世界银行的关系,以保障全球经济决策的一致性。

5.提供技术援助

向发展中国家和转型经济国家提供必要的技术援助。

二、世界贸易组织的原则

(一)非歧视原则

非歧视原则,是WTO最基本的原则,是指每一成员国在进出口方面应以相等的方式对待所有其他成员国，而不应采取歧视待遇；同时要求每一成员国对进入本国市场的任何其他成员国的产品应在国内税收或其他国内商业规章等方面给予和本国产品同等的待遇。非歧视原则具体体现在最惠国待遇（Most－Favored－Nation Treatment，MFN）和国民待遇条款（National Treatment，NT）。

1.最惠国待遇原则

最惠国待遇是指一国在贸易、航海、关税、国民法律地位等方面给予另一国的优惠待遇不得低于现在或将来给予任何第三国的优惠待遇。该项待遇的给予通常是通过签订双边贸易条约并在其中订入最惠国待遇条款得以进行。

2.国民待遇原则

国民待遇，是指对其他成员方的产品、服务或服务提供者及知识产权所有者和持有者所提供的待遇，不低于本国同类产品、服务或服务提供者及知识产权所有者和持有者所享有的待遇。国民待遇原则同最惠国待遇原则一样，都是为了实现贸易自由和平等。

(二)自由贸易原则

世界贸易组织倡导并致力于推动贸易自由化，自由贸易原则是指通过多边贸易谈判，要求各成员方尽可能地取消不必要的贸易障碍。自由贸易原则的要点是：以共同规则为基础，以多边谈判为手段，以争端解决机制为保障，以贸易救济措施为“安全阀”，以过渡期方式体现差别待遇。

(三)公平竞争原则

公平竞争原则是指成员方应避免采取扭曲市场竞争的措施，纠正不公平贸易行为，在货物贸易、服务贸易和与贸易有关的知识产权领域创造和维护公开、公平、公正的市场环境。公平竞争原则的要点是：体现在货物贸易领域、服务贸易领域和与贸易有关的知识产权领域；既涉及成员方的政府行为也涉及成员方的企业行为；要求成员维护产品、服务或服务提供者在本国市场的公平竞争，不论它们来自本国或其他任何成员方。

(四)透明度原则

透明度原则是指世界贸易组织要求所有成员方的贸易政策（包括法律、法规、政策及司法裁决和行政裁决等）应保持透明，未公布的不得实施，同时还应将这些贸易措施的变动情况及时通知世界贸易组织秘书处，以此来提供和维护一个稳定的、可预见的贸易环境。

(五)市场准入原则

市场准入是指 WTO 成员方允许另一成员方的货物、服务和资本参与本国市场的程度。市场准入原则要求的市场准入是有保障的、可预见的和不断扩大的市场准入。强调市场准入的信息必须是公开的、持续的和具有约束性的。WTO 一系列协定或协议都要求成员分阶段逐步实行贸易自由化，以此扩大市场准入水平，促进市场的合理竞争和适度保护。

(六)对发展中国家的特殊优惠待遇原则

对发展中国家提供特别的援助和贸易减让，以促进其发展和经济改革。比如，发展中国家成员可享受发达国家成员提供的普惠制待遇;发展中国家成员在一定限度内可对其出口实行补贴等。根据规定:发达的缔约方对它们在贸易谈判中对发展中的缔约方的贸易所承诺的减少或撤除关税和其他壁垒的义务,不能希望得到互惠。

三、世界贸易组织的组织机构

(一)部长级会议(Ministerial Conference)

部长级会议是世贸组织的最高权力机构,至少每两年举行一次,由所有成员国的代表参加,讨论和决定涉及世贸组织职能的所有重要问题并采取行动。

(二)总理事会(General Council)

总理事会由各成员方的常驻代表组成,是世贸组织的执行机构。在部长会议休会期间代行其职责,总理事会平均每个月在日内瓦开会一次。所有成员均可参加各理事会。

总理事会下设货物贸易理事会、服务贸易理事会、知识产权理事会三个专门理事会。各理事会根据所管辖的贸易领域和职权范围设立相应的下属机构,并规定下属机构的职权和其议事程序。

(三)专门委员会(Committees)

部长级会议下设五个专门委员会,分别是:贸易与环境委员会、贸易与发展委员会、区域贸易协调委员会、国际收支限制委员会以及预算、财务和行政委员会。

(四)秘书处(Secretariat)

世贸组织设立一个由总干事领导的秘书处,负责处理日常事务。世贸组织秘书处设在瑞士日内瓦,大约有500人。秘书处工作人员由总干事指派,并按部长会议通过的规则决定其职责和服务条件。

四、世界贸易组织的决策方式

WTO采用协商“一致同意”的决策方式,只有当无法达成共识时,再以投票方式进行表决。每一个成员方在部长会议及总理事会均拥有一票,欧盟的票数则和其成员在世界贸易组织中的成员数相同。WTO对不同的问题,规定具体的通过票数如下:

1.解释和决议。对任何多边贸易协议的解释和决议,须经部长会议和总理事会成员的四分之三以上多数通过。

2.修订。对有关条款的修订,须经2/3多数票通过。

3.豁免。豁免某一成员所应承担的义务,经3/4以上多数通过。但对有的义务在规定的“过渡期”内(如5年)可暂不履行,在过渡期后如果要继续豁免,就须“一致同意”才行。

❖【案例10—1】

全球贸易在调整中前行

2015年,全球贸易在曲折调整中前行。WTO第十届部长级会议就农业出口竞争达成共识,收获历史性成果;《信息技术协定》扩围谈判终于取得突破性进展,达成该组织成立以来最大规模的关税减让协议；世贸组织成立后的首份全球性贸易促进协议——《贸易便利化协定》也进入全面和迅速实施期。但与此同时，全球贸易发展仍然面临着经济持续低迷、贸易保护主义蔓延以及区域贸易协定泛滥的严峻挑战，多哈回合前景仍待观察。在中短期内，全球贸易增长预计仍无法恢复到国际金融危机爆发前的平均水平。

作为历史的选择，多边贸易体制依然是解决全球贸易问题的主渠道；作为当今唯一规范全球贸易的国际组织，世贸组织的地位依然无可替代。多哈回合启动 14 年来，虽然历经风雨，但仍取得诸多突破性成果，涉及上万亿美元的贸易额，一旦实施必将对国际贸易和全球经济增长产生巨大的推动作用。

根据 WTO 发布的《2015 年世界贸易报告》，全面和迅速地实施《贸易便利化协定》将为发展中经济体和最不发达经济体带来巨大经济收益。《贸易便利化协定》是 WTO 成立后正式达成的首份全球性贸易促进协议，也是多哈回合谈判启动以来取得的重大突破。根据相关规定，协定将在三分之二以上成员接受后生效。2015 年 9 月，中国在 WTO 成员中较早递交了关于协定议定书的接受书，再次体现了中国支持协定尽早实施的积极姿态。截至 2015 年底，已有 63 个成员接受了该协定。

《贸易便利化协定》通过使世界各地的报关流程标准化、简便化，将有助于便利各国贸易，降低交易成本。根据 WTO 测算，协定的全面执行可以为其成员节省平均 14%的贸易成本。从 2015 年到 2030 年，将会创造 2000 万个就业机会；基于不同的行业和劳动密集型产业，这个数字有可能增加至 3000 万。同时，协定还将每年推动全球出口增长 2.7%和全球国内生产总值增长 0.5%。

2015 年 12 月，历时 3 年半的 WTO 扩大《信息技术协定》产品范围谈判，也终于达成全面协议。协议在 1996 年《信息技术协定》产品范围基础上新增 201 项产品，包括信息通信技术产品、半导体及其生产设备、视听产品、医疗器械及仪器仪表等与当代科技发展密切相关的产品。所有产品计划于 2016 年 7 月 1 日起实施降税，绝大多数产品将在 3 至 5 年后最终取消关税，并在最惠国待遇的基础上对全体世贸组织成员适用。

扩围谈判是 WTO 达成的第一份关于取消关税的重要协议，再次显示了世贸组织全球贸易谈判的能力。目前，全球信息产品贸易每年价值约 4 万亿美元，这次达成的协议所涉及产品的年贸易额达到 1.3 万亿美元，占相关产品全球贸易额的约 90%，占全球贸易量的 10%，比钢铁、纺织品和服装行业的全球贸易量加起来还要大。有研究结果显示，信息技术产品价格每下降 1%，对该产品的需求将会增加 1.5%。扩围成功将创造近 8%的新需求，将增加约 5000 亿美元的全球信息技术产品出口额。

同样是在 12 月的世贸组织第十届部长级会议上，取消农产品出口补贴协议的达成更是成为会议的最大亮点。162 个成员首次承诺全面取消农产品出口补贴，其中发达经济体承诺将立即取消其大部分农产品出口补贴，发展中经济体则将在 2018 年取消。各方还就出口融资支持、棉花、国际粮食援助等达成了新的多边规范。

农业问题一直是多哈回合谈判的重点和难点，发展中经济体希望发达经济体降低农业补贴，开放农业市场，而发达经济体此前一直被认为缺乏让步的诚意。本届部长级会议的最终成果，巩固了世贸组织在全球贸易谈判中的核心作用。世贸组织总干事罗伯托·阿泽维多表示："这可以说是世贸组织成立 20 年来在农业领域最为重要的成果，将消除市场扭曲，营造公平竞争，改善许多国家的民生。"不过，在国际金融危机爆发 7 年后，世界经济仍然处在深度调整期:经济恢复仍然缓慢、增长仍然脆弱。世贸组织认为，目前存在的多个风险可能造成全球贸易前景更加充满不确定性，其中最突出的是美欧货币政策分化。美联储已正式退出量化宽松政策，并进入加息周期，而欧洲央行则启动了大规模量化宽松措施并在持续加大力度。其次，包括中国、巴西在内的主要新兴经济体进口需求减弱。一旦新兴经济体增长减速加剧，全球贸易增速必将受到严重打击。再次，全球金融市场动荡及石油等大宗商品价格下滑也影响了贸易需求，给全球贸易形势蒙上了一层阴影。

与此同时，贸易保护主义蔓延和区域贸易协定泛滥则对全球贸易构成更为严峻的挑战。许多国家目前仍然受到其国内某些行业利益以及零和博弈思维的深刻影响。根据 WTO 发布的《二十国集团贸易限制措施监测报告》，尽管二十国集团成员承诺不采取任何新的贸易保护主义措施，但是从 2014 年 10 月至 2015 年 5 月的监测期内，其贸易限制措施总量仍增长逾 7%。

尤其值得关注的是，WTO 成员关于多哈回合谈判机制和未来发展方向的分歧犹存。以美国为首的一些发达经济体想要放弃多哈回合，开启新的谈判议题。但是大部分发展中经济体则认为，多哈回合代表的多边贸易谈判机制仍是寻求贸易发展的最可靠力量。毋庸置疑，多边贸易体制是历史的选择。区域贸易协定尽管能够促进区域内贸易发展，但过多过滥反而会造成贸易集团化、规则碎片化，增加贸易成本，与促进贸易的初衷背道而驰。贸易体制可以作多种探索，但最终还是要回归多边。只有多边贸易体制才能保证规则的一致性，提供最大的市场容量，二者相结合才能形成最大的贸易增量。

资料来源:《经济日报》

第三节　中国与世界贸易组织

一、中国加入WTO的历程

中国是1947年GATT的23个签约国之一，1950年3月台湾当局以“中华民国”名义退出GATT。

1986年7月中国正式向GATT提交“复关”的申请。

1995年WTO正式成立，中国“复关”演变成“入世”。

2001年11月10日，世界贸易组织第四届部长级会议在卡塔尔首都多哈以全体协商一致的方式，审议并通过了中国加入世界贸易组织的决定。2001年11月11日，中国政府代表签署《中国加入世贸组织议定书》。三十天后，即2001年12月11日，中国正式成为WTO成员。

二、中国加入世贸组织后的权利和义务

（一）加入世贸组织后中国享受的权利

1.享受多边贸易体制确立的非歧视待遇原则

中国加入世贸组织后，将充分享受多边无条件的最惠国待遇和国民待遇，即非歧视待遇。这将使中国产品在最大范围内享受有力的竞争条件，从而促进出口发展，中国受到的一些不公正待遇条款将取消。

2.全面参与多边贸易体制

加入世贸组织后，中国将充分享受其正式成员的权利，其中包括全面参与世贸组织各理事会和委员会的所有正式和非正式会议，维护中国的经济利益，全面参与贸易政策审议，对美国、欧盟、日本、加拿大等重要贸易伙伴的贸易政策进行质询和监督，督促其他世贸组织成员履行多边义务，在其他世贸组织成员对中国采取反倾销、反补贴和保障措施时可以在多边框架体制下进行双边磋商，增加解决问题的渠道，充分利用世贸组织争端解决机制解决双边贸易争端，避免某些双边贸易机制对中国的不利影响。

3.享受发展中国家权利

加入WTO可以使中国对所有发达国家出口制成品和半制成品享有“普惠制”待遇，以及其他给予发展中国家的特殊照顾。在WTO实施管理的多边协议与协定中，规定了对发展中国家成员的某些特殊容让和优惠，加入WTO将使中国在更大范围内和更大程度上享受这些优惠。这些特殊容让和优惠是单方面给予的，发展中国家不需要作出对等的优惠。

4.保留国营贸易体制

经过谈判，中国保留了粮食、棉花、植物油、食糖、原油、成品油、化肥和烟草等8种关系国

计民生的大宗产品的进口实行国营贸易管理(即由中国政府指定的少数公司专营)。保留了对茶、大米、玉米、大豆、钨及钨制品、煤炭、原油、成品油、丝、棉花等的出口实行国营贸易管理的权利。同时，参照中国目前实际进出口情况对非国营贸易企业进出口的比例作了规定。

5.对国内产业提供 WTO 规则允许的补贴

我国承诺遵守 WTO《补贴与反补贴协定》，逐步取消与规则不符的补贴措施。与此同时，经过谈判，我国保留了与 WTO 有关规则相符的对国内产业和地区进行补贴的权利。例如，地方预算提供给某些亏损国有企业的补贴，经济特区和经济技术开发区的优惠政策等。

6.维持国家定价

经过谈判，我国保留了对重要产品及服务实行政府定价和政府指导价的权利，其中包括:对烟草、食盐、药品等产品，民用煤气、自来水、电力、热力、灌溉用水等公用事业以及邮电、旅游景点门票、教育等服务保留政府定价的权利;对粮食、植物油、成品油、化肥、蚕茧、棉花等产品和运输、专业服务、服务代理、银行结算、清算和传输、住宅销售和租用、医疗服务等服务保留政府指导价的权利;在向世贸组织秘书处通报后，可增加政府定价和政府指导价的产品和服务。

7.保留征收出口税的权利

为了对我国矿产和自然资源提供必要的保护，经过谈判，我国保留对鳗鱼苗、铅、锌、锰铁、铬铁、铜、镍等共 84 个税号的资源性产品征收出口税的权利。

(二)加入世贸组织后中国承担的义务

1.遵守非歧视原则

中国承诺在进口货物、关税、国内税等方面，给予外国产品的待遇不低于给予国产同类产品的待遇，对仍在实施的违反国民待遇原则的政策和做法进行必要的修改和调整。

2.取消被禁止的出口补贴

世贸组织规定:一成员方对某一出口产品给予补贴，可能对其他的进口和出口成员方造成有害的影响，对进行的正常贸易造成不适当的干扰，并且阻碍本协定目标的实现，因此，各成员方应力求避免对产品的输出实施补贴。中国承诺遵照世贸组织《补贴与反补贴措施协议》的规定，取消协议禁止的出口补贴。

3.增加贸易政策的透明度

WTO 成员方应在经济贸易政策制度上有透明度，这是 WTO 的基本原则。中国除公开颁布一些重要法律、条例外，还废除了以往众多的内部决定，以适应 WTO 的要求。

4.开放服务贸易市场

“入世”后，中国逐步地、不同程度地开放了服务业，包括银行、保险、分销、电信、法律、会计等在内的 10 余个服务部门，100 个分部门的对外开放程度已经达到了“入世”承诺的水平。

5.扩大对知识产权的保护范围

世贸组织实施管理的《与贸易有关的知识产权协定》要求成员方扩大对知识产权的保护范围。发达国家在先进科技、工艺专利、品牌商标、科技文化著作及计算机软件等方面有很大优势和利益。中国作为发展中国家在知识产权管理方面和法规的执行方面与发达国家水准尚有一段距离。“入世后”在知识产权保护方面需要进一步加强。

6.放宽引进外资的限制

中国自改革开放以来已经颁布了有关引进外资的各种条例和法律，对外资引进实行各种鼓励外国投资者的无差别待遇。但是中国引进外资的法规还不够完善，成为 WTO 正式成员后，这方面的政策作出重大调整，允许外商投资的范围还要进一步扩大。“硬件”和“软件”环境也将进一步改善。

7.缴纳世贸组织活动费用

❖【案例 10—2】

USTR 发布 2015 年中国履行 WTO 承诺情况报告

2015 年底，美国贸易代表办公室(USTR)发布 2015 年中国履行 WTO 承诺情况报告，报告指出，14 年前(2001 年 12 月 11 日)，中国正式加入 WTO。入世以来的数据显示，中国与主要贸易伙伴美国之间的贸易和投资额出现急剧扩张:2014 年，美国对中国出口的货物贸易总额达 1240 亿美元，比 2001 年增长了 545%;美国对中国的服务贸易出口额达 430 亿美元，比 2001 年增长了 733%。

但报告指出，尽管取得了这些积极的成果，中国入世后履行承诺的总体情况依然复杂。报告认为，当前中美之间在贸易和投资领域存在的诸多问题均涉及中国政府的干预政策和做法，以及中国经济中的国有企业问题，产生了明显的贸易扭曲，从而引起贸易摩擦。结合当前中国提出的进一步改革的要求，美国认为若改革得当，则这些问题均能迎刃而解，并有助于发挥美中贸易和投资关系的巨大潜力。事实上，美国将中国目前的经济改革视为对中美两国的一种双赢，即如果中国成功应对了国内经济面临的挑战，就会允许更多的市场力量作用于经济，从而转变政府在经济规划中的作用。报告认为，中国必须改革国有企业，消除倾向于国有龙头企业的优惠措施，取消当前国外货物和服务对中国市场准入的壁垒。中国的经济改革也涉及美国的利益，这不仅是由于中国政府的干预政策和做法以及国有企业在中国经济中发挥的重大作用是贸易摩擦的主要诱因，还由于可持续的经济增长将带来更多的美国出口和更平衡的美中贸易和投资关系，同时也将有助于推动全球经济增长。

报告指出，与此前一样，2015 年出现贸易摩擦时，美国通常是先与中国进行对话来寻求解决之道。在对话未能解决问题的情况下，美国则会毫不犹豫地诉诸 WTO 争端解决机制。自中国入世以来，美国已在 WTO 争端解决机制项下提起了针对中国的 17 起诉讼，是其他 WTO 成员针对中国提起诉讼的 2 倍多。报告称，美国此举旨在迫使中国遵守 WTO 规则，并作为一个成熟的经济体完全参与到 WTO 的全球贸易体系中，并从中受益。2015 年，美国致力于从与中国的贸易和经济关系中增加美国企业、工人、农民、农牧场主、服务提供商和消费者的得益。过去一年来，美国与中国各个层级接触，并展开了注重成果的对话，同时采取了具体的步骤来履行美国在 WTO 的权利。

在双边关系方面，美国和中国举行了众多正式和非正式会议和对话，其中有 3 次为高级别会议。2015 年 6 月，中美两国在华盛顿举行会晤，并举行了第七次中美战略与经济(S&ED)对话;9 月，习近平主席对美国进行国事访问期间，中美也进行了富有建设性的对话;11 月，在中国广州举行了中美商贸联委会(JCCT)第 26 次会议。这表明美国使用了所有这些途径来参与中国在贸易和投资事务上的领导，并寻求一些紧迫问题的解决方法。基于中美双方在 2015 年的对话和努力，双方有望在以下关键贸易领域取得较大进展:中国承诺普遍适用的以加强信息和通信技术在商业部门网络安全性的相关措施应与 WTO 协定相符，在购买、销售或使用信息通信技术(ICT)产品时应符合国际准则，不设定歧视性规定，不设定国籍条件或限制；承诺确保在银行业中与信息通信技术相关的规定不具有歧视性，在商业企业购买、销售或使用信息通信技术产品、服务或技术时不设定国籍条件或限制，中国还承诺中国银行在购买信息通信技术产品时是自由的，不会设定原产地限制。

资料来源：商务部网站

❖【案例 10－3】

中国加入 WTO 后的两个第一案

1.“美国钢铁保障措施案”

“美国钢铁保障措施案”是中国在 WTO 的第一案，2002 年 3 月，美国总统宣布，对 10 种进口钢材采取保障措施，在为期 3 年的时间里，加征最高达 30%的关税(措施从 2002 年 3 月 20 日生效，为期 3 年)。包括中国在内的一些 WTO 成员将本案提交 WTO 争端解决机制。中国成为 WTO 成员国刚刚 3 个多月，就遇到了这个案件。这是中国在 WTO 的第一案，按照经验丰富的美国贸易代表办公室律师的说法，这也是 WTO 有史以来最大、最复杂的案件。

本案中，欧盟、日本、韩国、中国、瑞士、挪威、新西兰和巴西等 8 个起诉方提出了 11 个法律主张，包括未预见的发展、进口产品定义、国内相似产品定义、进口增加、严重损害、因果关系、对等性、最惠国待遇、措施的限度、关税配额分配、发展中国家待遇等，即指责美国的保障措施在这些方面都违反了 WTO 规则，几乎涉及了 WTO《保障措施协议》每一个实质性条款的适用和理解。美国当然是百般辩解。本案历经 21 个月，经过了 WTO 争端解决机制规定的主要法律程序，包括磋商、专家组裁决、上诉机构审议。专家组和上诉机构通过对一些关键法律点的审查，认定美国的措施不符合 WTO 规则，宣布美国败诉。2003 年 12 月 4 日，美国总统宣布取消保障措施，此案宣告全部结束。

2.“美国诉中国集成电路增值税案”

“美国诉中国集成电路歧视性增值税退税政策案”是中国入世以来第一起由其他 WTO 成员向 WTO 争端解决机制(DSB)申诉中国的案件。也就是说，该案成为中国在 WTO 被诉第一案。2004 年 3 月 18 日，美国贸易代表佐立克对外声明，美国政府已就中国对集成电路歧视性的增值税退税政策向 WTO 争端解决机制提起申诉。同日，美国贸易副代表、常住 WTO 使团 Linnet F.Deily 大使致函中国常住 WTO 使团孙振宇大使，请求就该项争端正式与中国政府进行磋商。3 月 26 日，中国商务部同意就集成电路增值税退税问题与美国进行 WTO 框架下的磋商。美国方面抱怨：中国政府对进口集成电路要征收 17%的全额税收，国内的集成电路制造商尽管也要被征该税种，但却能获得 4%～14%不等的退税优惠。根据美国方面统计，2003 年，美国出口中国的集成电路产品金额达到 20.2 亿美元，中国政府由此征收的增值税税额达到 3.44 亿美元。美国认为，中国这一做法不符合 GATT 和 GATS 中有关国民待遇的规定。美国政府以 GATT 第 1 条(关于最惠国待遇的规定)、第 3 条(关于国民待遇的规定)，中国入世议定书(WT/L/432)以及 GATS 第 17 条(关于国民待遇的规定)为法律依据向 DSB 提出申诉，并向中国提出相关磋商请求，经过磋商至 2004 年 7 月 14 日。磋商结果：中国同意取消这一政策，2005 年 4 月 1 日，停止实行对国产集成电路产品的增值税退税政策。

资料来源：http://wenku.baidu.com/view/612df00f844769eae109ed07.html

◈**复习思考题：**

1.世贸组织运行的基本原则主要有哪几条？

2.中国加入世贸组织后享受什么样的权利？应尽什么样的义务？

3.请结合实际论述中国加入世界贸易组织给某一产业带来的机遇和挑战。

第十一章 国际贸易术语 11

✲本章学习目标：

通过本章的学习，要求学生掌握国际贸易术语的基本概念，明确贸易术语在国际贸易工作中的重要意义，掌握 INCOTERMS2010 中六种主要贸易术语的含义、双方风险、费用的划分以及适用的运输方式，理解 INCOTERMS2010 中另外五种贸易术语，学会在实际业务中如何合理选用贸易术语。

第一节 国际贸易术语概述

一、贸易术语的含义

贸易术语也称价格术语、贸易条件，是用一个简短的概念或英文缩写来表示商品的价格构成以及买卖双方在货物交接过程中有关风险、责任和费用划分问题的专门用语。

这一含义包含两层意思：一方面，贸易术语说明了商品的价格构成，如用 FOB，货价中不包含运费、保险费。CIF 则相反，运费、保险费都已包含在货价中。另一方面贸易术语是用来确定交货条件的，也就是可以用来表示买卖双方在货物交接过程中，关于交货地点、责任、费用和风险是如何划分的。

二、国际贸易术语的作用

国际贸易术语是在长期的国际贸易实践中逐步发展形成的，作为全世界国际贸易商人的统一专门用语，大大简化了交易程序，提高了交易效率，降低了交易成本，有力地促进了国际贸易的发展，在国际贸易中具有重要作用。

三、有关国际贸易术语的国际贸易惯例

国际贸易惯例是在国际贸易的长期实践中逐步发展、形成的具有普遍意义的一些习惯做法和解释，经过有关国际组织的编纂与解释成为规则、条文，并为较多的国际或贸易团体所熟悉、承认和采用。

就国际贸易术语而言，目前有影响的国际贸易惯例，主要有以下三种：

(一)《1932 年华沙—牛津规则》

《1932 年华沙—牛津规则》(*Warsaw—Oxford Rules* 1932)是由国际法协会专门为解释 CIF 合同制定的，该规则于 1928 年在华沙制定，1932 年在牛津会议进行修订，并一直沿用至今。该规则共有 21 条，主要说明 CIF 合同的性质，对买卖双方所承担的费用、风险和责任的划分及货物所有权转移的方式等问题都作了比较详细的解释。

(二)《1990 年美国对外贸易定义修订本》

《美国对外贸易定义》原称《美国出口报价及其缩写条例》，是美国几个商业团体于 1919 年制定的，1941 年和 1990 年美国对该条例分别作了修订，现行版本为《1990 年美国对外贸易定义修订本》(*Revised American Foreign Trade Definitions* 1990)。该惯例主要解释了 EXW、FOB、FAS、CFR、CIF、DEQ 六种贸易术语，但每种贸易术语的内容与《国际贸易术语解释通则》都有很大区别。该惯例在美洲国家影响较大。

(三)《国际贸易术语解释通则》

《国际贸易术语解释通则》(*International Rules for the Interpretation of Trade Terms*)是国际商会为了统一各种贸易术语的解释而组织各国专家在研究和归纳各国惯例的基础上产生的，是当前得到国际上多数国家接受的、应用范围最广、影响最大的一种惯例。

国际商会于 1936 年在巴黎首次制定了《1936 年国际贸易术语解释通则》。为了适应国际贸易发展的需要，根据贸易实践的新变化，国际商会对该规则进行了多次修改(1953 年、1967 年、1976 年、1980 年、1990 年、2000 年、2010 年和 2020 年)，近几年实施的版本为《2010 年国际贸易术语解释通则》(Incoterms 2010)，该版本经过 3 年的修订，于 2009 年 9 月正式面世，并于 2010 年 1 月 1 日开始正式生效。值国际商会成立 100 周年之际，2019 年 9 月 10 日，国际商会于法国巴黎正式在全球发布《Incoterms 2020》(《国际贸易术语解释通则 2020》)，该规则于 2020 年 1 月 1 日全球正式生效。《Incoterms 2020》在 2010 版本的基础上更进一步明确了买卖双方的责任，其生效后对贸易实务、国际结算和贸易融资实务等方面都将产生重要的影响，为下一个世纪的全球贸易做好准备。

《Incoterms 2010》共有 11 种贸易术语，按照所适用的运输方式分为两大组。第一组：适用于任何运输方式的术语 7 种：EXW、FCA、CPT、CIP、DAT、DAP、DDP。

EXW(ex works)工厂交货

FCA(free carrier)货交承运人

CPT(carriage paidto)运费付至目的地

CIP(carriage and insurance paid to...)运费、保险费付至……

DAT(delivered at terminal)运输终端交货

DAP(delivered at place)目的地交货

DDP(delivered duty paid)完税后交货

第二组:适用于水上运输方式的术语4种:FAS、FOB、CFR、CIF。

FAS(free alongside ship)装运港船边交货

FOB(free on board)装运港船上交货

CFR(cost and freight)成本加运费

CIF(cost insurance and freight)成本、保险费加运费

《Incoterms 2020》考虑了日益普遍的货物运输安全需求,不同货物及运输性质对保险承保范围的灵活性需求,及FCA(货交承运人)规则下部分融资性销售情形中银行对装船提单的需求。《Incoterms 2020》具体主要修订如下:

1.对FCA规则增加签发装船提单选项

FCA(货交承运人)是指卖方在卖方所在地或其他指定地点将货物交给买方指定的承运人或其他人。在货物海运销售中,货物在卖方运输工具上备妥待卸并置于承运人或买方指定的其他人控制之时,交货即告完成。

FOB(船上交货)是指卖方以在指定装运港将货物装上买方指定的船舶或通过取得已交付至船上货物的交货方式。货物灭失或损坏的风险在货物交到船上时转移,同时买方承担自那时起的一切费用。

FOB可能不适合于货物在上船前已经交给承运人的情况。例如用集装箱运输的货物通常是在集装箱码头交货,货物被储藏在集装箱码头等待船只到达并装船,而不是实际将货物装到船上。该集装箱码头常常由买方的海运承运人指定。因为若集装箱在集装箱码头中损坏,即使卖方与集装箱码头经营者没有任何合同关系,损失仍由卖方承担。此时应当使用FCA术语,因为在FCA规则下,卖方将集装箱交给承运人而无须等待集装箱装船即完成了对买方的交货。

在以上情形中,卖方会坚持使用FCA术语,但同时卖方又希望使用信用证这一付款方式,而信用证通常要求出示提单;根据运输合同,承运人只可能在货物实际装船后才会签发装船提单;而在FCA规则下,卖方的交货义务在货物装船前已经完成,因此,卖方交货时无法从承运人处获得装船提单。

为解决以上问题,《Incoterms 2020》中FCA术语A6/B6中增加了一个附加选项。即:买卖双方可以约定买方指示其承运人在货物装运后向卖方签发装船提单,卖方随后方才有义务向买方(通常通过银行)提交提单。尽管国际商会意识到装船提单和FCA项下的交货存在矛盾,但这符合用户需求。值得注意的是,即使采用该附加选项,卖方并不因此受买方签署的运输合同条款的约束。

2.费用划分条款的调整

在《Incoterms 2020》规则的条款排序中,费用划分条款列在各术语的A9/B9(Incoterms 2010》列在A6/B6)。除了序号的改变,在《Incoterms 2020》中,A9/B9统一罗列了原《Incoterms 2010》中散见于各不同条款中对应的费用项目,如在《Incoterms 2020》中,与获得交货凭证相关的费用仅出现在A8"交货凭证",而非A6"费用划分"。因而《Incoterms 2020》中的A9/B9较《Incoterms 2010》中的A6/B6篇幅更长。

对费用划分条款的修订目的在于提供给用户一站式费用列表，使买方或卖方得以在一个条款中找到其选择的 Incoterms 术语所对应的所有费用。这使得卖方和买方之间费用的分摊得到了改进和明确。

同时，原散见于各条款的费用项目仍然保留：如 FOB 术语中获取凭证对应的费用同时出现在 A6/B6 及 A9/B9，方便用户在想了解某一特定事项的费用划分时可直接翻阅相关特定条款而非总括条款。

3.CIP 保险条款调整为必须符合《协会货物保险条款》条款(A)的承保范围

在《Incoterms 2010》规则中，CIF(成本、保险费加运费)和 CIP(运费和保险费付至)规定了卖方必须自付费用取得货物保险的责任。该保险至少应当符合《协会货物保险条款》(Institute Cargo Clauses，LMA/IUA)"条款(C)"(Clauses C)或类似条款的最低险别。

《协会货物保险条款》条款(C)规定了承保"除外责任"各条款规定以外列明的风险，它只承保"重大意外事故"，而不承保"自然灾害及非重大意外事故"。其具体承保的风险有：①火灾、爆炸；②船舶或驳船触礁、搁浅、沉没或倾覆；③陆上运输工具倾覆或出轨；④在避难港卸货；⑤共同海损牺牲；⑥抛货。

在《Incoterms 2020》规则中，对保险义务，CIF 规则维持现状，即默认条款(C)，但当事人可以协商选择更高级别的承保范围；而对于 CIP 规则，卖方必须取得符合《协会货物保险条款》条款(A)承保范围的保险，但当事人可以协商选择更低级别的承保范围。

《协会货物保险条款》条款(A)采用"一切风险减除外责任"的办法，即除了"除外责任"项下所列风险保险人不予负责外，其他风险均予负责。条款(A)承保的风险比条款(C)要大得多，这有利于买方，也导致卖方额外的保费。

这一修订的原因在于 CIF 更多地用于海上大宗商品贸易，CIP 作为多式联运术语更多地用于制成品。

4.FCA、DAP、DPU 及 DDP 允许卖方/买方使用自己的运输工具

《Incoterms 2010》中假定卖方和买方之间的货物运输将由第三方承运人进行，未考虑到由卖方或买方自行负责运输的情况。

《Incoterms 2020》中则考虑到卖方和买方之间的货物运输不涉及第三方承运人的情形。因此，在 D 组规则(DAP(目的地交货)、DPU(目的地交货并卸货及 DDP(完税后交货))中，允许卖方使用自己的运输工具。同样，在 FCA(货交承运人)中，买方也可以使用自己的运输工具收货并运输至买方场所。

5.DAT 更改为 DPU

《Incoterms 2010》中，DAT(DELIVERED AT TERMINAL 运输终端交货)与 DAP(DELIVERED AT PLACE 目的地交货)唯一的区别是在 DAT 中卖方将货物从抵达的运输工具上卸下至"运输终端"即完成交付；而在 DAP 中卖方将货物置于抵达的运输工具上且做好卸载货物的准备由买方处置无须卸货即完成交付。

《Incoterms 2010》DAT 的"使用说明"中将"运输终端"广泛地定义为"任何地点，而不论该地点是否有遮盖，例如码头、仓库集装箱堆积场或公路、铁路、空运货站。

国际商会对 DAT 和 DAP 做了两项修订。首先，《Incoterms 2020》中两个术语的排列位置改变了，交货发生在卸货前的 DAP 现在列在 DAT 前。其次，DAT 更改为 DPU(DELIVERED AT PLACE UNLOADED 目的地交货并卸货)，更强调目的地可以是任何地方而不仅

仅是“运输终端”使其更加笼统，符合用户需求，即用户可能想在运输终端以外的场所交付货物(虽然实质内容并无其他改变)。但若目的地不是运输终端，卖方需确保其交货地点可以卸载货物。

6.在运输责任及费用划分条款中增加安保要求

《Incoterms 2010》各规则的 A2/B2 及 A10/B10 中简单提及了安保要求。随着运输安全(例如对集装箱进行强制性检查)要求越来越普遍，《Incoterms 2020》将与之相关的安保要求明确规定在了各个术语的 A4“运输合同”及 A7“出口清关”中，因安保要求增加的成本，也在 A9/B9 费用划分条款中作了更明确的规定。

7.升级“使用说明”为“用户注释”

《Incoterms 2020》升级了《Incoterms 2010》中各规则首部的“使用说明”为“用户注释”。用户注释阐明了《Incoterms 2020》中各术语的基本原则，如何时适用，风险何时转移及费用在买卖双方间的划分；旨在(1)帮助用户有效及准确地选择适合其特殊交易的术语，及(2)就受《Incoterms 2020》制约的合同或争议提供部分需要解释问题的指引。

第二节 《2010通则》中的六种主要的贸易术语

一、FOB 术语

(一)FOB 术语的含义

FOB 是 Free on Board(...named port of shipment)《Incoterms 2010》的缩写，即装运港船上交货(……指定装运港)《国际贸易术语解释通则 2010》。

FOB 也称“离岸价”。买方负责派船接运货物，卖方应在合同规定的装运港和规定的期限内，将货物装上买方指定的船只，并及时通知买方。货物装上买方指定船只，风险即由卖方转移至买方。根据《2010 通则》的规定，FOB 术语只适用于海运和内河运输。

(二)买卖双方承担的基本义务

1.卖方义务

(1)在约定的日期或期限内，在指定的装运港，按照该港口习惯方式，将货物交至买方指定的船只上，并及时通知买方。

(2)自担风险和费用，取得出口许可证或其他官方批准的证件，办理货物出口所需的一切海关手续，并承担相关的海关手续费、关税和其他费用。

(3)承担货物交至装运港船上之前的一切费用和风险。

(4)提交商业发票和自费提供证明卖方已按规定交货的清洁提单，或具有同等作用的电子信息。

2.买方义务

(1)自担风险和费用，取得进口许可证或其他官方证件，并办妥货物进口所需的海关手续。

(2)负责租船或订舱，支付运费，并将船名、装货地点和要求交货的时间及时通知卖方。

(3)承担货物在指定的装运港装到船上以后的一切风险和费用。

(4)按照销售合同规定受领货物并支付货款。

❖【案例 11－1】

欧洲某出口公司向非洲某进口公司签订了一份 FOB 合同，货物在欧洲港口装船时，部分包装被吊钩钩破，导致货物损坏。买方要求卖方赔偿损失的货物，卖方拒绝，并认为该损失应由买方向港口装运部门索赔。请问:卖方的做法是否合理?

❖【案例分析】

在 FOB 项下，卖方在装运港将货物交到买方所派船只上，货物损坏或灭失的风险由卖方转移给买方。而本案例中，货物损失发生在吊装过程中，货物并未装上船。因此卖方应承担货物损失的责任，向买方赔偿损失。

(三)使用 FOB 术语应注意的问题

1.关于风险划分的问题

《Incoterms 2010》中 FOB、CFR 和 CIF，省略了以往对风险转移界限以“越过船舷”的描述，改为“货物装上船”作为风险转移的界限。卖方必须将货物运到买方所指定的船只上，或者送到买方的指定装运港或由中间商获取这样的货物，完成交货义务。

以装运港船上作为划分买卖双方所承担风险的界限是 FOB、CIF 和 CFR 同其他贸易术语的重要区别之一。“船上为界”表明货物在装上船之前的风险，均由卖方承担。货物装上船之后，包括在海上运输过程中所发生的损失或灭失，则由买方承担。船上作为划分买卖双方所承担风险的界限是《2010 年国际贸易术语解释通则》作出的与前面的版本不同的重大改变，这样的规定更符合当今商业现实，且能避免那种已经过时的风险在一条假象垂直线上摇摆不定的情形出现，真正体现船上交货的实质，也明确了由卖方负责装船，解决了装船不确定的问题。

2.关于船货衔接的问题

由于在 FOB 条件下，由买方负责安排运输工具，即租船订舱，所以就存在船货衔接问题。如果买方未能按时派船，包括未经对方同意提前或延迟将船只派到装运港，卖方都有权利拒绝交货，而且由此产生的各种损失，均由买方负担。如果买方指派的船只按时到达装运港，而卖方未能备妥货物，由此产生的费用由卖方承担。这里还涉及双方通知义务的履行，买方必须就船舶名称、装船地点和其在约定期间内选择的交货时间，向卖方发出通知。在买方承担风险和费用的前提下，卖方必须向买方说明货物已按规定交货，或者船舶未能在约定时间内收取货物。若由于双方通知义务未完成造成的损失和费用，由违约方承担。总之，买卖双方要加强联系，密切配合，保证船货顺利交接。

3.与《1990 年美国对外贸易定义修订本》中对 FOB 解释的区别

在交货地点上。《1990 年美国对外贸易定义修订本》中 FOB 其适用范围广，解释为在某处某种运输工具上交货。《Incoterms 2010》则规定交货地点为装运港船上。

在费用负担上。《1990 年美国对外贸易定义装订本》规定买方要支付出口单证的费用以及出口税和其他出口手续费用，《Incoterms 2010》则规定由卖方负责。

二、CFR 术语

(一)CFR 术语的含义

CFR 术语是 Cost and Freight(...named port of destination)《Incoterms 2010》的缩写，即成本加运费(……指定目的港)《国际贸易术语解释通则 2010》。CFR 术语是指卖方必须负担货物运至约定目的港所需的成本和运费，这里所指的成本相当于 FOB 价，所以 CFR 的基本含义是在 FOB 的基础上加上装运港至目的港的通常运费。

(二)买卖双方承担的基本义务

1.卖方义务

(1)自担风险和费用，取得出口许可证或其他官方批准的证件，并在需要办理海关手续时，办理货物出口所需的一切海关手续。

(2)签订从指定装运港将货物运到目的港的合同;在约定的日期或期限内，将货物交至船上并支付至目的港的运费;装船后及时通知买方。

(3)承担货物在装运港装上船之前的一切费用和风险。

(4)提交商业发票、保险单和在目的港提货所需的通常的运输单据或具有同等作用的电子信息。

2.买方义务

(1)接受卖方提交的有关单据，受领货物，按照销售合同规定支付货款。

(2)自负风险和费用，取得进口许可证或其他官方批准的证件，并在需要办理进口海关手续时，支付关税及其他有关费用。

(3)承担货物在装运港装上船之后的一切风险。

(4)除运输合同中规定的应由卖方承担的费用外，买方承担交货后的一切费用，包括驳运费、码头费在内的卸货费。

(三)使用 CFR 术语应注意的问题

1.关于装船通知的问题

按照 CFR 术语成交时，卖方在货物装船之后必须及时向买方发出装船通知，以便买方办理货运保险。如果由于卖方不及时发出装船通知，而出现买方没有及时办理货运保险，甚至出现漏保货运险的情况，责任应由卖方承担。

❖【案例 11-2】

我某公司以 CFR 术语出口一批瓷器，我方按期在装运港装船后，即将有关交易相关单据寄交买方，要求买方支付货款。过后，业务人员才发现忘记向买方发出装船通知。此时，买方已来函向我方提出索赔，因为货物在运输途中因海上风险而损毁。请问:我方能否以货物运输风险是由买方承担为由拒绝买方的索赔?

❖【案例分析】

我方不能拒绝买方的索赔。CFR 术语下，卖方在货物装船之后向买方发出装船通知是卖方的义务。如果由于卖方不及时发出装船通知，而出现买方没有及时办理货运保险的情况，责任应由卖方承担。

2.交货、风险划分点与费用转移的问题

按 CFR 条件成交时，交货和风险转移点都是装运港货物上船，与 FOB 术语一样属于装运港交货。但是 CFR 由卖方负责签订运输合同和安排运输货物，并支付至目的港的运费，费用的转移点并非在装运港，所以 CFR 术语后加注的是目的港名称，指的是基本运费由卖方承担。

3.CFR 进口应慎重行事

在进口业务中，按 CFR 条件成交时，鉴于由卖方安排装运，由买方负责保险，所以应选择资信好的国外客户成交，并对船舶提出适当要求，以防卖方与船方勾结，出具假提单，安排不适航的船舶，或者伪造品质证书与产地证明。若出现这类情况，会使买方蒙受不应有的损失。

三、CIF 术语

（一）CIF 术语的含义

CIF 的全文是 Cost Insurance and Freight（... named port of destination）《Incoterms 2010》的缩写，即成本加保险费加运费（……指定目的港）《国际贸易术语解释通则 2010》。

CIF 俗称“到岸价”。卖方要在合同中约定的日期或期限内，将货物运到合同规定的装运港口，并交到自己安排的船只的船上，或者以取得货物已装船证明的方式完成其交货义务。另外，卖方还要为买方办理海运货物保险。

（二）买卖双方承担的基本义务

1.卖方义务

（1）在合同规定的时间和港口，将合同要求的货物装上船并支付至目的港的运费；装船后须及时通知买方。

（2）承担货物在装运港装上船之前的一切费用和风险。

（3）按照买卖合同的规定，负责办理运输保险，支付保险费。

（4）自负风险和费用，取得出口许可证或其他官方批准的证件，并办理货物出口所需的一切海关手续。

（5）提交商业发票和目的港提货所用的通常运输单据或有同等作用的电子单据，并且自费向买方提供保险单据。

2.买方义务

（1）承担货物在装运港装上船之后的一切费用和风险。

（2）自负风险和费用，取得进口许可证或其他官方批准的证件，并办理货物进口所需的一切海关手续。

（3）接受卖方提交的有关单据，受领货物，按照合同规定支付货款。

（三）使用 CIF 术语应注意的问题

1.属于“装运合同”的性质

在 CIF 术语下，卖方在装运港将货物装上船，即完成了交货义务。这种只保证货物按时运输，不保证货物按时到达的合同属于“装运合同”。虽然 CIF 术语经常以 CIF 加目的港（例如“CIF 伦敦”）的形式出现，俗称“到岸价”，但卖方在装运地完成交货义务，因此 CIF 术语订立的合同仍属于“装运合同”的性质。

2.关于保险的问题

在 CIF 条件下，保险由卖方负责办理，但卖方是为了买方的利益办理货运保险的，因为此项保险主要是为了保障货物装船后在运输途中的风险。《2010 年通则》对卖方的保险责任规定：如无相反的明示协议，卖方只需按协会货物保险条款或其他类似保险条款中的最低责任的保险险别投保。在买方要求时，卖方应在可能情况下投保战争、罢工、暴动或民变险。最低保险金额应为合同规定价款加 10%，即合同价款的 110%，并采用合同中的币值。

3.象征性交货问题

从交货方式来看，CIF 是一种典型的象征性交货。所谓象征性交货是针对实际交货而言的。象征性交货中的卖方只要按期在约定地点完成装运，并向买方提交合同规定的包括物权凭证在内的有关单据，就算完成了交货义务，而无须保证到货。实际交货则是指卖方要在规定的时间和地点将符合合同规定的货物提交给买方或其指定的人，不能以交单代替交货。

❖【案例 11－3】

日本某公司以 CIF 条件向澳大利亚某公司出售 500 公吨大米。在日本港口装船时，公证行验明货物品质合格并出具了证明。但该批大米运抵澳大利亚时，已全部受潮变质，不适合人类食用，买方因此拒绝收货，并要求卖方退回已付清的货款。请问:买方有无拒收货物和要求卖方退回货款的权利?

❖【案例分析】

CIF 是一种“象征性交货”的术语，即只要卖方在装运港完成装运，向买方提交了符合合同规定的相关单证，就算完成了交货义务。本案例中，卖方在装运港把品质良好的货物装上船，已完成交货义务，途中货物损失的风险应由买方负担，因此，买方无权拒收货物和要求卖方退回货款。

四、FCA 术语

(一)FCA 术语的含义

FCA 是 Free Carrier(...named place)《Incoterms 2010》的缩写，意为货交承运人(……指定地点)《国际贸易术语解释通则 2010》。

“货交承运人”是指卖方在卖方所在地或其他指定地点将货物交给买方指定的承运人或其他人，并办理出口清关手续，就算完成交货义务。该术语可用于各种运输方式，包括多式联运。

(二)买卖双方承担的基本义务

1.卖方的基本义务

(1)在合同规定的时间、地点，将货物置于买方指定的承运人控制下，并及时通知买方。

(2)向买方提供约定的单据或有同等作用的电子单据。

(3)承担货物交给承运人之前的一切费用和风险。

(4)自负风险和费用，取得出口许可证或其他官方批准证件，并办理货物出口所需的海关手续。

2.买方的基本义务

(1)自负费用订立自指定地点承运货物的合同，支付有关的运费，并将承运人名称及有关情况及时通知卖方。

(2)按合同规定受领货物并支付货款。

(3)承担受领货物之后所发生的一切费用和风险。

(4)自负风险和费用，取得进口许可证或其他官方批准证件，并办理货物进口所需的海关手续。

(三)使用 FCA 术语应注意的问题

1.关于承运人

以 FCA 术语成交，通常由买方安排承运人，自行订立运输合同，并将承运人通知卖方。该承运人可以是拥有运输工具的实际承运人，也可以是运输代理人或其他人。但是应买方的要求和由买方承担风险和费用的情况下，卖方也可以代替买方指定承运人，并签订运输合同，当然，卖方有权拒绝买方的要求。

2.关于交货地点

若指定的交货地点是卖方所在地(工厂、工场或仓库)，需要卖方将货物装上买方指定承运人的运输工具上，完成交货义务；若指定的交货地点是其他任何地点(铁路、货运站、集装箱堆场或起运机场)，则当货物在卖方的运输工具上，处于买方指定的承运人或其他人的控制之下时，完成交货义务，无须负责卸货；若没有约定具体交货地点，卖方有交货地点的选择权。

❖**【案例 11—4】**

某公司按 FCA 条件出口一批钢材，合同规定是 4 月装运，但到了 4 月 30 日，仍旧未见买方关于承运人名称及有关事项的通知。在此期间，备做出口的货物因火灾而焚毁。请问：此项货损应由谁负担?

❖**【案例分析】**

FCA 条件下，买方有将承运人名称及有关情况及时通知卖方的义务，本案例中，由于买方没有尽到该项义务，导致货物无法按期装运而发生损失，因此，货损应由买方承担。

3.FCA 术语与 FOB 术语的比较

(1)适合的运输方式不同。FOB 仅适用于海运和内河运输，而 FCA 适用于包括多式联运在内的多种运输方式。

(2)交货和风险转移的地点不同。FOB 的交货地点为装运港船上，风险在装运港货上船时从卖方转移至买方；而 FCA 的交货地点视不同的运输方式而定，风险则于卖方将货物交由承运人接管时，由卖方转移至买方。

五、CPT 术语

(一)CPT 术语的含义

CPT 是 Carriage Paid To(...named place of destination)《Incoterms 2010》的缩写，意为运费付至(……指定目的地)《国际贸易术语解释通则 2010》。

按 CPT 条件成交时，卖方要在合同约定的日期或限期内向其指定的承运人交货，并支付运费，办理出口清关手续。买方承担卖方交货之后的一切风险和其他费用。

(二)买卖双方承担的基本义务

1.卖方的基本义务

(1)订立将货物运往指定目的地的运输合同，并支付有关运费。

(2)在合同规定的时间、地点，将合同规定的货物置于承运人控制下，并及时通知买方。

(3)承担将货物交给承运人控制之前的风险。

(4)自负风险和费用，取得出口许可证或其他官方批准的证件，办理货物出口所需的一切海关手续，支付关税和其他费用。

(5)提交商业发票，以及目的地提货所需的运输单据或同等效力的电子信息。

2.买方的基本义务

(1)在目的地从承运人那里领受货物，并按合同规定领受单据和支付货款。

(2)承担自货物在约定交货地点交给承运人之后的风险。

(3)自负风险和费用，取得进口许可证或其他官方批准的证件，办理进口报关手续。

(三)使用 CPT 术语应注意的问题

1.风险划分的界限问题

虽然按照 CPT 术语成交时，CPT 的意思是运费付至目的地，然而卖方承担的风险并没有延伸到指定的目的地。根据《2010 通则》的解释，货物自交货地点运至目的地的运输途中的风险由买方承担，卖方只承担货物交给承运人控制之前的风险。在多式联运的情况下，涉及两个以上的承运人，卖方承担的风险自货物交给第一承运人控制时即转移给买方。

2.责任和费用的划分

采用 CPT 术语时，买卖双方要在合同中规定装运期和目的地，以便于卖方选定承运人，自费订立运输合同，将货物运往指定目的地，买方在目的地领受货物。如果双方未能确定目的地买方领受货物的具体地点，买方可以在目的地选择最适合其要求的地点。

按 CPT 术语成交，卖方只是承担从交货地点至指定目的地的正常运费，正常运费之外的其他有关费用，一般由买方负担。货物的装卸费可以包括在运费中，统一由卖方负担，也可以由双方在合同中另行规定。

3.CPT 术语和 CFR 术语的比较

CPT 和 CFR 的主要区别在于适用的运输方式不同，交货地点和风险划分界限也不相同。CFR 适用于水上运输方式，交货地点在装运港，风险划分以船上为界；CPT 适用于各种运输方式，交货地点因运输方式的不同而由双方约定，风险划分以货交承运人为界。

六、CIP 术语

(一)CIP 术语的含义

CIP 是 Carriage and Insurance Paid To(...named place of destination)《Incoterms 2010》的缩写，即运费保险费付至(……指定目的地)《国际贸易术语解释通则 2010》。

采用 CIP 术语时，卖方向其指定的承运人交货，并支付货到目的地的运费，办理货物在运输途中的保险并支付保险费，办理出口清关手续。买方承担卖方交货之后的一切风险和其他费用。

(二)买卖双方承担的基本义务

1.卖方的基本义务

(1)订立将货物运往指定目的地的运输合同，并支付有关运费。

(2)在合同规定的时间、地点，将合同规定的货物置于承运人控制下，并及时通知买方。

(3)承担将货物交给承运人控制之前的风险。

(4)按照买卖合同的约定，自付费用投保货物运输险。

(5)自负风险和费用，取得出口许可证或其他官方批准的证件，并办理货物出口所需的一切海关手续，支付关税和其他费用。

(6)提交商业发票和在约定目的地提货所需的通常运输单据或具有同等效力的电子单据，并且自费向买方提供保险单据。

2.买方的基本义务

(1)接受卖方提交的有关单据，受领货物，并按合同规定支付货款。

(2)承担将货物交给承运人控制之后的风险。

(3)自负风险和费用，取得进口许可证或其他官方批准的证件，并且办理货物进口所需的一切海关手续，支付关税和其他费用。

❖【案例 11—5】

我方按 CIP 条件进口 20 公吨化肥，先经海上运输，抵达目的港后转为铁路运输，我方受领货物后，卖方要求我方支付货款和铁路运输费。请问:卖方的行为是否合理?

❖【案例分析】

CIP 条件下，卖方要负责办理从交货地点到指定目的地的全程运费。在本案例中，卖方支付了海上运输的费用，还需支付铁路运输的费用。因此，我方应支付货款，但不需支付铁路运费，卖方行为不合理。

(三)使用 CIP 应注意的问题

1.关于保险的说明

按 CIP 条件成立的合同，卖方要负责办理货运保险，并支付保险费，但货物从交货地运往目的地的运输途中的风险由买方承担，因此，卖方的投保实质是代买方办理的。《2010 通则》规定:“卖方还必须为买方在运输途中货物的灭失或损坏风险签订保险合同。买方应注意到，CIP 只要求卖方投保最低险别。如果买方需要更多保险保护的话，则需要与卖方明确就此达成协议，或者自行做出额外的保险安排。”

2.合理确定价格

与 FCA 术语相比，CIP 条件下卖方要承担较多的责任和费用。卖方要负责办理从交货地至目的地的运输，承担运输费;办理货运保险，并支付保险费。这些费用都应反映在货价中。所以，卖方对外报价时，要认真核算成本和价格。在核算时，应考虑运输距离、保险险别、各种运输方式和各类保险的收费情况，并要预计运价和保险费的变动趋势。

3.CIP 术语和 CIF 术语的区别

CIP 和 CIF 术语的区别主要表现在适合的运输方式、交货地点、风险划分界限以及卖方承担的责任和费用方面。CIF 术语适用于水上运输，交货地点在装运港，风险划分以船上为界，卖方负责租船订舱，支付从装运港到目的港的运费，并且办理水上运输险，支付保险费。而 CIP 术语适用于各种运输方式，交货地点要根据运输方式的不同由双方约定，风险是在承运人控制货物时转移。卖方要负责办理从交货地点到指定目的地的全程运输，而不仅仅是水上运输。卖方办理的保险，也不仅仅是水上运输险，而是包括各种运输险。

第三节 《2010通则》中其他国际贸易术语

一、EXW术语

EXW是Ex Work(...named place)《Incoterms 2010》的缩写，意为工厂交货(……指定地点)《国际贸易术语解释通则2010》。

“工厂交货”是指当卖方在其所在地或其他指定的地点(如工厂、车间或仓库)将货物交给买方处置时，即完成交货。卖方不负责办理出口清关手续或将货物装上任何运输工具。

该术语是卖方承担责任最小的术语，买方必须承担在卖方所在地受领货物的全部费用和风险。它适用于任何运输方式，其中包括多式联运。

由于买方要承担受领货物之后的一切费用和风险，买方就有可能承担货物被禁止出口的风险。因此，在成交之前，买方必须了解出口国家的政府当局是否接受一个不居住在该国的当事人或其代表在该国办理出口清关手续，以免蒙受不必要的损失。如果买方不能直接或间接地办理出口手续，就不应使用该术语，而应使用FCA术语成交。

二、FAS术语

FAS是Free Along sideShip(...named port of shipment)《Incoterms 2010》的缩写，意为装运港船边交货(……指定地点)《国际贸易术语解释通则2010》。“装运港船边交货”是指卖方要在约定的时间将合同规定的货物交到买方指定的装运港的船边，在船边完成交货。在FAS项下，风险转移的界限和费用划分的界限以卖方在装运港将货物交到买方所派船只的旁边为准，如果买方所派的船只不能靠岸，卖方要负责用驳船把货物运至船边，装船的责任和费用由买方负担。卖方需办理出口手续，获得出口许可证及缴纳出口关税和其他费用，买方需办理进口手续，获得进口许可证及缴纳进口关税和其他费用。卖方对买方无订立运输合同和保险的义务。FAS适合于水上运输方式。

三、DAT术语

DAT是Delivered at Terminal(insert named terminal at port or place of destination)《Incoterms 2010》的缩写，意为运输终端交货(……指定国内港口或目的地运输终端)《国际贸易术语解释通则2010》。

“运输终端交货”是指当卖方在指定港口或目的地的指定运输终端，将货物从抵达的载货运输工具上卸下，交由买方处置时，办妥货物出口清关手续但尚未办理进口清关手续时，即完成交货。在DAT项下，风险转移的界限以买方在约定的运输终端交货地点控制货物为准，卖方有义务将货物从抵达的载货运输工具上卸下。运输终端意味着任何地点，而不论该地点是否有遮盖，例如码头、仓库、集装箱堆场或公路、铁路、货运站等。卖方负责订立运输合同，但无订立保险合同的义务。卖方需办理出口手续，获得出口许可证及缴纳出口关税及其他费用，买方需办理进口手续，获得进口许可证及缴纳进口关税和其他费用。本术语可用于各种运输方式。

四、DAP 术语

DAP 术语是 Delivered at Place(insert named place of destination)《Incoterms 2010》的缩写，意为目的地交货(……指定目的地)《国际贸易术语解释通则 2010》。

“目的地交货”是指卖方在指定的目的地将仍处于抵达的运输工具之上，且可供卸载的货物交给买方处置时，卖方即完成交货。在 DAP 项下，风险转移的界限以买方在指定目的地控制货物为准，卖方无将货物从抵达的载货运输工具上卸下的义务。卖方负责订立运输合同，但无订立保险合同的义务。卖方需办理出口手续，获得出口许可证及缴纳出口关税和其他费用，买方需办理进口手续，获得进口许可证及缴纳进口关税和其他费用。该术语适用于任何运输方式。

五、DDP 术语

DDP 术语是 Delivered Duty Paid(…named place of destination)《Incoterms 2010》的缩写，意为完税后交货(……指定目的港)《国际贸易术语解释通则 2010》。

“完税后交货”是指卖方在指定的目的地将仍处于抵达的运输工具之上，但已完成进口清关，且可供卸载的货物交给买方处置时，即完成交货。卖方必须承担货物运至目的地的一切风险和费用，并且有义务完成货物进口和出口清关，支付所有出口和进口关税及办理所有海关手续。DDP 术语下卖方承担最大责任。如果卖方不能直接或间接地取得进口许可，不建议使用 DDP 术语。该术语适用于任何运输方式。

第四节 贸易术语的选用

一、选用贸易术语应考虑的因素

国际贸易中可供选择的贸易术语有多种，据统计，各国使用贸易术语频率较高的主要有FOB、CFR和CIF等术语。近年来，随着国际贸易的发展，FCA、CPT和CIP术语的使用也日益增多。在选择贸易术语时，应考虑以下因素。

（一）贯彻平等互利的原则

为了能够平等互利地开展贸易，在选择和运用价格术语时，必须遵循平等互利的原则，从有利于贸易发展的角度出发，与对方协商采用双方同意的价格术语。

（二）根据运输条件选择贸易术语

《2010通则》对每种贸易术语所适用的运输方式都作出了规定，例如，FOB、CFR和CIF术语只适用于海洋运输和内河运输，而不适用于空运、铁路和公路运输。如买卖双方拟使用空运、铁路和公路运输，则应选用FCA、CPT和CIP术语。在我国，随着集装箱运输和多式联运方式的不断发展，可以适当扩大使用FCA、CPT和CIP术语。

（三）考虑运费、保险费因素

在选用贸易术语时，应考虑运费、保险费因素。一般来说，在出口贸易中，应争取选用CIF和CFR术语。在进口贸易中，应争取选用FOB术语。对FCA、CPT和CIP术语的选用也应按上述原则掌握。这样有利于节省运费和保险费的外汇支出。

（四）考虑货物的特点

不同类别的货物具有不同的特点，对运输方面的要求各不相同，运费开支的大小也有差异。有些货物价值较低，但运费占货价的比重较大，对这类货物，出口应选用FOB术语，进口选用CIF或CFR术语。此外，成交量的大小，也涉及运输安排的难易和经济核算的问题，在选用贸易术语时也应予以考虑。

（五）考虑办理进出口

关于进出口货物的结关手续，有些国家规定只能由结关所在国的当事人安排或代为办理，有些国家则无此项限制。因此，当某出口国政府规定，买方不能直接或间接办理出口结关手续，则不宜按EXW条件成交，而应选用FCA条件成交；若进口国当局规定，卖方不能直接或间接办理进口结关手续，此时则不宜采用DDP，而应选用其他术语成交。

(六)按照实际需要，灵活掌握

选用贸易术语时，也要根据实际需要，做到灵活掌握。例如，有些国家为了支持本国保险事业的发展，规定在进口时须由本国办理保险，我方为表示与其合作的意向，出口时也可采用 FOB 或 CFR 术语。又如，我国在出口大宗商品时，国外买方为了争取到运费和保险费的优惠，要求自行办理租船订舱和保险，为了发展双方贸易，也可采用 FOB 术语。

二、贸易术语应用的其他注意事项

(一)贸易术语与合同性质的关系

通常，采用何种贸易术语，买卖合同的性质也可以相应确定，如采用 CIF 术语成交的合同被称为 CIF 合同，采用 CFR 术语的合同被称为 CFR 合同。但贸易术语不是决定合同性质的唯一因素，有些时候贸易术语的性质和合同的性质并不吻合。由此，确定买卖合同的性质，不能单纯看采用何种贸易术语，还应参照合同中的其他条件。

✣【案例 11－6】

某进出口公司以 CIF 汉堡向英国某客商出售供应圣诞节的杏仁一批。由于该商品的季节性较强，买卖双方在合同中规定:买方须于 9 月底以前将信用证开抵卖方，卖方保证不迟于 12 月 5 日将货物交给买方，否则，买方有权撤销合同。如卖方已结汇，卖方需将货款退还买方。请问:该合同是否还属于 CIF 合同?

✣【案例分析】

本案中的合同性质已不属于 CIF 合同。因为:(1)CIF 合同是装运合同，即卖方在合同规定的装运期将货物装上船，就算完成交货义务，对货物运输途中发生损坏或灭失的风险，卖方概不承担责任。而本案的合同条款规定:“卖方保证不迟于 12 月 5 日将货物交给买方，否则，买方有权撤销合同……”，显然已改变了装运合同的性质。(2)CIF 是典型的象征性交货，即卖方凭单交货，买方凭单付款，而本案的合同条款规定:“……如卖方已结汇，卖方需将货款退还买方”，该条款已改变了“象征性交货”下卖方凭单交货的特点。

(二)风险正常转移的前提条件

《2010 通则》在每种贸易术语中都明确规定了在正常贸易条件下的风险转移界限，但如果合同订立和履行中出现特殊情况，就会影响风险的转移。

1.货物是否已经划归本合同项下

这是风险正常转移的一个重要前提，也就是通常所说的货物特定化问题。如果双方在交货前未清楚地划分或以其他方式确认所交货物为该合同下货物，风险就不能正常转移，即使货物已经起运，仍由交货方承担货物运输途中损失或灭失的风险。

2.买卖双方中的任何一方没有按照合同规定履行其责任和义务

如 FOB 条件下买方没有按照约定受领货物或给予卖方有关装船时间或交货地点的通知，风险提前转移给买方;CFR 条件下卖方未按照规定时间及时发出装船通知，使买方有充分的时间办理保险，风险延迟转移给买方。

附表:

表 11—1 《2010 通则》国际贸易术语一览

贸易术语	交货地点	风险转移	运费	保险费	出口报关	进口报关	运输方式
第一组							
EXW	商品产地、所在地	出口国货交买方处置时	买方	买方	买方	买方	任何方式
FCA	出口国内地(港口)货交承运人	出口国货交承运人	买方	买方	卖方	买方	任何方式
CPT	出口国内地(港口)货交承运人	出口国货交承运人	卖方	买方	卖方	买方	任何方式
CIP	出口国货交承运人	出口国货交承运人	卖方	卖方	卖方	买方	任何方式
DAT	指定港口或目的地运输终端	买方处置货物后	卖方	卖方	卖方	买方	任何方式
DAP	指定目的地约定地点	买方处置货物后	卖方	卖方	卖方	买方	任何方式
DDP	进口国内地	买方在指定地点收货后	卖方	卖方	卖方	卖方	任何方式
第二组							
FAS	装运港船边	装运港船边	买方	买方	卖方	买方	海洋运输
FOB	装运港船上	装运港船上	买方	买方	卖方	买方	海洋运输
CFR	装运港船上	装运港船上	卖方	买方	卖方	买方	海洋运输
CIF	装运港船上	装运港船上	卖方	卖方	卖方	买方	海洋运输

◈复习思考题:

一、简答题

1.简述贸易术语的含义和作用。

2.FOB、CFR、CIF 贸易术语,它们的共同点和不同点是什么?

3.简述 FOB、CFR、CIF 和 FCA、CPT、CIP 的主要区别。

4.在实际业务中选用贸易术语应考虑哪些因素?

二、案例分析题

1.A 公司以 FOB 条件出口一批茶具,买方要求 A 公司代为租船,费用由买方负担。由于 A 公司在约定日期内无法租到合适的船,且买方不同意改变装运港,因此在装运期满时,货仍未装船,买方以此为由提出撤销合同。

请问:买方的做法是否正确?

2.我国 A 公司按 CFR 术语与美国客户签约成交。我方于 5 月 1 日凌晨 2 点装船完毕,受载货轮于当日下午启航,因 5 月 1 日、5 月 2 日是周末,我方未及时向买方发出装船通知。3 日上班收到买方急电称:货轮于 2 日下午 4 时遇船沉没,货物灭失,要求我方赔偿全部损失。

请问:我方是否应承担该损失?

3.我方与荷兰某客商以 CIF 条件成交一笔出口交易，合同规定以信用证为付款方式，我方收到买方开来的信用证后，及时办理了装运手续，并制作好一整套结汇单据。在我方准备到银行办理议付手续时，收到荷兰客商来电，得知载货船只在航海运输途中遭遇意外事故，大部分货物受损。据此，荷兰客商表示将等到具体货损情况确定以后，才同意银行向我方支付货款。

请问:(1)我方可否及时收回货款，为什么?

(2)荷兰客商应如何处理此事?

4.我方以 FCA 贸易术语从意大利进口布料一批，双方约定最迟的装运期为 4 月 12 日。由于我方业务员疏忽，导致意大利出口商在 4 月 15 日才将货物交给我方指定的承运人。当我方收到货物后，发现部分货物有水渍，据查是因为货交承运人前两天大雨淋湿所致。据此，我方向意大利出口商提出索赔，但遭到拒绝。

请问:我方的索赔是否有理，为什么?

第十二章 进出口商品的价格 12

✲本章学习目标：

本章介绍进出口商品作价的基本原则和方法、计价货币的选择、佣金及折扣的概念。目的是使学生掌握价格成本的核算方法，掌握不同贸易术语价格的核算，了解签订价格条款的有关技巧。

第一节 进出口商品的作价原则和方法

一、进出口商品的作价原则

(一)参照国际市场价格水平

国际市场价格是在国际市场上某种商品的供求状况及其竞争状况基础上形成的，容易被买卖双方接受的价格。因此，价格制定要以国际市场价格作为客观依据和参考标准。

(二)考虑商品的质量

商品质量好，定价可较高；质量差，价格可较低。包装装潢的好坏，式样的新旧，商标、品牌的知名度等都影响商品的价格。

(三)与商品的成交数量相联系

一般而言，商品交易数量大，成交价格就低；交易数量少，价格就高。因此，买卖双方可利用数量作为价格谈判的筹码。

(四)考虑季节性需求的变化

在国际市场上，某些节令性商品，如赶到节令前到货，就能卖上好价。过了节令的商品，其售价往往很低。因此，应充分利用季节性需求的变化，争取按对己有利的价格成交。

(五)考虑运输距离

国际货物买卖，一般都要通过长途运输。运输距离的远近，影响运费和保险费的开支，从而影响商品的价格。因此，确定商品价格时，必须核算运输成本，做好比价工作。

(六)结合支付条件

支付条件包括支付方式和支付货币。对于出口方，如确定赊账等对自己不利的支付方式，价格就可以制定得较高，反之就可以制定得较低。对进口方来说，采用的原则刚好与出口方相反。另外，作价要与支付货币相结合。货币的币值随着汇率的变化而变化，付出或收取的货币币值可能因为汇率的变化而变化，因此，汇率风险的承担者应在价格上得到较多的利益。

(七)依据不同的贸易术语

不同的贸易术语下买卖双方承担的义务是不同的。一般来说，在 FOB、CFR、CIF 三种贸易术语中，CIF 的价格最高，其次是 CFR，FOB 的价格最低。

二、进出口商品的作价方法

(一)固定价格

国际货物买卖的作价方法，一般均采用固定价格，即在交易磋商过程中把价格确定下来写入合同，在合同执行过程中不论发生什么情况均按确定的价格结算应付货款。如买卖双方无明确约定，应理解为固定价格，即订约后买卖双方按此价格结算货款，即使在订约后市价有重大变化，任何一方不得要求变更原定价格。

固定价格具有明确、具体、肯定和便于核算等优点。缺点是交易者要承担从定约到交货付款以至转售时价格变动的风险，当行市变动剧烈时，一些不守信用的商人会寻找各种借口不履行合同。

(二)非固定价格

非固定价格，即一般业务上所说的“活价”，大体上可分为下述几种。

1.待定价格

待定价格是指商品价格待定，买卖双方只在合同中约定未来确定价格的依据和方法。这种定价方法可分为下列两种：

(1)在价格条款中明确规定定价时间和定价方法。例如在合同中规定：“在装船月份前 45 天，参照当地商品交易所该商品的收盘价，协商议定正式价格”。

(2)只规定作价时间。例如：“由双方在某年某月某日协商确定价格”。这种作价方式执行时易产生争执，一般只适用于双方有长期交往并已形成比较固定的交易习惯的合同。

2.暂定价格

暂定价格即在合同中先订立一个初步价格，作为开立信用证和初步付款的依据，待双方确定最后价格后再进行最后清算，多退少补。由于国际市场行情瞬息万变，买卖双方在合同中的价格仅供参考，因此，由于没有订明定价依据，这种做法有可能导致合同无法履行。

3.部分固定，部分非固定

为了兼顾买卖双方的利益，也可采用部分固定价格，部分非固定价格的做法，或是分批作价的办法，即交货期近的价格在订约时固定下来，余者在交货前一定期限内作价。

非固定作价法的优点是可暂时解决交易双方在价格方面的分歧，解除客户对价格问题的顾虑，可使交易双方排除价格风险；而缺点是先订约后定价的做法易导致合同的不稳定性。如双方在作价时无法达成一致意见，合同就会面临无法履行或合同失去法律效力的风险。

第二节 计价货币的选择及风险防范

一、计价货币的概念

计价货币是指合同中规定用来计算价格的货币，支付货币是指合同中规定用来支付货款的货币。合同中两者可以是同一货币，也可以是不同的货币。

二、计价货币的选择

在国际贸易中，计价货币可以使用进口国的货币，也可以使用出口国的货币，还可以使用第三国的货币，由双方协商决定。作为交易的双方，在决定采用计价货币时，除必须结合经营意图、国际市场的供求情况、国际市场的价格水平外，还必须考虑货币可否自由兑换、货币汇率升降的风险等方面。

在国际贸易实务中，把从成交到货款结算这段时间内汇率有上浮(升值)趋势的货币称为“硬币”，把汇率有下浮(贬值)趋势的货币称作“软币”。在出口业务中，一般尽可能争取多使用“硬币”，在进口业务中，则应尽可能争取多使用“软币”。

三、计价货币的风险防范

(一)适当进行价格调整

如果双方协商选择了“硬币”作为计价货币，进口商为了弥补由“硬币”带来的损失，可以在交易磋商过程中，适当地压低进口商品的价格；而如果选择了“软币”作为计价货币，出口商也可以适当抬高出口商品的价格。

(二)“硬币”“软币”结合使用

如果合同中支付的价款金额是确定不变的，那么，可以规定一部分价款用某种货币支付，一部分价款用另一种币值具有相反变化趋势的货币来支付，即一部分用“硬币”支付，一部分用“软币”支付。

(三)订立外汇保值条款

在合同中规定外汇保值条款的办法主要有三种：

1.计价货币和支付货币均为同一“软币”。确定订约时这一货币与另一“硬币”的汇率，折算成“硬币”，支付时再按当日汇率折算成原货币支付。

2.按“软币”计价，“硬币”支付。即将商品的价格按照计价货币与支付货币当时的汇率折合成另一种“硬币”，按这种“硬币”支付。

3.按“软币”计价，“软币”支付。确定这一货币与另外几种货币的算术平均汇率或用其他方式计算的汇率，按支付当日汇率的变化做相应的调整，折算成原货币支付。这种保值可称为一揽子汇率保值。几种货币的综合汇率的计算方法，可采用简单的算术平均法、加权平均法等，这主要由双方协商决定。

第三节 佣金与折扣

一、佣金

佣金(Commission)是中间商为买卖双方介绍交易或代买代卖的报酬。

(一)佣金的表示方法

佣金的表示方式是在其价格术语后面用文字说明，如“每码 200 美元 CFR 香港，包括 2.5％佣金”，即“USD 200 Per Yard CFR HongKong Including 2.5％ Commission”。也可以在价格术语后加注英文字母 C，如“每打 2000 美元 CIF 新加坡，包括 5％佣金”，即“USD 2000 Per Dozen CIFC 5％ Singapore”。价格中所包含的佣金也可以用绝对数表示，如“每公吨付佣金 25 美元”，即“USD 25.00 Commission Perm/t”。凡是价格中含有佣金的称为含佣价。佣金在合同中有明确规定的，称为明佣;佣金没有在合同中明确规定出来的，称为暗佣。

价格中不含佣金或折扣，则称为净价(Net Price)。有时为明确说明成交价格是净价，可在贸易术语后加注“Net”字样。

(二)佣金的计算方法

在国际贸易中，佣金的计算方法是各不一致的。主要体现在以佣金率的方法规定佣金时，计算佣金的基数怎样确定。常用的方法是将成交金额(发票金额)作为计算佣金的基数，例如按 CIFC2％成交，发票金额为 20000 美元，则应付佣金为 20000×2％＝400 美元。也有人认为价格中的运费、保险费不属于出口商本身利益，不应该作为计佣的基数，应按 FOB 价值计算佣金。如果按这种方法计算佣金，在以 CIF、CFR 等术语成交时，要将其中的运费、保险费扣除，求得 FOB 价之后计算佣金。使用较多的是按照成交金额作为计算佣金的基数。

佣金的计算公式如下：

佣金额＝含佣价×佣金率

净价＝含佣价－佣金额＝含佣价×(1－佣金率)

含佣价＝净价/(1－佣金率)

【例 12－1】在实际交易过程中，我方对某一产品报价为 10000 美元，对方要求 3％的佣金，此时我方应改报含佣价，应报多少?

【解】含佣价＝净价/(1－佣金率)＝10000/(1－3％)≈10309(美元)

二、折扣

折扣(Discount)是指卖方按照原价给予买方一定的价格减让，或称价格优惠。折扣的高低可根据具体成交条件及买卖双方关系而定。

(一)折扣的表示方法

折扣一般用文字表示，如“每打200美元CIF纽约减1.5%折扣”，即“USD 200 Per Dozen CIF NewYork including 1.5% Discount”。此外，也可以用绝对数表示，如“每打折扣5美元”，即“USD 5.00 Discount Per Dozen”。

(二)折扣的计算方法

折扣通常是以成交额或发票金额为基础计算出来的。其计算方法如下：

单位货物折扣额＝原价(或含折扣价)×折扣率

卖方实际净收入＝原价－单位货物折扣额

【例12－2】我方某进出口公司出口某商品，假设当时对外的报价为2000港元，买方要求2%的折扣，而我方不想受损，应如何报价?

【解】根据折扣的计算公式可知：

原价＝卖方实际净收入÷(1－折扣率)

＝2000÷(1－2%)≈2041(港元)

第四节 不同贸易术语之间的换算

在国际贸易业务中，买卖双方在洽商交易时，经常会出现卖方以某种贸易术语报价后，买方不同意而要求用其他的贸易术语进行改报。现将最常用的价格换算方法及公式介绍如下。

一、FOB、CFR、CIF 三种价格的换算

(一)FOB 价换算为其他价

CFR 价＝FOB 价＋正常海运费

CIF 价＝(FOB 价＋正常海运费)/(1－投保加成×保险费率)

(二)CFR 价换算为其他价

FOB 价＝CFR 价－正常海运费

CIF 价＝CFR 价/(1－投保加成×保险费率)

(三)CIF 价换算为其他价

FOB 价＝CIF 价×(1－投保加成×保险费率)－正常海运费

CFR 价＝CIF 价×(1－投保加成×保险费率)

二、FCA、CPT、CIP 三种价格的换算

(一)FCA 价换算为其他价格

CPT 价＝FCA 价＋运至指定目的地运费

CIP 价＝(FCA 价＋运至指定目的地运费)/(1－投保加成×保险费率)

(二)CPT 价换算为其他价格

FCA 价＝CPT 价－运至指定日的地运费

CIP 价＝CPT 价/(1－投保加成×保险费率)

(三)CIP 价换算为其他价格

FCA 价＝CIP 价×(1－投保加成×保险费率)－运至指定目的地运费

CFR 价＝CIP 价×(1－投保加成×保险费率)

【例 12－3】我国甲公司某商品对外报价为每箱 CIF 100 美元，佣金率 5%，英方要求改报

FOB 大连，佣金率不变。已知每箱货物运费为 10 美元，投保加一成，保险费率为 0.5％，请问甲公司应如何改报？

【解】CIF＝CIFC 5％×(1－佣金率)＝100×(－5％)＝95 美元

FOB＝CIF×(1－投保加成×保险费率)－国外运费

＝95×(1－110％×0.5％)－10

＝84.4775 美元

FOBC 5％＝FOB÷(1－佣金率)＝84.4775÷(1－5％)＝88.92 美元

第五节 出口商品价格核算

为了制定合理的成交价格，外贸企业要加强出口商品价格的审核，及时分析出口商品价格的变动情况，防止抬价抢购、低价竞销造成的损失，严格按照当期实际出口收汇额和核定的出口成本进行清算，完善内部价格管理制度。

一、出口价格构成

在出口商品的价格构成中，包括成本、费用和利润三个方面。

(一)成本

成本是整个价格的核心。它是出口企业为出口其产品进行生产、加工或采购所产生的生产成本、加工成本或采购成本，我们通常称之为“含税成本”。

(二)费用

出口价格中的费用主要有国内费用和国外费用两部分。其中国内费用包括:包装费、仓储费、国内运费、认证费、港口费、商检报关费、购货利息、经营管理费、银行费用等。国外运费主要包括出口运费、出口保险费、佣金等。

(三)利润

利润是出口商的预期收入，是将出口商品所得的收入，减去销售总成本所发生的进销差价。

二、出口成本核算

出口成本包括出口商品进价和出口流通费用两个部分。

(一)出口商品进价

出口商品进价是指购进用于出口商品的价格。在我国，由于实行增值税制度，购买商品除了商品本身价格外，还要缴纳产品的增值税。不过，为了鼓励出口，商品出口后出口商可以办理出口退税。

(二)出口流通费用

出口流通费用在业务中又被称作定额费用，它是指出口企业就某一商品的出口，从与国外进口商进行交易磋商起，一直到商品出口、收取货款为止的一切费用开支。出口流通费用的主要项目有银行利息、邮电通信费、工资支出、交通费、仓储费、国内运输费、码头费用、差旅费、招待费等。出口流通费用的逐项计算非常繁杂。企业在业务中，一般按不同出口商品自行确定一个费率，如 5%或 10%，从而使其计算简便，易于操作。

三、出口效益核算

出口效益分析的原则是出口销售收入和出口成本进行比较。如果出口销售收入大于出口成本，就意味着出口业务有盈利；反之，则意味着出口业务亏损。

(一)出口商品盈亏率

出口商品盈亏率是计算出口商品的盈亏程度的指标。其计算公式为：

出口商品盈亏额＝出口销售人民币净收入－出口总成本

出口商品盈亏率＝出口商品盈亏额/出口总成本×100%

出口销售人民币净收入是指出口商品的 FOB 价，按当天的外汇牌价(银行外汇买入价)折算人民币的数额。出口总成本是指出口商品购进价(含增值税)加上定额费用，减去出口退税收入。

(二)出口商品换汇成本

出口商品换汇成本是指商品出口净收入 1 美元所需支出的人民币总成本，即商品出口收入 1 美元需要多少人民币的成本。其计算公式为：

出口商品换汇成本＝出口总成本(人民币)/出口销售外汇净收入(美元)

出口商品换汇成本高于银行外汇牌价，则出口亏损；反之，则出口盈利。所以，对于我国出口公司来讲，出口换汇成本越低越好。

(三)出口创汇率

出口创汇率也称外汇增值率，是指加工制成品出口的外汇净收入与原材料外汇成本的比率。若原料为本国产品，则原料外汇成本采用 FOB 价计算；若原材料是进口的，则原料外汇成本采用 CIF 价计算。此指标主要考察出口成品的盈利性，其计算公式为：

出口创汇率＝(成品出口外汇净收入－原材料外汇成本)/原材料外汇成本×100%

第六节 合同中的价格条款

一、价格条款中的内容

合同中的价格条款，一般包括商品的单价和总值两项基本内容。

(一)单价

单价是指商品的每一计量单位的价格金额，通常由四个部分组成:计量单位、计价货币、单价金额和贸易术语。

例如:每打 350 美元 CIF 旧金山(USD 350 Per Dozen CIF SanFrancisco)。

(二)总值

总值是单价同数量的乘积，即一笔交易的货款总金额。总值除用阿拉伯数字填写外，一般还用文字表示。总值所使用的货币应与单价所使用的货币一致。

二、规定价格条款的注意事项

1.根据拟采用的运输方式和销售意图，选择适当的贸易术语。

2.争取选用有利的计价货币，必要时要加订保值条款。

3.灵活运用各种不同的作价方法，力求避免承担价格变动的风险。

4.参照国际贸易的习惯做法，注意佣金和折扣的合理运用。

5.如对交货品质、交货数量定有机动幅度而又同意机动部分的价格另定的，必须明确规定另定价格的具体办法。

6.单价中所涉及的计量单位、计价货币、装运港、目的港等都要写清楚、正确，以免影响合同履行。

◆复习思考题:

一、简答题

1.简述进出口商品的作价方法。

2.如何规定合同中的佣金和折扣？需要注意什么问题？

3.如何正确制定合同中的价格条款？需要注意哪些问题？

二、计算题

1.我方出口某商品，原报为 350 美元/桶 CIF 纽约，现外商要求将价格改报 CFRC 5%，已知保险费率为 0.6%，试求我方应将价格改报为多少？

2.某出口商品我方对外报价为每吨 1200 英镑 FOB 黄埔，对方来电要求改报 CIFC 5%伦敦，试求 CIFC 5%伦敦价为多少？(已知保险费率为 1.68%，运费合计为 9.68 英镑)

第十三章 13

商品的品名、品质、数量和包装

✲本章学习目标：

本章介绍了商品品名、品质、数量与包装条款。要求学生掌握商品质量的表示方法，商品数量的计量方法，商品包装的种类、包装标志。

第一节　商品的品名

一、商品品名的含义

商品的品名(Name of Commodity)，又称商品的名称，是指能使某种商品区别于其他商品的一种称呼。它在一定程度上体现了商品的自然属性、用途及其主要性能特征，因而能使某种商品区别于其他商品。

在国际贸易中，由于绝大多数的交易属于远期合约交易，交易双方从签订合同到交付货物往往需要相当长的一段时间，加之交易双方在洽商交易和签订买卖合同时，较少见到具体商品，因此，交易双方在合同中对进行买卖的商品作必要的描述，以确定合同的标的物就显得尤为重要。

二、合同中的商品品名条款

国际货物买卖合同中的品名条款比较简单，没有统一格式，主要由交易双方共同规定。如果在合同中有“商品名称”或“品名”的标题，则在其下列明交易双方同意买卖商品的名称；如没有标题，则在合同的首部直接以文句列明。另外，在许多交易中，同一名称的商品往往有不同的规格、等级、型号等，为了表述方便，不少合同将品名和品质规格结合在同一条款中，在这种情况下，就不单是品名条款，而是品名与品质条款的合并。

三、规定品名条款的主要事项

(一)品名要求明确具体

在签订买卖合同的品名条款时，对品名的规定必须明确、具体。这关系到标的物性质的界定，是买卖双方交货的依据。

(二)针对实际作出实事求是的规定

品名条款中规定的品名，必须是卖方能够供应买方所需要的商品，凡做不到或不必要的描述性词语都不应列入，以免给履行合同带来困难。

(三)品名的规定要采用国际通用名称

有些商品的名称，各地叫法不一，应尽可能使用国际上通行的称呼。若使用地方性的名称，交易双方应事先就其含义达成共识。

(四)注意选用合适的品名

某些商品具有不同的名称，在确定合同的品名时应从降低关税、节省运费和方便进出口的角度出发，选用合适的商品名称。

❖【案例 13－1】

韩国甲公司向中国乙公司订购大蒜 650 公吨，在缮制合同时，由于山东胶东半岛地区是大蒜的主要产区，通常我国公司都以此为大蒜货源基地，所以乙公司就按惯例在合同品名条款上打上了“山东大蒜”。但在临近履行合同时，大蒜产地由于自然灾害导致歉收，货源紧张。乙公司紧急从其他省份征购，最终按时交货。但甲公司来电称，所交货物与合同规定不符，要求乙公司作出选择，要么提供山东大蒜，要么降价，否则将撤销合同并提出赔偿要求。请问:甲公司的要求是否合理?

❖【案例分析】

本案是由于商品品名条款所引发的争议，甲公司的要求合理。按照有关法律和商业惯例的规定，对商品品名的规定，是构成商品说明的一个重要组成部分，是买卖双方交接货物的一项基本依据。若卖方交付的货物不符合约定的品名或说明，买方有权拒收货物或撤销合同并提出损害赔偿。

第二节 商品的品质

一、商品品质的含义及重要性

(一)品质的含义

商品的品质(Quality of Goods)是货物外观形态和内在质量的综合反映。货物的外观形态包括货物的表面形态、结构、色泽、手感、味觉等;货物的内在质量包括货物的物理和机械性能、化学成分、生物结构、加工技术水平等。

(二)品质的重要性

品质的优劣直接影响货物的使用价值和价格，它是决定货物使用效能和影响其市场价格的重要因素。在当前国际市场竞争空前激烈的条件下，许多国家都把"提高货物质量、力争以质取胜"作为非价格竞争的一个主要组成部分，成为加强对外竞销的重要手段之一。

合同中的品质条件是构成货物说明的重要组成部分，是买卖双方交换货物的依据。《联合国国际货物销售合同公约》规定，卖方交付货物必须符合约定的质量，如卖方交货不符合约定的品质条件，买方有权要求损害赔偿，也可要求修理或交付替代货物，甚至拒收货物和撤销合同。

❖【案例 13－2】

青岛某纺织厂向加拿大出口一批绣花被罩，国外要求花绣在被罩的横面。但合同签订后，该厂在加工时，认为花纹应绣在被罩的竖面才较明显，便擅自决定改变了绣花部位。商品出口到国外后，买方以布局与合同不符为由，要求全部退货。请问:我方应如何处理较为妥当?

❖【案例分析】

在进出口业务中，如果卖方所交货物的品质与合同规定不符，买方有权拒收货物或提出索赔要求。因此，本案例中我方不能拒绝对方的退货要求。但从我方的利益看，由于货物已经生产出来并已运出国外，如果接受对方的退货要求，并将货物运回国内，将使我出口企业蒙受巨大的经济损失。因此，我方应该争取在我方提供一定经济补偿的条件下使买方接收货物，或者将出口合同改为由买方代卖。在买方拒绝上述两项建议的情况下，也要积极寻找其他的买主或代卖商。此外，如果在修改前与买方洽商征得同意也会避免此类拒收事件。

二、商品品质的表示方法

在国际贸易中，由于交易的商品繁多，故表示商品品质的方法也不尽相同，归纳起来，可分为凭实物表示和凭文字说明表示两大类。

(一)凭实物表示品质

1.看货买卖

看货买卖的做法是买方或其代理人先在卖方存放货物的场所验看货物，一旦达成交易，卖方应按买方验看过的商品交货。只要卖方交付的是买方验看过的货物，买方就不得对品质提出异议。这种做法多用于寄售、拍卖和展卖业务中。

2.凭样品买卖(Sale by Sample)

(1)概念

凭样品买卖是指交易双方根据实物样品进行洽谈并签订合同。作为品质依据的样品应该是标准样品，即从一批商品中抽取出来的，或由生产、使用部门设计并加工出来能代表一般商品品质的少量实物。凭样品签订合同后，卖方须交付与样品相同的货物。这种做法通常用于部分工艺品、服装、土特产品、轻工产品等。

(2)凭样品买卖的种类

根据样品来源不同，可将凭样品买卖分为以下 3 种。

第一种是凭卖方样品(Sale by Seller's Sample)。是指由卖方提供样品，买方加以确认，作为交付货物品质的依据。

第二种是买方样品(Sale by Buyer's Sample)。是指买卖双方根据买方提供的样品进行洽谈并订立合同，卖方须按此样品交付货物。

第三种是对等样品(Sale by Counter Sample)。对等样品是指卖方根据买方提供的样品，加工复制出类似的并经买方确认的样品。以此样品为依据订立合同后，卖方交付货物的品质即以对等样品而非买方样品为准。

(3)凭样品买卖应注意的问题

①凡是能用科学指标表示商品品质的商品，不宜凭样品买卖。

②凭样品买卖时，应选择具有代表性的样品，质量偏高或偏低都不利。

③如卖方对品质无绝对把握，可在合同中订立一些灵活的规定，如“品质与样品大致相同”或“品质与样品近似”。

(二)凭文字说明表示品质

国际贸易中以实物作为品质依据的并不多，大多还是通过文字、图表、图片等方式表示商品的品质，这种方法称为“凭文字说明买卖”，具体有以下几种。

1.凭规格买卖(Sale by Specification)

商品的规格是指一些反映商品品质的主要指标，如成分、含量、纯度、性能、容量、尺寸、重量、色泽等。用商品的规格来表示商品品质的方法称为“凭规格买卖”。如活性小麦面筋粉，水分最高 10%，蛋白含量最低 75%，吸水性最低 15%。

2.凭等级买卖(Sale by Grade)

商品的等级是指同一类商品，按其规格不同，分为品质优劣各不相同的等级。例如桑蚕丝分为 12 个品级，用简明符号表示为 6A、5A、4A、3A、2A、A、B、C、D、E、F、G。一般凭等级买卖，只需列明商品的等级，无须详列各级品质的具体规格。但由于各国分类方法不同，各等级的规格也不尽相同，在这种情况下，须在合同中列明分类方法或直接列明每一种等级的具体规格。

❖【案例 13－3】

某出口公司与国外某公司成交苹果一批，合同与信用证上均列明是二级品，但到发货装船时才发现二级苹果库存告罄，于是改以一级品交货，并在发票上加注："一级苹果仍按二级计价。"请问：这种以次充好、原价不变的做法妥当吗？

❖【案例分析】

这种以次充好、原价不变的做法很不妥当。在国际贸易中，卖方所交商品必须与合同规定的完全一致，否则买方有权提出拒收或索赔要求。此时我方应该主动将情况告知买方，与买方协商解决办法，或者将合同规定交货的二级品改为一级品，争取按一级品计价，在必要的时候给予买方一定的经济补偿或者价格折让，尽量减少我方的经济损失。

3.凭标准买卖(Sale by Standard)

将商品的规格、等级予以标准化即为商品的标准。有的由国家或有关政府的主管部门规定，有的由同业公会、贸易协会、科学技术协会或交易所规定。我国现行的标准分为国家标准、行业标准、地方标准和企业标准。由于标准是经常修改的，因此引用时必须注意制定年份和版别。

国际贸易中，农副产品由于品质变化较大，难以等级化和标准化，买卖时通常采用"良好平均品质"(Fair Average Quality, FAQ)。良好平均品质是指一定时期内某地出口农副产品的平均品质水平，一般指中等货，在我国也称大路货。

4.凭说明书和图样买卖(Sale by Descriptions and Illustrations)

凭说明书和图样买卖是指交易双方订立合同时，以说明书及有关图样、照片、设计图纸、分析表及各种数据说明商品的具体性能和结构特点。这种方法主要用于机器、电器和仪表等技术密集型产品的交易，因为这些产品结构和性能复杂，安装、使用、维修都有一定的操作规程，很难用几个简单的指标说明品质的全貌。

5.凭商标或牌号买卖(Sale by Trade Mark or Brand)

商标(Trade Mark)是指生产者或销售者识别其生产或销售的商品的标志，可由一个或几个具有特色的单词、字母、图形、数字或图片等组成。牌号(Brand Name)是指工商企业为区别同类产品而给本企业生产或销售的商品冠以的名称。在国际贸易中，市场上行销已久、质量稳定、信誉良好，并为买方或消费者所熟悉喜爱的产品，可以凭商标或牌号来规定商品的品质。

6.凭产地名称买卖(Sale by Name of Origin)

在国际贸易中，一些产品，主要是农副土特产品，因生产地的自然条件、传统加工工艺及其他因素的影响，在品质方面具有其他产地所不具备的独特风格或特色，对这些产品可用产地名称来表示商品的品质，如我国的西湖龙井、贵州茅台酒等。

三、合同中的品质条款

(一)品质条款的基本内容

在买卖合同中，品质条款有繁有简，应根据不同的商品和不同的表示方法而定。品质条款一般应包括商品的名称、规格、等级、标准和牌号等。如果是凭样品买卖，合同中的品质条款还需列明样品的编号和寄送日期。在凭文字说明买卖时，应针对交易的不同情况明确规定商品的名称、规格、等级、标准、产地名称等内容。

(二)品质机动幅度与品质公差

1.品质机动幅度

农副产品等初级产品具有质量不稳定的特点，过于严格的品质要求会使交易难以进行。为此，在订立品质指标的同时要另订一定的品质机动幅度，即允许卖方货物的品质指标在一定幅度内波动。

品质机动幅度的规定方法主要有以下三种：

(1)规定范围

指允许品质指标有一定范围的差异。如“漂布，幅阔 35/36 英寸”。

(2)规定极限

指对品质指标规定上下极限，如最大、最多、最高为多少，或最小、最少、最低为多少。例如“中国花生仁，不完善粒最高 5%，含油量最低 44%”。

(3)规定上下差异

指规定某一具体品质指标及其上下变动的幅度。如“灰鸭绒，含绒量 17%，允许上下波动 1%”。

2.品质公差

品质公差(Quality Tolerance)是指国际间同行业所公认的产品品质的误差。有些工业制成品，由于在生产过程中不能做到很精确，可根据国际同行业所公认的国际惯例或经买卖双方协商同意，对合同中的品质指标订有允许的“公差”，如手表走时的误差。只要在品质公差范围内，卖方的交货都是合法的，买方不得拒绝接受，也不得要求调整生产。

四、订立品质条款应注意的问题

(一)科学合理地订立品质条款

在订立品质条款时，要坚持平等互利的原则，注意品质条款的科学性和合理性。要根据生产实践科学、合理地规定影响品质的各项重要指标，对次要指标应少订，以免影响整个合同的履行。

(二)对条款的规定应明确、具体

在订立品质条款时，文字表达应明确具体。除凭样品成交的少量商品外，要避免使用“大约”“左右”“合理误差”等含糊笼统的字眼，也不要使用“无”“彻底”等绝对化的字眼，以免引起不必要的纠纷。

(三)应正确运用各种表示品质的方法

表示商品品质的方法有多种，不同的商品适用不同的方法。一般而言，能用科学的指标表示商品的品质，适用于凭规格、等级或标准买卖；难以规格化和标准化的商品，如工艺品等，适用于凭样品买卖；质量稳定、商品和品牌知名度高的产品，适用于凭商标或品牌买卖；结构和工艺复杂、技术要求高的大型机器、设备等商品，适用于凭说明书和图样买卖；具有地方特色和风格的产品，适用于凭产地名称买卖。此外，在订立合同时应注意，凡是可以只用一种方法表示品质的，最好不要采用多种表示方法，以免给履行合同带来困难。

第三节 商品的数量

一、约定商品数量的意义

商品数量是指以一定的度量衡表示商品的重量、个数、长度、面积、体积、容积的量。

在国际货物买卖中，数量的多少，不仅关系到交易规模的大小，而且是影响价格和其他交易条件的重要因素。商品的数量条款是买卖合同的主要条款，也是买卖双方交接货物的数量依据。《联合国国际货物销售合同公约》规定，按约定的数量交付货物是卖方的一项基本义务，如卖方交货数大于约定的数量，买方可以拒收多交的部分，也可收取多交部分中的一部分或全部，但应按合同价格付款；如卖方交货数少于约定的数量，卖方应在规定的交货期届满前补交，但不得使买方遭受不合理的不便或承担不合理的开支，即使如此，买方也有保留要求损害赔偿的权利。

❖【案例 13－4】

中国某公司从美国进口小麦，合同规定：数量为 80 公吨，每公吨 100 美元，而外商共装运了 100 公吨。请问：对于多装的 20 公吨，我公司应如何处理？

❖【案例分析】

根据《联合国国际货物销售合同公约》的规定，对于卖方交货数量大于约定的数量，买方可以拒收多交的部分，也可收取多交部分中的一部分或全部，但应按合同价格付款。

二、计量单位

国际贸易中常用的计量单位有六大类。

(一)重量(Weight)单位

按重量计量商品数量是当今国际贸易中使用最广泛的一种，大多数农副产品、矿产品及工业制成品均以重量计量。单位有：公吨(metricton)、长吨 longton)、短吨(shortton)、公斤(kilogram)、克(gram)、磅(pound)、盎司(ounce)等。

(二)数量(Number)单位

大多数工业制成品，如日用消费品、轻工业品、机械产品，以及部分土特产品，习惯以数量单位计量。计量单位有：件(piece)、双(pair)、套(set)、打(dozen)、卷(roll)、令(ream)、箩(gross)、桶(barrel)、袋(bag)、包(bale)等。

（三）长度（Length）单位

金属绳索、丝绸、布匹等商品的数量多用长度单位来计量，如米（meter）、码（yard）、英尺（foot）。

（四）面积（Area）单位

玻璃板、皮革、地毯等商品的数量多以面积单位计量，如平方米（squaremeter）、平方码（squareyard）、平方英尺（squarefoot）等。

（五）体积（Volume）单位

木材、天然气及化学气体等商品的数量多以体积单位计量，如立方米（cubicmeter）、立方码（cubicyard）、立方英尺（cubicfoot）等。

（六）容积（Capacity）单位

各种谷物及流体商品的数量多以容积单位计量，如蒲式耳（bushel）、公升（liter）、加仑（gallon）等。

三、计量方法

国际贸易中，以重量单位计量商品数量最为广泛，其计量方法有以下几种。

（一）毛重（Gross Weight）

毛重是指商品本身的重量加皮重（tare）的重量，即包括包装物在内的商品重量。有些单位价值不高的商品，可采用毛重作为计算价格和交付货物的计量基础，称作“以毛作净”。

（二）净重（Net Weight）

净重是指商品的毛重减去包装物重量（皮重）之后的商品实际重量。

采用净重计重时，首先要计算出皮重，再从毛重中扣除。计算皮重的方法有以下四种。

1.按实际皮重（Actual Tareor Real Tare）计算

实际皮重是指包装物的实际重量，是计算每件包装重量之后的加总。

2.按平均皮重（Average Tare）计算

平均皮重是指按部分商品的实际包装重量求出的平均包装重量乘以总件数便得出整批货物的皮重。这种计算皮重的方法要求商品包装比较划一，重量相差不大，随机抽出的样品能够代表整体。随着技术的发展和包装材料规格的标准化，此做法日益普遍。

3.按习惯皮重（Customary Tare）计算

习惯皮重是指规格化的包装的重量，已被市场所公认，计算皮重时，以习惯皮重乘以总件数即可，无须对包装逐一过秤。

4.按约定皮重（Computed Tare）计算

约定皮重是指买卖双方事先约定单件包装物的重量，乘以商品的总件数，得出全部包装物的重量。

(三)公量(Conditioned Weight)

公量是指用科学方法抽掉商品中的水分，再加上标准水分所求得的重量。这主要是针对棉花、生丝、羊毛等价值较高而水分含量极不稳定的这一类商品所采取的计重方法。

(四)理论重量(Theoretical Weight)

理论重量是指某些有固定规格和尺寸，重量大致相等的货物商品，以其单个重量乘以其件数而推算出来的重量，如马口铁、钢板等。

(五)法定重量(Legal Weight)

法定重量是指商品重量加上直接接触商品的包装物料(如销售包装)之后商品的重量。根据一些国家的海关法，征收从量税时以法定重量来计量商品的重量。

四、合同中的数量条款

(一)数量条款的基本内容

合同中的数量条款，主要包括成交商品的具体数量和计量单位。如按重量计量的商品，则应包括计算重量的方法，如毛重、净重、以毛作净等。

(二)数量机动幅度

按照合同规定的数量交付货物是卖方的基本义务。但是，在实际业务中，有些商品，如农副产品、矿产品等，由于商品本身的特性、自然条件、包装方式以及运输工具等多种因素的限制，卖方实际交货的数量往往不能完全符合合同规定的数量。为避免日后因交货数量发生争议，在签订合同时，买卖双方就需要在合同中订明交货数量的机动幅度。国际货物买卖中数量的机动幅度通常有两种规定方法：一是溢短装，二是“约”量。

1.溢短装条款

溢短装条款(more or less clause)是指在买卖合同的数量条款中规定可以增减的百分比，卖方交货数量只要在允许增减范围内，即为符合合同有关交货数量的规定。

例如：1000公吨，卖方可溢装或短装5%(1000m/t，with5%more or less at option)。溢短装条款一般由卖方决定，有时也可由买方决定。在采用租船运输时，也可规定由承运人决定。买卖双方最好在合同中提前规定好。

2.“约”量

“约”量(about circa，approxi mate)条款是表示实际交货数量可有一定幅度的弹性条款，是在交货数量的具体数字前叫“约”字。例如：约1000码(about 1000 yards)。

国际上“约”量的解释不同，有的国家解释为2.5%上下，有的解释为5%上下，也有的解释为10%上下，这种差异会给合同的履行带来困难。《跟单信用证统一惯例》第30条第a款对约数进行了如下规定：“‘约’或‘大约’用于信用证金额或信用证规定的数量或单价时，应解释为允许有关金额或数量或单价有不超过10%的增减幅度。”而第30条第b款规定：“在信用证未以包装单位或货物自身件数的方式规定货物数量时，货物数量允许有5%的增减幅度，只要总支取金额不超过信用证金额。”因此，约量条款在进出口合同中不宜采用，买卖双方可用溢短装条款来代替约量条款。如果一定要使用该条款，双方也应该在合同中列明约量的具体值。

❖【案例 13－5】

某出口公司出口电风扇 1000 台，国外来证规定不许分批装运。但在出口装船时才发现有 45 台的包装破裂，有的风罩变形，有的开关按钮脱落。为保证质量并按期交货，出口公司业务员认为根据《UCP600》的规定，即使不准分批装运，在数量上也可有 5%的伸缩，如少装 45 台并未超过 5%，结果只装了 955 台。当持单到银行议付时，银行拒付。请问:议付行的拒付是否合理，为什么?

❖【案例分析】

议付行拒付是合理的。根据《UCP600》的规定:在信用证未以包装单位或货物自身件数的方式规定货物数量时，货物数量允许有 5%的增减幅度，只要总支取金额不超过信用证金额。而本案例中风扇是以个体计数的商品，所以不适用 5%的增减幅度。

五、订立数量条款应注意的问题

(一)正确掌握成交数量

对出口货物数量的掌握应该考虑国外市场的供求状况，国内市场的货源供应情况，国际市场的价格动态，以及国外客户的资信状况和经营能力。对进口商品数量的掌握应该考虑国内实际需要，国内支付能力，以及市场行情变化等。

(二)数量条款的各项内容应具体、明确

在订立数量条款时，关于计量单位、计算方法以及机动幅度等内容的规定必须明确具体，避免使用含义笼统的词句，使买卖双方的责任明确，以避免履约时的纠纷。

(三)规定合理的数量机动幅度

数量机动幅度大小应合理。在分批装运时，应争取每批都有机动幅度，否则，应前几批装运数量争取准确，最后一批留作调整。机动幅度的选择权应合理，同时，溢短装数量的计价方法要合理。

第四节 商品的包装

一、商品包装的重要性

包装是商品生产的继续，绝大多数商品只有进行了包装，才能进入流通领域，从而实现其使用价值与价值。包装不仅对保护商品、美化商品、宣传商品起着重要作用，还大大方便了商品的运输、装卸、储存、清点、陈列、携带甚至使用。在国际市场上，包装的好坏关系到商品售价的高低、销路的通畅与否，以及一个国家及其产品声誉的高低。

在国际货物买卖合同中，包装是说明货物的重要组成部分，包装条件是买卖合同中的一项主要条件。按某些国家的法律规定，如卖方所交的货物未按约定的条件包装，买方有权拒收货物。

二、运输包装

运输包装又称外包装或大包装，其作用在于保护商品、减少运费、方便运输，以及便于储存、计算等。

(一)对运输包装的要求

一般来说，对国际贸易商品的运输包装比对国内贸易商品运输包装的要求要高，在制作商品的运输包装时，应当体现下列要求:第一，运输包装必须适应商品的特性，如水泥须防潮包装、流体货物须防漏包装等。第二，必须适应各种不同运输方式的要求，如海运须牢固防挤防碰的包装、铁路运输须防震的包装等。第三，必须考虑有关国家的法律规定和客户的要求，如有些国家禁止使用柳藤、稻草之类的材料作包装用料等。第四，要便于各环节有关人员进行操作，尽量采用合理的标准化的包装，以易于识别、计量、查验，便于装卸、搬运和保管。第五，要在保证质量的前提下节省费用，在选用包装材料、进行包装设计时要注意节约，降低成本。

(二)运输包装的分类

运输包装根据包装方法的不同，可分为单件运输包装和集合运输包装两种方式。

1.单件运输包装

单件运输包装是指货物在运输过程中作为一个计算单位的包装，其包装材料主要有纸、塑料、木材、金属和陶瓷等。主要包装方式有:箱(Cases)、包(Bales)、桶(Carks)、袋(Bags)、纸箱(Carton)、木箱(Wooden Cases)、铁桶(Iron Carks)、木桶(Wooden Carks)、纸袋(Paper Bags)、麻袋(Gunny Bags)等。

2.集合运输包装

集合运输包装指将若干单件运输包装组合成一件大包装，以适应现代化运输、装卸工作的要求。常见方式有集装箱、集装包、集装袋和托盘。

(1)集装箱(Container):是用金属板或玻璃钢板制成的长方形大箱，可装 5～40 吨货物。目前国际上通用的集装箱规格很多，但最通用的是 8 英尺(宽)×8 英尺(高)×20 英尺(长)和 8 英尺(宽)×8 英尺(高)×40 英尺(长)两种。一般计算集装箱的流量时，通常以 20 英尺集装箱为一个标准单位，通称"TEU"。

(2)集装包和集装袋(Flexible Container):是用合成纤维或复合材料编织成的方形大包或圆柱形大口袋。可容 1～4 公吨货物，最多可达 13 公吨。适合于包装面粉、大米、食糖、化工原料等颗粒状或粉状货物。

(3)托盘(Pallet):一般是用木材、金属或塑料制成托板，将货物堆放在托板上面，并用箱板纸、塑料薄膜或金属绳索加以固定，组合成一件包装，便于在运输过程中进行装卸、搬运和堆放。

(三)运输包装标志

运输包装标志，简称包装标志，是在商品的运输包装上用文字、图形、数字制作的特定记号和说明事项。其目的是便于装卸、运输、仓储、检验和交接工作的顺利进行。

根据用途不同，运输包装标志分为运输标志、指示性标志和警告性标志。

1.运输标志(Shipping Mark)

运输标志又称唛头，通常是由一个简单的几何图形和一些字母、数字及简单的文字组成，主要作用是便于识别货物，防止错发、错运。

按国际标准化组织建议的标准唛头包括:收货人或买方名称的英文缩写字母或简称;参考号(如运单号、订单号或发票号);目的地;件数号码(件号)。

2.指示性标志(Indication Mark)

指示性标志是指以简单、醒目的图形和文字在包装上的标出，又称注意标志，目的在于提示人们在装卸、运输和保管过程中需要注意的事项，如"小心轻放""易碎""防湿""防热""防冻""由此吊起""由此开启"等。使用文字时最好使用进口国和出口国的文字，通常以英文的居多。

3.警告性标志(Warning Mark)

警告性标志又称危险货物包装标志，是指对一些易燃品、易爆品、有毒品、腐蚀性物品等危险品在其运输包装上清楚而明显地刷制的标志。警告性标志可以使装卸、运输和保管人员采取相应的保护措施，以保护物资和人身安全。警告性标志一般由简单的几何图形、文字说明和特定图案组成。

三、销售包装

销售包装又称内包装或小包装，是直接接触商品并随商品进入零售市场和消费者见面的包装。这类包装除具有保护商品的功能外，还具有美化、宣传商品，便于消费者识别、选购、携带及使用，以及促销的功能。

(一)对销售包装的要求

在设计及制作销售包装时必须注意:便于陈列展售;便于识别商品;便于携带和使用;要有

艺术吸引力。

(二)销售包装分类

根据商品的特性、形状、数量及商品的销售意图，可设计不同的销售包装。按形式和作用的不同，销售包装可分为：堆叠式包装、挂式包装、易开式包装、携带式包装、喷雾式包装、配套包装、礼品包装等。

(三)销售包装的标志和说明

1.包装的装潢画面

销售包装的装潢画面要突出商品特点、美观大方、富有艺术吸引力，还应适应有关国家的民族习惯和爱好。

2.文字说明

销售包装上应有必要的文字说明，如商标、品牌、品名、产地、数量、规格、成分、用途和使用方法等。使用的文字应简明扼要，必要时也可中外文并用。文字说明应与装潢画面相结合，彼此衬托、补充，以达到宣传与促销的目的。

3.条形码

商品销售包装上的条形码是由一组带有数字的粗细间隔不等的黑白平行条纹组成，它是利用具有光电扫描阅读设备的计算机输入数据的特殊的代码语言。只要将条形码对准光电扫描器，计算机就能自动识别其中的信息，从而确立该商品的品名、品种、数量、生产日期、生产厂商及产地等，并据此在数据库中查询其单价，进行货款结算。条形码的使用大大提高了货款结算和销售统计的效率和准确性。

目前，国际上通用的条形码有两种：一种是由美国、加拿大组织的统一编码委员会编制的UPC码(Universal Product Code)；另一种是由欧共体12国组成的国际物品编码协会编制的EAN码(European Article Number)。我国于1988年12月建立了"中国物品编码中心"，负责推广条形码技术，并进行统一管理。

1991年4月我国正式加入国际物品编码协会，被分配的国别号为690～695。销售包装上的条形码前三位有690～695国别代码的商品，即属我国出口的商品。

四、中性包装和定牌

(一)中性包装

中性包装是指在商品上和内外包装上不注明生产国别、地名和厂商，以及商标或牌号的包装。中性包装分为无牌中性包装和定牌中性包装两种。前者包装上既无生产地名和厂商名称，也无商标或牌号；后者只有买方指定的商标或牌号，但无产地名和生产厂商名称。

采用中性包装是为了打破某些进口国家与地区的关税和非关税壁垒，也是出口国厂商加强对外竞销和扩大出口的一种手段。

(二)定牌

定牌是指买方要求卖方在出口商品或包装上使用买方指定的商标或牌名的做法。通常是许多国家的超级市场、大百货公司及专业商店，为扩大其知名度和显示商品身价，要求在其出售的商品上或商品包装上标有该商品使用的商标或牌号；而作为出口商的卖方，为了利用买方的经营能力及商业信誉以扩大销路，也愿意接受定牌生产。

五、合同中的包装条款

(一)包装条款的主要内容

包装条款即包装条件，包括包装材料、包装方式、包装规格、包装标志及包装费用负担等内容。

1.包装方式和包装材料的规定

关于包装方式和包装材料的规定，须根据商品的性能、特点及采用的运输方式作出安全、适用的选择。通常使用的有纸箱装、木箱装、麻袋装等。

2.包装标志的规定

商品包装上的标志包括指示性标志、危险品标志以及条形码标志等，一般在买卖合同中无须规定，而由卖方在对货物进行包装时，根据商品特性、行业习惯以及包装实际自行刷制。

3.包装费用的规定

包装物料和费用一般包括在货价之内，通常不另计价。但如果在买方对于包装材料和包装方式提出特殊要求的情况下，卖方也可要求另收包装费。

(二)制定包装条款的注意事项

1.对包装的要求应明确具体

在订立包装条款时应明确具体，如“海运包装”“习惯包装”之类的术语含义模糊，易引起争议。因此，除非双方事先已有一致认识，否则不宜采用。

2.考虑商品的特点和运输方式的要求

在约定包装材料、包装方式、包装规格和包装标识时，必须考虑商品本身的特点以及在储运和销售过程中的实际需要，在此基础上确定适宜的包装。

3.要适合有关国家的法律法规

包装条款必须与有关国家的法律法规相适应，如有些国家规定不得使用麻袋、稻草等作为包装材料；有的国家对内外包装装潢上使用的标签、印记往往也有规定。

◆复习思考题：

一、简答题

1.商品的品质有哪些表示方法？

2.订立品质机动幅度的方法有哪几种？

3.规定合同中的数量条款应该注意什么问题？

4.什么是运输标志？它有哪些主要内容？

二、案例分析题

1.我方某出口公司对美成交出口电冰箱4500台，合同规定pyw—A、pyw—B、pyw—C三种型号各 1500 台，不得分批装运。待我方发货时，发现 pyw—B 型电冰箱只有 1450 台，而其他两种型号的电冰箱存货充足，考虑到 pyw—B 数量短缺不大，我方于是便以 50 台 pyw—A 代替 pyw—B 装运出口。

问：我方的做法是否合适？为什么？

2.我国某外贸公司向海湾某国家出口冻鸭一批，合同规定按伊斯兰教方法屠宰。但我方在加工时改用科学的“钳杀法”。货到国外后遭对方拒绝。

问：货物遭到拒收的原因何在？我方应如何处理？

3 菲律宾某公司与上海某自行车厂洽谈业务，打算从我国进口“永久”牌自行车 1000 辆，要求我方将商标改为“剑牌”，包装上不得注明“中国制造”。

问：我方可否接受？在处理此类业务时应注意什么问题？

4.某厂外销布匹 4 万 m，合同上订明：红白黄绿四种颜色各 1 万 m，并附有允许卖方溢短装 10％的条件。该厂实际交货数量为红色 10400m，白色 8000m，黄色 9100m，绿色 9000m，共计 36500m。白布虽超过 10％的溢短装限度，但就四种颜色布的总量来说，仍未超过条件。

问：在此情况下，是否只有白布部分违约还是全部违约？

第十四章 国际货物运输 14

✤**本章学习目标：**

本章介绍各种运输方式及运输单据的概念和特点，要求学生掌握各种运输单据的法律意义，掌握海运提单的相关概念、分类，掌握《UCP600》的有关规定，掌握国际贸易合同中运输条款的订立方法与注意事项。

第一节 运输方式

在国际贸易中，运输方式有许多种，如：海洋运输、铁路和公路运输、航空运输、管道运输、邮政运输等，其中最重要的方式是海洋运输。目前，国际贸易总运量的80%以上是利用海洋运输方式实现的。

一、海洋运输

海洋运输是指使用船舶通过海上航道在不同国家和地区的港口之间运送货物的一种运输方式。海洋运输具有通过能力大、运费低、对货物适应能力强等优点，但是受自然条件影响较大，航行速度较慢，风险较大。

根据海洋运输船舶的经营方式不同，海洋运输可分为班轮运输和租船运输两大类。

(一)班轮运输

班轮运输(Liner Transport)，又称定期船或邮船运输，是指船舶按照固定的船期表、沿着固定的航线和港口并按相对固定的运费率收取运费的运输方式。

1.班轮运输的特点

(1)“四固定”：即固定的航线、固定的停靠港、固定的船期、固定的运费率。

(2)“一负责”：货物由班轮公司负责配载和装载，装卸费已包含在运费内，班轮公司和托运人双方不计装卸费、滞期费和速遣费。

(3)船、货双方的权利、义务与责任豁免，以船方签发的提单条款为依据。

(4)班轮承运货物的品种、数量比较灵活，货运质量比较有保证，且一般在码头仓库交接货物，为货主提供了较便利的条件。

2.班轮运费

班轮运费是指班轮公司为运输货物而向货主收取的费用。班轮运费包括基本运费和附加运费两部分。基本运费是指货物从装运港到卸货港所应收取的基本费用，它是构成全程运费的主要部分;附加运费是指对一些需要特殊处理的货物，或者由于突发事件或客观情况变化等而需另外收取的费用。

(1)基本运费的计算标准

①按货物的毛重计收，又称重量吨(Weight Ton)计收，运价表中用“W”表示。

②按货物的体积计收，又称尺码吨(Measurement Ton)计收，运价表中用“M”表示。

③按毛重或体积较高者计收，运价表中以“W/M”表示。

④按货物的价格计收，又称为从价运费。在运价表中以“A.V”或“Ad.Val”表示。从价运费一般按货物FOB价格的百分之几收取。

⑤按货物的重量、体积或价格中最高者计收，在运价表中以“W/MorAd.Val”表示。

⑥按货物重量或尺码选择其高者，再加上从价运费计算，在运价表中以“W/MplusAd.Val”表示。

⑦按每件货物作为一个计费单位收费。

⑧大宗商品交易下，由船、货双方议定。

上述计算运费的重量吨和尺码吨，统称为运费吨(Freight Ton)，又称计费吨。现在国际上一般都采用公制(米制)，其重量单位为公吨，尺码单位为立方米。计算运费时，1立方米作为1尺码吨。

(2)附加费

附加费用可按基本运费的一定比例计收，也可按每运费吨加收固定金额。在班轮运输中，常见的附加费如下：

①超重附加费(Heavy Lift Additional):它是指由于货物单件重量超过一定限度而加收的一种附加税。

②超长附加费(Over Length Additional):它是指由于单件货物的长度超过一定限度而加收的一种附加税。

③直航附加费(Direct Additional):它是指托运人要求将一批货物直接运达非基本港口卸货，船公司为此加收的费用。

④转船附加费(Transshipment Surcharge):是指凡运往非基本港的货物，需转船运往目的港，船方因此收取的附加费。

⑤港口附加费(Port Additional):由于某些港口的情况比较复杂，装卸效率较低，或港口收费较高等原因，船公司特此加收一定的费用。

⑥港口拥挤附加费(Port Congestion Surcharge):是指由于有些港口拥挤，船舶停泊时间增加而加收的附加费。

⑦选港附加费(Optional Surcharge):是指托运人托运货物时不能确定具体卸港，要求在

预先提出的两个或两个以上港口中选择其中一个港口卸货，船方加收的附加费。

⑧燃油附加费(Bunker Surcharge)：是指在燃油价格突然上涨时加收的费用。

(3)班轮运费的计算步骤

①选择相关的船公司运价表；

②根据货物名称，从货物分级表中查出相应的等级(Class)及计费标准(Basis)；

③在等级费率表的基本部分，找到相应的航线、起运港和目的港，按等级查出货物的基本运价；

④再从附加费部分查出所有的附加费项目及计收办法；

⑤根据基本运价和附加费算出实际运价；

⑥总运费＝实际运价×运费吨。

(二)租船运输

租船运输(Shipping by Charter)，又称不定期船运输。和班轮运输不同，租船没有固定的船期表、航线及挂靠港口，而是根据船东与租船人双方签订的租船合同，按贸易需求安排船期、航线和港口。

1.租船运输的特点

(1)租船运输一般是整船洽租，并以运输价值较低的大宗散装货物为主，单位运输成本较低。

(2)租船运输没有固定的航线、固定的装卸港口和固定的船期，而是由租船人和船方双方洽商运输条件，以租船合同的形式加以规定。

(3)租船运输没有固定的运价，租船价格受租船市场供求关系的制约。

(4)租船运输中承租人和船舶所有人之间的权利和义务通过双方签订的租船合同确定。

(5)租船运输中，船舶港口使用费、货物装卸费、船舶延期费用等的承担和支付按租船合同的规定由船舶所有人或承租人负担。

2.租船运输的方式

(1)定程租船

定程租船(Voyage Charter)，又称航次租船，是指由船舶所有人负责提供船舶，在指定港口之间进行一个航次或数个航次，承运指定货物的租船运输。定程租船的特点是：船舶的经营管理由船方负责；船方规定运输的航线和装运货物的种类、名称、数量以及装卸港口；船租双方的权利和义务以定程租船合同为依据；在租船合同中对装卸货物的时间加以规定，船租双方计算滞期费和速遣费。

(2)定期租船

定期租船(Time Charter)，又称期租船，是指由船舶所有人将船舶出租给承租人，供其使用一定时期，承租人向船东给付租金的租船运输方式。在此期限内，承租人可以利用船舶的运载能力来安排货运。租期内的船舶燃料费、港口费用及拖轮费用等营运费用都由承租人负担，船舶所有人只负责船舶的维修、保险、配备船员和船员的给养和支付其他固定费用。

(3)光船租船

光船租船(Bareboat Charter)，是指船舶所有人将船舶出租给承租人使用一个时期，但与定期租船不同的是，船舶所有人只提供一艘空船，承租人需要自行配备船长、船员，并负责他们的给养和船舶营运管理所需的一切费用。这种租船方式，在当今国际贸易中很少使用。

3.租船运输的费用

在此只介绍定程租船的运费。

(1)定程租船运费的计算方法

定程租船运费的计算方法主要有两种：一种是按规定运费率，即按每单位重量或单位体积规定的运费额计算；另一种是规定整船包价，即规定整船运费，船东保证船舶能提供的载货重量和容积，不管租方实际装货多少，一律照整船包价付费。

(2)定程租船的装卸费用

班轮运费中包括装卸费，所以班轮运输时的港口装卸由船方负责。定程租船中，货物的装卸费用由租船人和船舶所有人协商确定后在租船合同中做出具体规定。具体做法主要有以下四种：

①船方负担装货费和卸货费条件(Gross Terms;Liner Terms 或 Berth Terms)，又称"班轮条件"。

②船方管装不管卸(Free Out，FO)条件。

③船方管卸不管装(FreeIn，FI)条件。

④船方装和卸均不管(Free In And Out，FI)条件。

采用这一规定方法时，还需明确规定理舱费和平舱费由谁负担，一般都规定由租船人负担，即船方不负责装卸、理舱和平舱条件(Free In and Out，Stowed and Trimmed，FIOST)。

二、铁路运输

在国际货物运输中，铁路运输是一种仅次于海洋运输的主要运输方式，海洋运输的进出口货物，也大多是靠铁路运输进行货物的集中和分散。铁路运输具有运量大、速度快、风险小、成本低等特点。

铁路运输可分为国际铁路货物联运和国内铁路运输两种。

(一)国际铁路货物联运

国际铁路货物联运是指使用一份统一的国际联运票据，由铁路负责经过两国或两国以上的全程运输，并由一国铁路向另一国铁路移交货物。移交货物时，不需要发货人和收货人参加。

采用国际铁路货物联运，有关当事国事先有书面的约定。目前国际铁路货物联运主要根据《国际货约》和《国际货协》进行。1954 年 1 月，我国参加了《国际货协》。我国可以通过东欧国家铁路办理货物联运，为我国国际贸易的发展提供了便利的运输条件。

(二)国内铁路运输

国内铁路运输是指仅在本国范围内按《国际铁路货物运输规程》的规定办理的货物运输。我国出口货物经铁路运至港口装船及进口货物卸船后经铁路运往各地，均属国内铁路运输的范畴。

对港澳地区的铁路运输按国内运输办理，但又不同于一般的国内运输。货物由内地装车至深圳中转和香港卸车交货，为两票联运，由各地外运公司签发"货物承运收据"。对澳门地区的铁轮运输，是先将货物运抵广州南站再转船运至澳门，收汇凭外运公司的“货物承运收据”办理。

三、航空运输

航空运输（Air Transport）是一种现代化的运输方式。航空运输具有速度快、准确、安全、方便等优点。目前，在整个国际贸易运输中，航空货物运输所占的比重不断增加，货运量也越来越大。航空运输最适合运输急需物资、鲜活产品、贵重物品、易腐、鲜活、季节性强的物资。航空运输主要采取以下几种运输方式：

（一）班机运输（Scheduled Airline）

班机运输是指有固定开航时间、固定航线和固定停靠航站的飞机运输。适用于运送急需物品、鲜活商品以及节令性商品。

（二）包机运输（Chartered Carrier）

包机是指包租整架飞机或由几个发货人联合包租一架飞机来运送货物。包机又分为整包机和部分包机两种形式，前者适用于运送数量较大的商品，后者适用于多个发货人，但货物到达站又是同一地点。

（三）集中托运（Consolidation）

集中托运是指航空货运公司把若干单独发运的货物组成一整批货物，用一批总运单（附分运单）整批发运到预定目的地，由航空公司在那里的代理人收货、报关、分拨后交给实际收货人。

（四）航空快递（Air Express Service）

航空快递是一种最快捷的运输方式。它由一个专门经营此项业务的机构与航空公司密切合作，设专人用最快的速度在货主、机场、收件人之间传送急件，特别适用于急需的药品、医疗器械、图纸资料、货样及单证等的传送，被称为“桌到桌运输”（Desk to Desk Service）。

四、集装箱运输和国际多式联运

（一）集装箱运输

集装箱（Container）又称“货箱”“货柜”，是一种大型的装货容器，一种流动性货舱。所谓集装箱运输就是将一定数量的单件货物装入按标准规格特制的集装箱内，并以该箱作为运送单位的一种现代化的运输方式。它可适用于各种运输方式的单独运输和不同运输方式的联合运输。

1.集装箱货物的装箱方式

(1)整箱货（Full Container Load；FCL）

这种装箱方式是指货主自行将货物装满整箱后，以箱为单位向承运人进行托运。除有些较大的货主自己备有集装箱外，一般都是货主向承运人或集装箱租赁公司租用一定数量的集装箱，当空箱运到货主的工厂或仓库后，在海关人员的监督下，由货主把货物装入箱内，加锁铅封后交给承运人并取得场站收据，凭以换取提单或运单。

(2)拼箱货(Less Than Container Load;LCL)

这种装箱方式是指承运人(或其代理人)接受货主托运的数量不足装满整箱的小票货运后，根据货物性质和目的地进行分类整理，把去同一目的地的货物，集中到一定数量，拼装入箱。这种方式是在一个货主的货物不足装满整箱的情况下采用。

2.集装箱货物的交接方式

由于集装箱货运有整箱和拼箱之分，因此货物的交接方式也有不同。

(1)整箱交、整箱接(FCL/FCL)

货主把装货的整箱交给承运人，收货人在目的地以同样整箱接货，即承运人以整箱为单位负责交接。货物的装箱和拆箱均由货方负责。

(2)拼箱交、拆箱接(LCL/LCL)

货主将不足整箱的小票托运货物在集装箱货运站交给承运人，由承运人负责拼箱后运到目的地集装箱货运站，拆箱后交给收货人。货物的装箱和拆箱均由承运人负责。

(3)整箱交、拆箱接(FCL/LCL)

货主把装货的整箱交给承运人，在目的地的集装箱货运站由承运人负责拆箱后，交给收货人。

(4)拼箱交、整箱接(LCL/FCL)

货主将不足整箱的小票托运货物在集装箱货运站交给承运人，承运人拼箱后运到目的地，以整箱方式交给收货人。

(二)国际多式联运

国际多式联运(International Multinational Transport)是在集装箱运输的基础上发展起来的一种综合性的连贯运输方式，它把传统的海、陆、空、公路、江河等互不关联的单一运输方式有机地结合起来，以完成一票进口或出口货物在国际之间的运输。

按照《联合国国际货物多式联运公约》的解释，国际多式联运方式需同时具备六个条件：

(1)必须要有一份多式联运合同。

(2)必须用一份全程多式联运单据。

(3)必须至少由两种不同运输方式的连贯运输。

(4)必须是国际间的货物运输。

(5)必须由一个多式联运经营人对全程运输负责。

(6)必须全程单一运费率。

五、其他运输方式

(一)公路运输

公路运输(Road Transportation)是一种现代化的运输方式，它不仅可以直接运进或运出对外贸易货物，而且也是车站、港口和机场集散进出口货物的重要手段。公路运输具有机动灵活、速度快和方便等优点，尤其是实现“门到门”运输中，更离不开公路运输。但公路运输也有一定的缺点，如载货量有限、运输成本高、容易造成货损事故等。

公路运输在我国对外贸易中占有重要地位，我国同许多周边国家有公路相通，我国同这些国家的进出口货物，可以经由国境公路运输。此外，我国内地同港、澳地区的部分进出口货物，也是通过公路运输实现的。

(二)内河运输

内河运输(Inland Water Transportation)是水上运输的重要组成部分，它是连接内陆腹地与沿海地区的纽带，在运输和集散进出口货物中起着重要的作用。

我国拥有四通八达的内河航运网，长江、珠江等主要河流中的一些港口已对外开放，同一些邻国还有国际河流相通，这就为我国进出口货物通过河流运输和集散提供了十分有利的条件。

(三)邮政运输

邮政运输(Parcel Post Transport)是一种较简便的运输方式。各国邮政部门之间订有协定和公约，各国的邮件包裹可以互相传递，从而形成国际邮包运输网。

国际邮政运输具有国际多式联运和“门对门”运输的性质，托运人只需按邮局章程一次托运，一次付清足额邮资，取得邮政包裹收据，交货手续即告完成。邮件在国际的传递由各国邮政部门负责办理，邮件到达目的地后，收件人可凭邮局到件通知向邮局提取。

(四)管道运输

管道运输(Pipeline Transportation)是货物在管道内借助于高压气泵的压力输往目的地的一种运输方式，主要适用于运输液体和气体货物。管道运输具有固定投资大、建成后运输成本低等特点。

管道运输在美国、欧洲等许多国家，以及石油输出国组织(OPEC)的石油运输方面起着积极的作用。我国管道运输起步较晚，但随着石油工业的发展，为石油运输服务的石油管道也迅速发展起来。迄今为止，我国不少油田均有输油管道直通海港。

第二节 运输单据

运输单据是承运人收到承运货物签发给托运人的证明文件，它是交接货物、处理索赔与理赔及向银行结算货款的重要凭据。

一、海运提单

海运提单(Bill of Lading，B/L)简称提单，它是由船长或船公司或其代理人签发的，证明已收到特定货物，允诺将货物运至指定的目的地，并交付给收货人的凭证。海运提单是收货人在目的港据以向船公司或其代理提取货物的凭证。

(一)海运提单的性质和作用

1.海运提单是承运人或其代理人出具的货物收据

提单是承运人或其代理人应托运人的要求签发的收据，证明承运人已收到或接管提单上所列的货物，并将按提单所载事项向收货人交付货物。

2.海运提单是代表货物所有权的凭证

提单是一种货物所有权的凭证，在法律上具有物权证书的作用，船货抵达目的港后，承运人应向提单的合法持有人交付货物。提单可以通过背书转让，从而转让货物的所有权。

3.海运提单是托运人和承运人之间运输契约的证明

提单的背面条款规定了双方的权利、义务和责任，作为双方处理纠纷的依据。

(二)海运提单的内容

1.提单正面的内容

提单正面的内容，通常包括下列事项：托运人、收货人、被通知人、收货地或装货港、目的地或卸货港、船名及航次、唛头及件号、货名及件数、重量和体积、运费已付或运费到付、正本提单的份数、船公司或其代理人的签章、签发提单的地点及日期等。

2.提单背面条款

提单背面的条款规定了承运人与货方之间的权利、义务和责任豁免，是双方当事人处理争议时的主要依据。各航运公司的提单大都规定按承运人所在国家的法律处理。

确定承运人与托运人、持有人权利、义务的依据主要有：1942 年签署的《关于统一提单的若干法律规则的国际公约》，简称《海牙规则》；1968 年签署的《布鲁塞尔议定书》，简称《维斯比规则》；1978 年签署的《联合国海上货物运输公约》，简称《汉堡规则》。由于上述三项公约签署的历史背景不同，内容不一，各国对这些公约的态度也不相同，因此，各国船公司签发的提单背面条款也就互有差异。

(三)海运提单的种类

1.根据是否装船分类

(1)已装船提单(On Board B/L;Shipped B/L)

是指承运人已将货物装上指定船舶后所签发的提单，其特点是提单上必须以文字表明货物已经装某船上，并载明装船日期，同时还应由船长或其代理人签字。在国际贸易中，进口商和银行一般只接受已装船提单。

(2)备运提单(Received for Shipment B/L)

又称收讫待运提单，是指承远人已收到托运货物等待装运期间所签发的提单。在签发备运提单情况下，发货人可在货物装船后凭以调换已装船提单，也可经承运人或其代理人在备运提单上批注货物已装上某船舶及装船日期，并签署后使之成为已装船提单。

2.根据提单上有无不良批注分类

(1)清洁提单(Clean B/L)

是指货物在装船时表面状况良好，船公司在提单上未加任何有关货物受损或包装不良等批注的提单。根据《UCP600》第 27 条 c 款规定，银行只接受清洁运输单据。

(2)不清洁提单(Unclean B/L)

是指船公司在提单上对货物表面状况或包装加有不良或存在缺陷等批注的提单。承运人接管货物时，如果发现货物有包装污染、潮湿、破包等，即在提单上批注，以明确责任。

3.根据提单抬头的不同分类

(1)记名提单(Straight B/L)

是指在提单的收货人栏内，填明特定收货人名称，只能由该特定收货人提货。由于这种提单不能通过背书方式转让给第三方，不能流通，所以在国际贸易中很少使用。

(2)不记名提单(Bearer B/L)

是指在提单收货人栏内没有指明任何收货人，只注明提单持有人(Bearer)字样，承运人应将货物交给提单持有人。谁持有提单，谁就可以提货。不记名提单无须背书转让，流通性极强，风险很大，所以在国际贸易中很少使用。

(3)指示提单(Order B/L)

是指提单的收货人栏内不写收货人的名称，只写“to order”(凭指示)或“凭某某人指示”(to order of...)字样。这种提单背书后可以流通或转让，所以在国际贸易中广为使用。

指示提单的背书方式有两种:一种是记名背书，即提单转让人除在提单背面签字盖章外，还注明提单的受让人。另一种是空白背书，即提单转让人只在提单背面签字盖章，不作其他标注。“凭指示”并经空白背书的提单，称为“空白抬头、空白背书”提单。

4.根据提单的效力分类

(1)正本提单(Original B/L)

是指提单上有承运人、船长或其代理人签名盖章并注明签发日期的提单。这种提单在法律上是有效的单据。正本提单上必须标明“正本”(Original)字样。正本提单一般签发一式两份或三份，凭其中的任何一份提货后，其余的即作废。

(2)副本提单(Copy B/L)

是指提单上没有承运人签字盖章，只供工作上参考之用的提单。副本提单上一般都印有

"Copy"或"Non - negotiable"(不作流通转让),以示与正本提单的区别。

5.根据运输方式分类

(1)直达提单(Direct B/L)

轮船从装运港装货后,中途不经过换船而直接驶往目的港卸货的称为直达。签发这种情况的提单叫"直达提单"。

(2)转船提单(Transshipment B/L)

是指货运全程由至少两艘轮船承运。就是说,从装运港装货的轮船,不直接驶往目的港,需要在中途港换装另一只船运往目的港,甚至有时换船不止一次。在这种情况下,就要签发"转船提单"。

(3)联运提单(Through B/L)

是指须经两种或两种以上的运输方式联运的货物,由第一程承运人所签发的,包括运输全程并能在目的港或目的地凭以提货的提单。

6.根据提单内容繁简分类

(1)全式提单(Long Form B/L)

又称为繁式提单,是指提单背面列有承运人和托运人权利、义务的详细条款的提单。

(2)略式提单(Short Form B/L)

又称为简式提单,是指在提单正面注明所承运货物的基本情况,略去了背面条款。

7.根据船舶经营性质分类

(1)班轮提单(Liner B/L)

是指由班轮公司承运货物后签发给托运人的提单。

(2)租船提单(Charter Party B/L)

是船方根据租船合同签发的一种提单。提单上批注"根据××租船合同出立"字样,不另列详细条款。这种提单要受到租船合同的约束,银行或买方在接受这种提单时,往往要求卖方提供租船合同副本,以了解提单和租船合同的全部情况。

8.其他提单

(1)过期提单(Stale B/L),是指错过规定的交单日期或者晚于货物到达目的港日期的提单。前者是指卖方超过提单签发日期后21天才交到银行议付的提单,根据《UCP600》的规定,如信用证无特殊规定,银行将拒绝接受这种过期提单;后者是在近洋运输时容易出现的情况,故在近洋国家间的贸易合同中,一般都订有"过期提单可以接受"的条款。

(2)倒签提单(Anti-dated B/L),是指货物实际装船日期迟于信用证规定的装运期的情况下,在货物装船完毕后,托运人为使提单的签发日期符合信用证关于装运期的规定,以便顺利结汇,要求承运人签发的早于实际装船日期的提单。承运人倒签提单的做法是违法行为。

(3)预借提单(Advanced B/L),是指信用证规定的装运日期已到,货物已被承运人接管,但因故未能及时装船或装船完毕,托运人出具保函,要求承运人签发的已装船提单。

(4)集装箱提单(Container B/L),是指由负责集装箱运输的经营人或其代理人,在收到货物后签发给托运人的提单。集装箱提单与传统的海运提单不同,其中包括集装箱联运提单及多式联运单据等。

(5)舱面提单(On Deck B/L),是指对装在船舶甲板上的货物所签发的提单,所以又称甲板提单。由于货物装在甲板上风险较大，所以托运人一般都向保险公司加甲板险。承运人在签发提单时加批“货装甲板”字样。货物装在甲板上受损的风险很大，所以进口商和银行一般不接受甲板提单。

❖【案例 14—1】

国外开来不可撤销信用证，信用证中规定最迟装运期为 2019 年 12 月 31 日，议付有效期为 2020 年 1 月 15 日。我方按证中规定的装运期完成装运，并取得签发日为 2019 年 12 月 10 日的提单，当我方备齐议付单据于 2020 年 1 月 4 日向银行交单议付时，银行以我方单据已过期为由拒付货款。问:银行的拒付是否有理，为什么？

❖【案例分析】

银行的拒付是有理的。因为，本案中，我方取得的签发日期为 2019 年 12 月 10 日的提单，于 2020 年 1 月 4 日到银行交单议付。尽管我方未超过信用证规定的有效期到银行议付，但我方提交的提单日超过了 21 天，已构成了过期提单。因此，我方提交的过期提单银行是有权拒付的。

二、海运单

海运单(Seaway Bill)是证明海上运输合同和承运人已接管货物或装船以及承运人保证据以将货物交付给单证所载明的收货人的一种不可流通的单证，因此又称“不可转让海运单”。

海运单是船方出具的货物收据，也是海上货物运输契约的证明。但它不是货物所有权的凭证，收货人提货时无须出示海运单，承运人仅凭收货人提交的证明其为海运单上指定收货人的凭条交付货物。所以，使用不可转让海运单有利于进口商及时提货、简化手续、节省费用，并有助于减少欺诈现象。

三、铁路运单

铁路运单(Railway Bill)是铁路承运人收到货物后所签发的铁路运输单据，铁路运输可分为国际铁路联运和国内铁路运输两种方式，前者使用国际铁路联运运单，后者使用承运货物收据。

(一)国际铁路联运运单

国际铁路联运运单不是代表货物所有权的凭证，不可转让。铁路运单和运单副本是国际联运中铁路与货主之间的运输契约，对收、发货人和铁路都具有法律约束力。当发货人向始发站提交全部货物，始发站在运单和运单副本上加盖注明日期的印章证明货物已被接受承运，即认为运输契约已经生效。

铁路运单随同货物自始发站运送至终点站，最后在终点站由收货人付清应由收货人负担的运杂费后，连同货物由终点站铁路交给收货人。运单副本由始发站铁路签发给发货人作为货物已经交运的凭证和凭以向银行办理货款结算的主要单据。

(二)承运货物收据

承运货物收据是对港澳铁路运输中使用的一种结汇单据。该收据包括大陆段和港段两段运输，是代办运输的外运公司向出口人签发的货物收据，也是承运人与托运人之间的运输契约，同时还是出口人办理结汇手续的凭证。

四、航空运单

航空运单(Airway Bill)是航空公司收到货物后出具的货物收据和运输凭证。它不是代表货物所有权的物权凭证。航空运单不可转让，持有航空运单也并不能说明可以对货物要求所有权。因此，在航空运单的收货人栏内，必须详细填写收货人的全称及地址，而不能做成指示性抬头。

航空运单的正本一式三份，每份都印有背面条款，其中一份交发货人，是承运人或其代理人接收货物的依据;第二份由承运人留存，作为记账凭证;最后一份随货同行，在货物到达目的地，交付给收货人时作为核收货物的依据。

五、多式联运单据

多式联运单据(Multimodal Transport Document，MTD)，是指证明多式运输合同以及证明多式联运经营人接管货物并负责按照合同条款交付货物的单据。多式联运单据既是货物收据，也是运输契约的证明。在单据做成指示抬头或不记名抬头时，可作为物权凭证，经背书可以转让。

虽然多式联运单据表面上和联运提单相仿，但性质上却有较大的区别。

1.联运提单限于由海运与其他运输方式所组成的联合运输时使用。多式联运单据既可用于海运与其他运输方式的联运，也可用于不包括海运的其他运输方式的联运，但仍必须是至少两种不同运输方式的联运。

2.联运提单由承运人、船长或承运人的代理人签发。多式联运单据则由多式联运经营人或经他授权的人签发。

3.联运提单的签发人仅对第一程运输负责，而多式联运单据的签发人则要对全程运输负责。

4.联运提单全程采用不同的运费费率，多式联运单据必须是全程单一的运费费率。

六、邮政收据

邮政收据(Parcel Post Receipt)是邮政运输的主要单据，它既是邮局收到寄件人的邮包后所签发的凭证，也是收件人凭以提取邮件的凭证，当邮包发生损坏或丢失时，它还可以作为索赔和理赔的依据，但邮包收据不是物权凭证。

邮寄证明是邮局出具的证明文件，据此证实所寄发的单据或邮包确已寄出，也可作为邮寄日期的证明。有的信用证规定，出口商寄送有关单据、样品或包裹后，除要出具邮政收据外，还要提供邮寄证明，作为结汇的一种单据。

专递收据是特快专递机构收到寄件人的邮件后签发的凭证。

第三节　装运条款

装运条款包括装运时间、装运港和目的港、分批装运、转运、滞期、速遣条款等内容。

一、装运时间

装运时间也称装运期(Time of Shipment)，是指卖方在合同指定地点将货物交付装运的时间期限，是国际贸易合同中的交易要件。卖方推迟或提前装运都属于违约，买方有权撤销合同，并要求相应的损害赔偿。

在国际贸易中，交货时间和装运时间是两个不同的概念。在使用 FOB、CIF、CFR，以及 FCA、CIP、CPT 等贸易术语签订的合同中，卖方在装运港或装运地，将货物装上船只或交付给承运人监管，就算已完成交货义务，这时交货和装运的概念是一致的。但若采用 DAT、DAP 等"D 组"贸易术语成交的合同，交货时间是指货物运到目的地交给买方的时间，装运时间是指卖方在装运地将货物装上船或者其他运输工具的时间，这时交货和装运的概念完全不同。

对于装运时间的规定，通常有下列方法：

1.规定明确、具体的装运时间

即在合同中明确订立具体的装运时间。值得注意的是，装运期一般不确定在某一日期上，而是确定在一段时间内。例如："3 月装运"(shipment duringMarch)、"9 月底或以前装运"(Shipment at or before the end of Sep.)。此种规定方法明确、具体，使用较为广泛。

2.规定收到信用证后若干天内装运

例如规定："收到信用证后 50 天内装运"(Shipment within 50 days after receipt of L/C)。为防止买方不按时开证，一般还规定："买方必须不迟于某月某日将信用证开到卖方"(The relevant L/C must reach the seller not later than...)的限制性条款。卖方对某些进口管制较严的国家或地区，或者专为买方制造的特定商品，或者对买方资信不够了解时，为防止买方不履行合同而造成损失，可采用此种规定方法。

3.规定近期装运术语

如规定"立即装运"(immediates hipment)、"即期装运"(prompt shipment)、"尽快装运"(shipment as soon as possible)等。这些术语在各国、各行业中解释不一，不宜使用。

二、装运港(地)和目的港(地)

装运港(Port of Shipment)是指货物起始装运的港口，目的港(Port of Destination)是指最终卸货的港口。在国际贸易中，装运港一般由卖方提出，经买方同意后确定；目的港一般由买方提出，经卖方同意后确定。

(一)装运港(地)和目的港(地)的规定方法

1.在一般情况下，装运港和目的港分别规定为一个。

2.有时按实际业务的需要，也可分别规定两个或两个以上的装运港或目的港。

3.在磋商交易时，如明确规定装运港或目的港有困难，可以采用选择港办法。规定选择港有两种方式:一种是在两个或两个以上港口中选择一个，如 CIF 伦敦选择港汉堡或鹿特丹；另一种是笼统规定某一航区为装运港或目的港，如“地中海主要港口”。

(二)规定装运港(地)和目的港(地)的注意事项

1.必须明确具体，忌用诸如欧洲主要港口之类的笼统用语。

2.一般地说，装运港应尽可能靠近货源地，目的港应尽可能靠近最终用户。

3.原则上不能接受内陆城市为装运港或目的港，否则，进口商或出口商还要承担从内陆城市到港口或从港口到内陆城市的运费和风险。

4.必须结合考虑港口水域的深浅、码头长度、费用水平、装卸速度、是否拥挤、有无冰冻及港口的装卸条件等。

5.注意港口有无重名的问题。如维多利亚(Victoria)港，此名在世界上有 12 个之多，因此，必须注明港口所在国家的名称，以免造成混乱。

6.选择港不宜太多，以不超过三个为宜，一般应选择在同一航区同一航线上的港口。

❖【案例 14－2】

美国某商人曾按 CFR 新奥尔良条件从英国某商人处购买 500 吨生铁，合同规定在格拉斯哥港口装船，后因格拉斯哥港口租不到舱位，卖方便按照里斯港口装船，实际上，从里斯港口装船可以使货物到达时间更早。货物到达美国后，正值钢铁市场价格下跌，买方以卖方擅自改变装运港为由而拒收货物，于是卖方诉诸地方法院，以关于格拉斯哥港装船的规定不是一项重要的规定为由，要求买方赔偿。请问:卖方的观点正确吗?

❖【案例分析】

卖方的观点不正确。装运港的规定是合同中的一项重要条款，买卖双方不能擅自改变装运港。案例中，卖方在没有征得买方同意的情况下擅自改变了装运港，因此买方有理由拒收货物。实际上，只要卖方事先与买方商量，买方一般情况下会同意，案例中买方拒收货物的真正原因是钢铁市场价格下跌，装运港的变动只是买方找的一个理由而已。

三、分批装运和转运

(一)分批装运

分批装运(Partial Shipment)又称分期装运，是指一个合同项下的货物分若干批或若干期装运。《跟单信用证统一惯例》(《UCP600》)关于分批装运的规定如下：

1.《UCP600》第 31 条 a 款规定:“除非信用证另有规定，允许分批装运。”

2.《UCP600》第 31 条 b 款规定:“表明使用同一运输工具并经由同次航程运输的数套运输单据在同一次提交时，只要显示相同目的地，将不视为部分发运，即使运输单据上表明的发运日期不同或装运港、接管地或发送地点不同。”也就是说，装于同一航次同一条船上的同一合同项下的货物，即使装运的地点、时间不同，只要运往同一目的地，也不视为分批装运。

3.《UCP600》第 32 条规定："信用证规定在指定的时间段内分期付款或分期发运，任何一期未按信用证规定期限支取或发运时，信用证对该期及以后各期均告失效。"也就是说限期限量分批装运的货物只要其中有一批未按时按量装运，该批和以后各批均告无效。

❖【案例 14－3】

信用证装运总量为 500 公吨，规定从 6 月开始每月装 100 公吨。在实际装运时，6 月装 100 公吨，7 月装 100 公吨，8 月未装，而卖方要求 9 月一起补交。请问：卖方的要求是否合理？

❖【案例分析】

卖方的要求不合理。《UCP600》规定限期限量分批装运的货物只要其中有一批未按时装运，该批和以后各批均告无效。

(二)转运

转运(Transshipment)是指货物在运输过程中的转船、转机以及从一种运输工具上卸下再装上另一种运输工具的行为。

卖方在交货时，如驶往目的港没有直达船或船期不定或航次间隔太长，为了便于装运，则应在合同中订明"允许转船"。根据《UCP600》规定：除非信用证另有规定，可准许转运。为了明确责任和便于安排装运，买卖双方是否同意转运及有关转运的办法和转运费的负担等问题，应在买卖合同中具体订明。

四、装卸时间、装卸率、滞期费和速遣费

(一)装卸时间

装卸时间(Lay Time)是指承租人在港口完成装卸任务的时间期限。它一般以固定的天数或小时数来表示。装卸时间的规定方法如下：

1.日或连续日，是指午夜至午夜连续 24 小时的时间，也就是日历日数，这种规定对租船人很不利。

2.累计 24 小时好天气工作日，是指在好天气情况下，不论港口习惯作业为几小时，均以累计 24 小时作为一个工作日。这种规定对租船人有利，而对船方不利。

3.连续 24 小时好天气工作日，是指在好天气情况下，连续作业 24 小时算一个工作日，如中间因坏天气影响而不能作业的时间应予扣除。当前，国际上采用这种规定的较为普遍，我国一般都采用此种规定办法。

(二)装卸率

装卸率是指每日装卸货物的数量。装卸率的具体确定，一般应按照港口习惯的正常装卸速度，规定过高或过低都不合适。规定过高，完不成装卸任务，要承担滞期费的损失；规定过低，虽能提前完成装卸任务，可得到船方的速遣费，但船方会因装卸率低，船舶在港时间长而增加运费，致使租船人得不偿失。

(三)滞期费和速遣费

滞期费(Demurrage)是指在规定的装卸期限内，租船人未完成装卸作业，给船方造成经济损失，租船人对超过的时间应向船方支付一定的罚金。

速遣费(Dispatch Money)是指在规定的装卸期限内，租船人提前完成装卸作业，使船方节省了船舶在港的费用开支，船方应向租船人就可节省的时间支付一定的奖金。按惯例，速遣费一般为滞期费的一半。滞期费和速遣费通常约定为每天若干金额，不足一天者，按比例计算。

◈复习思考题:

一、简答题

1.班轮提单的性质和作用体现在哪些方面?

2.多式联运单据和联运提单有哪些区别?

3.买卖合同中装运港和目的港有哪些规定方法?应注意什么问题?

4.通过海运进出口大宗商品时，买卖双方为何要约定滞期、速遣条款?

二、案例分析题

1.我国某外贸公司向美商按 CIF 纽约出口运动鞋 10000 双，合同与信用证规定装运期为 7～8 月，每月装运 5000 双，允许转船。我公司于 7 月 31 号将 5000 双运动鞋装上“武夷号”轮，取得 7 月的提单，又于 8 月 10 号将余下的 5000 双装上“胜利号”轮，取得 8 月的提单，两船均在香港转船，两批货均由马士基公司“贵族号”轮运至目的地。

请问:(1)这种做法，是否属于分批装运?为什么?

(2)卖方能否安全收汇?为什么?

2.我国某外贸公司向非洲某公司出口拖鞋一批，金额十万美元，付款方式为 D/P 即期，货物在中国香港转船，由船公司出具转船联运提单，货到非洲后原买方公司倒闭，先后三批货物都被另一家公司以伪造提单将货物取走，待我方将正式提单及其他单据寄到国外后，已无人付款赎单，委托国外银行凭提单提货也提货不着，经向船公司交涉，船公司以它是第一承运人为理由推诿。

请问:船公司是否有责任赔偿?

3.中国某公司曾按 CIF 伦敦条件向英国某中间商出售一批货物，由于中方公司船、货齐全，便自行决定提前装运货物，但该中间商转售给下家的时间未到，只好先将到港货物收下来存入码头仓库，从而增加了该中间商库存费的负担，于是该中间商向中方公司提出索赔。

请问:此案应如何处理?

第十五章 国际货物运输保险 15

✲本章学习目标：

本章介绍国际贸易运输保险的基本原则、海上风险与费用的概念。要求掌握我国海运货物保险条款中基本险别、一般附加险别、特殊附加险别的含义、责任范围和责任起迄，了解协会货物条款的相关内容，注意其与我国保险规定的区别。

第一节 国际货物运输保险概述

一、国际货物运输保险的概念

国际货物运输保险是指被保险人(买方或卖方)向保险人(保险公司)按一定的金额投保一定的险别，并根据一定的保险费率缴纳保险费；保险人承保后，对于被保险货物在运输途中发生的承保范围内的损失按约定数额给予经济赔偿的一种经济行为。

二、国际货物运输保险的基本原则

(一)可保利益原则

可保利益原则(The Principle of Insurable Interest)是指在签订和履行保险合同的过程中，投保人或被保险人对保险标的必须具有保险利益。如果投保人对保险标的不具有保险利益，签订的保险合同无效。

(二)最大诚信原则

最大诚信原则(The Principle of Utmost Good Faith)是指保险合同的签订都必须以双方当事人的最大诚信为基础；当事人中的一方如果以欺骗或隐瞒的手段诱使他人签订合同，一旦被发现，他方即有权解除合同，如有损害，可要求给予补偿。

(三)代位追偿原则

代位追偿原则(The Principle of Subrogation)是指当保险标的物发生了保险责任范围内的、由第三者责任造成的损失，保险人向被保险人履行了损失赔偿责任后，有权在其已赔付的金额限度内取得被保险人在该项损失中向第三者责任方要求索赔的权利。

(四)近因原则

近因原则(The Principle of Proximate)是指在运输途中导致货物的损坏或灭失的近因属于承保风险的，保险人应承担损失赔偿责任;近因不属于承保风险的，保险人不负赔偿责任。这里的近因不是时间上最直接的原因，而是导致保险事故发生的最有效、最直接、最主要的或起决定性作用的原因。

(五)损失补偿原则

损失补偿原则(The Principle of Indemnity)是指被保险人在保险合同约定的保险事故发生之后，保险人对其遭受的实际损失应当进行充分的补偿。

第二节　海上货物运输保险承保范围

海上货物运输保险保障的范围，包括保障的风险、保障的损失与保障的费用三个方面。

一、风险

一般将海洋运输货物保险保障的风险分为海上风险和外来风险两大类。

(一)海上风险

海上风险(Perils of Sea)具有特定的范围，一方面并非指发生在海上的所有风险，而是指海上偶然发生的自然灾害和意外事故；另一方面海上风险不仅仅局限于航海中所发生的风险，凡与海运相连的，包括陆上、内河、驳船运输过程中的风险，也都包含在海上风险之内。

1.自然灾害。自然灾害是指不以人们意志为转移的自然现象引起的物质损毁和人员伤亡的灾害，如恶劣气候、雷电、海啸、地震、洪水和火山爆发等事件导致的船货损失。

2.意外事故。意外事故是指由于外来的、偶然的、意外的原因所致的事故，我国的《海洋运输货物保险条款》中所承保的意外事故，包括船舶搁浅、触礁、沉没、互撞、与流冰或其他物体碰撞、失火、爆炸等。

(二)外来风险

外来风险(Extraneous Risks)是指海上风险以外的其他外来原因所造成的风险，外来风险可分为一般外来风险和特殊外来风险两种。

1.一般外来风险。凡一般外来原因造成的风险，称为一般外来风险，包括：偷窃、提货不着、短量、玷污、渗漏、碰损、破碎、串味、受潮受热、淡水雨淋、钩损、锈损等。

2.特殊外来风险。特殊外来风险是指由于军事、政治、国家政策法令以及行政措施等特殊外来原因所造成的风险，主要包括：战争、罢工、货物被有关当局拒绝进口或没收、船舶被扣导致交货不到等。

二、损失

海上损失简称海损，是指被保险货物在海运过程中由于发生风险所造成的损失或灭失。在海上保险业务中，凡与海运连接的陆运过程中所发生的损失或灭失，也属于海损范围。就货物损失的程度而言，海损可分为全部损失和部分损失。

(一)全部损失

全部损失(Total Loss)，简称全损，是指运输途中的货物全部灭失，或者完全变质，或者不可能归还被保险人等。根据全损情况的不同，又可分为实际全损和推定全损。

1.实际全损

实际全损(Actual Total Loss)是指保险标的发生保险事故后灭失，或者受到严重损坏完全失去原有形体、效用，或者不能再归被保险人所拥有。具体包括下列几种情况：

(1)标的完全灭失。

(2)使用价值完全丧失。

(3)被抢劫、丧失、扣押。

(4)船舶失踪达半年以上。

保险货物的实际全损，可按保险金额向保险人请求赔偿全部损失。

2.推定全损

推定全损(Constructive Total Loss)是指货物发生保险事故后，认为实际全损已经不可避免，或者为避免发生实际全损所需支付的费用与继续将货物运抵目的地的费用之和，将超过保险价值的损失。构成推定全损有以下四种情况：

(1)保险标的物受损后，其修理费用超过货物修复后的价值。

(2)保险标的物受损后，其整理和继续运往目的港的费用，超过货物到达目的港的价值。

(3)保险标的物的实际全损已经无法避免，为避免全损所需的施救费用，将超过获救后标的物价值。

(4)被保险人失去标的物的所有权，而收回所有权的费用，超过收回标的物的价值。

当保险标的构成推定全损时，被保险人有权选择恢复和修理标的，按实际损失向保险人索赔部分损失。被保险人也有权选择索赔全部损失，但索赔全部损失时，被保险人必须首先委付保险标的。如果保险人拒绝接受委付，则仍需按全损予以赔偿。

(二)部分损失

凡保险标的物的损失没有达到全部损失的程度，即为部分损失。按照损失的性质，部分损失可分为共同海损和单独海损。

1.共同海损

共同海损(General Average，GA)是指在海洋运输途中，当船舶、货物和其他财产遭遇共同危险时，为了解除共同危险，有意而合理地采取措施所直接造成的特殊牺牲和支付的特殊费用。构成共同海损应具备以下条件：

(1)必须确有危及船货共同安全的危险存在。

(2)所采取的挽救措施必须是有意的、合理的。

(3)支出的费用是额外的，是为了解除危险而采取的措施导致的特殊牺牲。

(4)共同海损的挽救措施最后一定要有效果。

在船舶发生共同海损后，凡属共同海损范围内的牺牲和费用，均可通过共同海损理算，由有关获救受益方(即船方、货方和运费收入方)根据获救价值按比例分摊。这种分摊，称为共同海损分摊。

❖**【案例 15－1】**

船在海上航行，假定船本身的价值是 100 元，船上有货方 A、货方 B、货方 C，它们的货物价值分别是 40 元、30 元、30 元，假定货物在航行的过程中遭受到共同危险，为使航行能够继续，船长命令把 B 的货物扔到海里。请问：本案中共同海损应如何分摊？

✣【案例分析】

本案中，共同海损为货方B的货物价值30元，获救总价值为100＋40＋30＋30＝200元。船方应分摊的共同海损为30÷200×100＝15元；货方A应分摊的共同海损为30÷200×40＝6元；货方B应分摊的共同海损为30÷200×30＝4.5元；货方C应分摊的共同海损为30÷200×30＝4.5元。

2.单独海损

单独海损(Particular Average，PA)是指保险标的在运输过程中遭遇海上风险所直接造成的船舶或货物的部分损失。单独海损由受损的货主或船方自行承担。

单独海损与共同海损的区别主要表现在以下三个方面：

(1)造成海损的原因不同。单独海损是承保风险所直接导致的船、货损失；共同海损是为了解除共同危险人为地造成的一种损失。

(2)承担损失的责任方不同。单独海损的损失一般由受损方自行承担；而共同海损的损失，则应由受益的各方按照受益大小的比例共同分摊。

(3)损失的内容不同。单独海损一般是指保险标的物的损失，共同海损既包括保险标的物的损失，也包括因采取措施而引起的特殊费用。

✣【案例15－2】

某货轮从天津驶往新加坡，在航行途中船舶货舱起火，大火蔓延到机舱。船长为了船货的共同安全决定采取紧急措施，往舱中灌水灭火。火虽然被扑灭，但由于主机受损，无法继续航行，于是船长决定雇佣拖船将货船拖回新港修理，检修后继续驶往新加坡。事后调查，这次事件造成的损失有：①1000箱货物被火烧毁；②600箱货由于灌水灭火受到损失；③主机和部分甲板被烧坏；④拖船费用；⑤额外增加燃料和船长、船员工资。请问：以上损失中哪些是共同海损，哪些是单独海损？

✣【案例分析】

1000箱货物被火烧毁属于单独海损；主机和部分甲板被烧坏属于单独海损；600箱货由于灌水灭火受到损失属于共同海损；拖船费用属于共同海损；额外增加燃料和船长、船员工资属于共同海损。

三、费用

当海洋运输货物发生海上危险事故时，往往需要采取一定的措施以避免损失的发生或扩大，由此会引起费用的支出，对这些费用，保险人按其性质规定了不同的赔付原则。在海运货物保险中，保险人负责赔偿的费用主要有下列几种。

(一)施救费用

施救费用(Sueand Labor Charges)是指货物遭遇承保责任范围内的灾害事故时，被保险人或其代理人、雇员和受让人为避免或减少损失而采取的各种抢救、保护措施所产生的合理费用。保险人对这种施救费用负责赔偿。

(二)救助费用

救助费用(Salvage Charges)是指被保险货物在遭受了承保责任范围内的灾害事故时，由保险人和被保险人以外的第三者采取了有效的救助措施，在救助成功后，由被救方付给救助人的报酬。保险人赔付救助费用的前提是救助必须有效。

(三)其他费用

其他费用是指船舶中途遭遇海上风险，为防止或减轻货物的损害，在中途港或避难港，由于卸货、存仓和运送给货物所产生的费用，以及保险索赔成立时，对保险货物进行检验、查勘、公证、理算和拍卖受损货物等所支付的额外费用，保险人均负责赔偿。

第三节 我国海洋运输货物保险条款

中国人民保险公司根据我国保险工作的实际情况，并参照国际保险市场的习惯做法，制定了各种保险条款，总称为“中国保险条款”(China Insurance Clauses，CIC)，该条款规定了保险人的责任范围、除外责任、责任起讫、被保险人的义务和索赔期限等内容。其中，责任范围是指中国海运货物保险险别。

一、保险责任范围

(一)基本险的责任范围

基本险又称主险，可单独投保。基本险有平安险、水渍险和一切险三种。

1.平安险

平安险(Free from Particular Average，FPA)，也称单独海损不赔险，它的承保责任范围主要包括：

(1)货物在海运途中，由于自然灾害或意外事故造成被保险货物的全部损失或推定全损。

(2)由于运输工具遭到搁浅、触礁、沉没、互撞、与流冰或其物体碰撞，以及失火、爆炸等意外事故所造成货物的全部或部分损失。

(3)运输工具遇到意外事故，意外事故前后又遇到自然灾害导致被保险货物的的部分损失。

(4)在装卸或转运时由于一件或数件甚至整批货物落海所造成的全部损失或部分损失。

(5)被保险人对遭受承保责任内的危险货物采取抢救、防止或减少货损的措施所支付的合理费用，但以不超过该批被毁货物的保险金额为限。

(6)运输工具遭遇海难后，在避难港由于卸货所引起的损失，以及在中途港或避难港由于卸货，存库和运送货物所产生的特殊费用。

(7)共同海损的牺牲、分摊和救助费用。

(8)运输契约订有“船舶互撞责任”条款，根据该条款规定应由货方偿还船方的损失。

❖【案例 15－3】

一批货物已投保了平安险，分装两艘货轮驶往目的港。一艘货轮在航行中遇暴风雨袭击，船身颠簸，货物相互碰撞而发生部分损失;另一艘货轮在航行中则与流冰碰撞，货物也发生了部分损失。请问:保险公司对于这两次的损失是否都应给予赔偿?

❖【案例分析】

自然灾害导致货物发生的部分损失不属于平安险的承保责任范围，因此，对于案例中一艘货轮在航行中遇暴风雨袭击，船身颠簸，货物相互碰撞而发生的部分损失，保险公司不予赔偿;意外事故导致货物发生的部分损失属于平安险的承保责任范围，因此，案例中另一艘货轮在航行中则与流冰碰撞，货物也发生了部分损失，保险公司应予赔偿。

2.水渍险

水渍险(With Average/With Particular Average，WA/WPA)直译为“单独海损赔付”，水渍险的责任范围包括平安险的责任范围，外加由于自然灾害造成的部分损失。

❖【案例 15－4】

我方向澳大利亚出口某货物200包。我方按照合同规定投保水渍险。货物在途中因舱内食用水管漏水，致使该批货物中的60包浸有水渍。请问:对此损失应向保险公司索赔还是向船公司索赔?

❖【案例分析】

水渍险仅对海水浸渍负责而对淡水所造成的损失不负任何责任，因此不能向保险公司索赔，只能凭借船公司出示的清洁提单向船公司索赔。

3.一切险

投保一切险(All Risks)后，保险公司除承担平安险和水渍险的各项赔偿责任外，还对被保险货物在运输途中由于一般外来风险造成的全部或部分损失负责赔偿。

(二)附加险的责任范围

附加险是对基本险的扩大和补充，不能单独投保，只能在投保一种基本险后加保一种或数种附加险。附加险可分为一般附加险和特殊附加险两种。

1.一般附加险

一般附加险(Ordinary Additional Risks)不能作为一个单独的项目投保，而只能在投保平安险或水渍险的基础上，根据货物的特性和需要加保一种或若干种一般附加险。一般附加险的种类很多，其中主要有:偷窃提货不着险，淡水雨淋险，渗漏险，短量险，混杂、玷污险，碰损、破碎险，串味险，受潮受热险，钩损险，包装破裂险，锈损险。

2.特殊附加险

特殊附加险(Particular Additional Risks)是指承保由于政治、军事风险等特殊外来原因所引起的风险与损失的险别。它不包括在一切险范围内，可在平安险、水渍险和一切险的基础上加保。特殊附加险主要包括战争险和罢工险。根据国际保险市场的习惯做法，一般将罢工险与战争险同时承保，如投保了战争险又需加保罢工险时，仅需在保单中附上罢工险条款即可，保险公司不再另行收费。

3.特别附加险

特别附加险(Special Additional Risks)所承保的风险大多与国家的行政措施、政策法令、航海贸易习惯有关，其险别主要有:黄曲霉素险、交货不到险、舱面险、进口关税险、拒收险、货物出口到香港(包括九龙)或澳门存仓火险责任扩展条款。

二、除外责任

(一)基本险的除外责任

1.被保险人的故意行为或过失所造成的损失。

2.属于发货人的责任所引起的损失。

3.在保险责任开始前，被保险货物已经存在的品质不良或数量短差所造成的损失。

4.被保险货物的自然损耗、本质缺陷、特性以及由于市场跌落、运输延迟所引起的损失或费用。

5.属于海洋运输货物战争险和罢工险条款规定的责任范围和除外责任。

（二）特殊险的除外责任

1.海运货物战争险的除外责任

对由于敌对行为使用原子或热核武器所致的损失和费用不负责任；对根据执政者、当权者或其他武器集团的扣押、拘留引起的承保航程的丧失和挫折而提出的索赔也不负责。

2.罢工险的除外责任

因罢工造成劳动力不足或无法使用劳动力而使货物无法正常运输、装卸以致损失，属于间接损失，保险人不负责任。

三、责任起讫

（一）基本险的责任起讫

基本险的责任起讫，主要采用“仓至仓”条款（Warehouse to Warehouse Clause），即保险责任自被保险货物运离保险单所载明的起运地仓库或储存处所开始，包括正常运输中的海上、陆上、内河和驳船运输在内，直至该货物运抵保险单所载明的目的地收货人的最后仓库或储存处所或被保险人用作分配、分派或非正常运输的其他储存处所为止。如未抵达上述仓库或储存处所，则以被保险货物在最后卸载港全部卸离海轮满 60 天为止。如在上述 60 天内被保险货物需转运至非保险单所载明的目的地时，则以该项货物开始转运时终止。

❖【案例 15－5】

青岛某出口企业出售一批产品至美国，双方约定以 CIF 方式履行，保险为一切险且约定“仓至仓”条款，货物到达美国目的港后，买方寻找物流公司将货物从港口运往买方仓库时发生货损，保险公司是否应当赔付？

❖【案例分析】

本案中货物发生货损的时间是从目的港运往买方仓库的过程中，仍然属于“仓至仓”条款约定的保险责任范围内。从本案的情况来看，还应当考虑货损的发生是否属于被保险人的故意行为或过失所造成的损失，如果不属于，那么保险人应当赔付被保险人所遭受的损失。

（二）战争险的责任起讫

战争险的责任起讫以货物装上海轮开始，到卸离海轮为止。如果被保险货物不卸离海轮或驳船，保险责任最长期限以海轮到达目的港当日午夜起算，满 15 天保险责任自动终止。

四、被保险人的义务

在保险期限内，被保险人必须履行保险合同中规定的有关义务。这包括：被保险人在投保时，应如实告知保险货物的有关情况；合同订立后，被保险人如果发现航程有所变动或保险单所载明的货物数量、船舶名称等有误，应立即通知保险人；货物到达目的地后，被保险人应及时提货，如果发现货损，被保险人应及时索赔等。

五、索赔时效

海运货物保险的索赔时效为两年，自被保险货物全部卸离海轮起算。一旦过了索赔时效，被保险人就丧失了向保险人请求赔偿的权利。

第四节 伦敦保险协会海洋运输货物保险条款

国际保险市场上，各国保险组织都制定有自己的保险条款，但最为普遍采用的是英国伦敦保险业协会所制定的《协会货物条款《(Institute Cargo Clause，ICC)》，我国的保险公司承保的业务，如果外商要求按 ICC 条款投保，我方可以接受。

一、《协会货物保险条款》的主要险别

现行的《协会货物保险条款》主要包括 6 种险别：协会货物条款(A)：[简称 ICC(A)]；协会货物条款(B)：[简称 ICC(B)]；协会货物条款(C)[简称 ICC(C)]；协会战争险条款(货物)[简称 IWCC]；协会罢工险条款(货物)[简称 ISCC]；恶意损害险条款(Malicious Damage Clauses)。

(一)协会货物条款(A)

1.承保范围

ICC(A)承保范围较广，采用“一切风险减除外责任”的规定方式，其承保风险是：

(1)承保“除外责任”各条款规定以外的一切风险所造成的保险标的的损失。

(2)承保共同海损和救助费用。

(3)根据运输契约订有“船舶互撞责任”条款应由货方偿还船方的损失。

2.除外责任

除外责任包含四类：

(1)一般除外责任。如被保险人故意的不法行为造成的损失或费用；保险标的内在缺陷或特征造成的损失和费用；由于延迟所引起的损失或费用；由于使用原子或热核武器造成的损失或费用等。

(2)不适航、不适货除外责任。主要指被保险人在保险标的装船时已知船舶不适航，以及船舶、运输工具、集装箱等的不适货。

(3)战争险除外责任。主要指由于战争、内战、敌对行为等造成的损失或费用。

(4)罢工险除外责任。主要指由于罢工者、被迫停工工人造成的损失或费用以及由于罢工、被迫停工所造成的损失或费用，以及任何恐怖主义者或出于政治动机而行动的人所造成的损失或费用。

(二)协会货物条款(B)

1.承保范围

(1)火灾或爆炸；

(2)船舶或驳船搁浅、触礁、沉没或倾覆；

(3)陆上运输工具倾覆或出轨；

(4)船舶、驳船或运输工具与水以外的其他任何外界物体碰撞；

(5)在避难港卸货；

(6)地震、火山爆发或雷电；

(7)共同海损的牺牲；

(8)抛货或浪击落海；

(9)海水、湖水或河水进入船舶、驳船、运输工具、集装箱、吊装车厢或储存处所；

(10)货物在装卸时船舶或驳船落海或坠落造成整件货物的全损。

2.除外责任

在(A)险除外责任上加上(A)险承保的“海盗行为”与“恶意损害险”就是(B)险的除外责任。

(三)协会货物条款(C)

1.承保范围

(1)只承保重大意外事故火灾或爆炸；

(2)船舶或驳船遭受搁浅触礁、沉没或倾覆；

(3)陆上运输工具倾覆或出轨；

(4)船舶、驳船或其他运输工具与水以外的任何外界物体碰撞；

(5)在避难港卸货；

(6)共同海损牺牲；

(7)抛货。

2.除外责任

(C)险的除外责任与(B)险完全相同。

二、《协会货物保险条款》的其他险别

(一)协会战争险条款

1.承保范围

主要承保由于下列原因造成的损失：战争、内战、革命、造反、叛乱或由此引起的敌对行为造成的损失或费用；因捕获、拘留、扣留、管制或扣押或任何有关企图、威胁造成的损失或费用；遗弃的水雷、鱼雷、炸弹或其他被遗弃的战争武器造成的损失或费用；共同海损和救助费用。

2.除外责任

协会战争险的除外责任与ICC(A)条款的“一般除外责任”及“不适航、不适货除外责任”基本相同。但在“一般除外责任”上增加了“航程挫折条款”，即由于战争原因使货物未能达到保险单所载明的目的地，不得不终止航程，所引起的间接损失保险公司不负责赔偿。

(二)协会罢工险条款

1.承保范围

罢工险主要承保下列原因造成的损失：罢工者、被迫停工工人或参与工潮、暴动或民变的

人所致损失；恐怖主义者或任何处于政治目的采取行动的人所致损失。

2.除外责任

协会罢工险的除外责任与 ICC(A)条款的“一般除外责任”及“不适航、不适货除外责任”及战争险条款的除外责任基本相同。协会罢工险只承保由于罢工风险造成的直接损失，而对于间接损失不负责赔偿，如罢工期间由于劳动力短缺引起的损失、航程挫折引起的损失、敌对行为引起的损失。

(三)恶意损害险条款

1.承保范围

恶意损害险是伦敦保险协会的附加险别。该险所承保的是被保险人以外的其他人(如船长、船员等)的故意破坏行为所致被保险货物的灭失或损害，但排除故意破坏行为是出于政治动机。

2.除外责任

恶意损害的风险，除了在 ICC(A)条款中被列为承保风险外，在 ICC(B)和 ICC(C)条款中均列为“除外责任”。因此，在投保 ICC(B)和 ICC(C)条款时，如果被保险人要获得这方面的保险保障，须另行加保“恶意损害险”。

第五节 海上货物运输保险操作实务

一、合同中的保险条款

买卖合同中的保险条款，因采用不同的贸易术语而有所区别。如按 FOB、CFR、FCA、CPT 条件成交，合同中只需规定："保险由买方办理"。如买方要求卖方代为办理保险，则须规定"由买方委托买方按发票金额……%代为投保……险，保险费由买方负担"。

在 CIF、CIP 条件下的保险条款中，保险责任由卖方负责办理。根据《UCP600》和《2010年国际贸易术语解释通则》的规定："如果信用证对投保金额未作规定，投保金额须至少为货物的 CIF 或 CIP 价格的 110%。"

二、我国外贸企业办理货物运输保险的做法

(一)出口货物运输保险

外贸企业在装船前根据出口合同或信用证的规定，在备妥货物，确定运输工具和装运日期后即可申请投保，填写投保单:列明被保险人名称、保险标的物名称、数量、包装方式、运输标志、起止地点、船名、航次、开航日期、保险金额、险别、投保日期和赔款地点等。

1.保险金额

保险金额(Amount Insured)又称投保金额，是保险公司可以赔偿的最高金额，也是核算保险费的基础。

保险金额=CIF(或 CIP)(总值)×(1+10%)

2.保险费

保险费(Premium)是保险人因承担特定的赔偿或给付责任而向投保人或被保险人收取的费用，也是保险公司所掌握的保险基金主要来源。

保险人交纳保险费的多少主要取决于保险金额和保费率，保费率是根据保险险别、风险大小、损失率高低制定的。

保险费=保险金额×保费率=[CIF 总值×(1+10%)]×保费率

(二)进口货物运输保险

凡按 FOB、CFR、CPT 和 FCA 签订的进口合同，由进口方投保。我外贸企业为了简化手续，大多采用预约保险的做法，也就是由我外贸企业与保险公司签订各种不同运输方式的进口预约保险合同。按照预约保险合同的规定，外贸企业无须逐笔填写投保单，只需将国外出口商的装运通知送交保险公司，即为办妥了进口保险手续。

三、保险单据

国际货物运输保险单据是指由保险人签发的，在被保险人与保险人之间订立的，规定保险人与被保险人之间权利、义务的一种书面证明。它是被保险人或受让人索赔和保险人理赔的依据，也是进出口贸易结算的主要单据之一。在国际货物贸易中，保险单据可以背书转让。

在国际贸易业务中，常用的保险单据有保险单、保险凭证、预约保险单和批单。其中，保险单俗称大保单，是由保险人签发的，载有保险合同内容的书面文件，是保险人和被保险人成立保险合同关系的正式凭证；保险凭证俗称小保单，是一种简化的保险单，具有与保险单同样的法律效力。

◈复习思考题：

一、简答题

1.简述国际货物运输保险的基本原则。

2.简述构成实际全损的几种情况。

3.简述共同海损与单独海损的区别。

4.简述平安险、水渍险和一切险的责任范围。

二、案例分析题

1.有一批货在海中与流冰相撞，船身一侧裂口，海水涌进，舱内部分货物遭浸泡，船长不得不将船就近驶上浅滩，进行排水，修补裂口，而后为了起浮又将部分笨重货物抛入海中。请问：本案中哪些是单独海损？哪些是共同海损？

2.北京某外贸公司按CFR马尼拉价格出口一批仪器，投保的险别为一切险。我方将货物用卡车由北京运到天津港发货，但在运送途中，一辆货车翻车，致使车上所载部分仪表损坏。

请问：对该项损失保险公司是否应给予赔偿？

3.一货轮在航行途中遭遇风暴，船上货舱进水，一批货物投保平安险，共12000美元，棉坯布部分遇水浸泡，损失5000美元左右，三天后船又遭受火灾。

请问：该批货5000美元的损失保险公司是否应该赔偿？

4.一份CIF合同，出售大米100吨，卖方在装船前投保了一切险加战争险，自南美内陆仓库起，直至英国伦敦的买方仓库为止。货物从卖方仓库运往码头装运途中，发生了承保范围内的货物损失。当卖方凭保险单向保险公司提出索赔时，保险公司以货物未装运，货物损失不在承保范围内为由，拒绝给予赔偿。

请问：在上述情况下，卖方有无权利向保险公司索赔？为什么？

第十六章 国际货款的收付 16

✲本章学习目标：

本章主要介绍国际贸易结算中主要票据的概念、分类，以及主要结算方式的概念与方法。目的是使学生掌握汇付、托收的定义和流程，掌握信用证的定义、流程及分类，能在不同条件下选择适当的支付方式。

第一节 支付工具

国际贸易中的支付工具主要有货币和票据两种。其中，票据在国际贸易结算中占据主要的地位。票据包括商业票据和金融票据。后者又包含了汇票、本票、支票或其他类似用以取得款项的凭证。在信用证项下，汇票是最常使用的金融票据。

一、汇票

汇票是一方向另一方签发，要求受票人在见票时或于未来某一确定时间，对某人或其指定的人或来人支付一定金额的无条件的书面支付命令。在进出口业务中，汇票通常由出口方签发，其目的是收取货款。

(一)汇票的基本内容

汇票的基本项目又称为汇票的要式项目，我国《票据法》规定汇票必须具有以下七个项目。包括：标明“汇票”字样；无条件支付的委托；确定的金额；付款人名称；收款人名称；出票日期；出票人签章。

(二)汇票的分类

从不同的角度对汇票进行分类，汇票主要有以下几种。

1.银行汇票和商业汇票

按出票人的不同，分为银行汇票和商业汇票。银行汇票的出票人和受票人均为银行。商业汇票的出票人一般为工商企业或个人，而其受票人可以是工商企业或个人，也可以是银行。

2.光票和跟单汇票

按汇票是否随附运输单据，分为光票和跟单汇票。光票是指不随附运输单据的汇票，如银行汇票多为光票。跟单汇票必须随附运输单据，商业汇票多为跟单汇票。

3.即期汇票和远期汇票

按付款时间的不同，可分为即期汇票和远期汇票。即期汇票的持票人向受票人提示汇票后，付款人必须见票即付。远期汇票一般规定在出票后一定时间或规定在特定日期付款。

4.商业承兑汇票和银行承兑汇票

按承兑人不同，可分为商业承兑汇票和银行承兑汇票。商业承兑汇票由工商企业或个人承兑，银行承兑汇票由银行承兑。

5.国际汇票和国内汇票

国内汇票是指出票地点和付款地点均在同一国家的汇票，反之就是国际汇票。国际贸易结算中使用的汇票大多是国际汇票。

(三)汇票的使用

汇票的使用通常要经过出票、提示、承兑、付款等手续。

1.出票

出票(Issue)是指出票人签发票据并将其交付给收款人的行为。在出票时，对收款人通常有三种写法:①限制性抬头;②指示性抬头;③来人或持票人抬头。

2.提示

提示(Presentation)是指持票人将汇票提交受票人，要求其付款或承兑的行为提示又分为付款提示和承兑提示。如是即期汇票，要求受票人见票后立即付款，即为付款提示;如为远期汇票，提示在受票人见票后办理承兑手续，即承兑提示并到期再付款提示。

3.承兑

承兑(Acceptance)是指远期汇票的受票人在汇票正面写上“承兑”字样，注明承兑日期并签字，然后交还持票人。汇票一经承兑，表示承兑人承担到期付款的责任。

4.付款

付款(Payment)是指付款人或承兑人向持票人支付票款的行为。付款后，汇票上一切债务即告终止。

5.背书

背书(Endorsement)是指汇票的收款人或持票人在汇票的背面签字加批，将汇票权利转让给受让人的行为。对于受让人来说，在他以前的背书人和出票人都是“前手”;而对于出让人来说，所有在他让与以后的受让人都是“后手”。“前手”对“后手”负有担保汇票必然会被承兑或付款的责任。

6.拒付

拒付(Dishonor)指汇票在持票人向付款人提示时，遇到付款人拒绝付款或拒绝承兑的行为。在付款人或承兑人拒不见票、死亡、宣告破产或因违法被责令停止业务活动等情况下，使持票人在事实上无法实现提示，均构成拒付。

❖【案例 16－1】

甲为汇票的出票人，指定乙为执票人，丙为受票人。乙将该汇票背书转让给丁，丁在到期日前向受票人丙提示汇票并获承兑。但至汇票到期日，丙以资金周转困难为由，拒绝向丁付款。请问：丁此时有何权利？如何执行？

❖【案例分析】

丁有向其前手进行追索的权利。因为在本案例中，甲、乙都是丁的前手，丁是甲和乙的后手。前手对后手担保汇票必然会被承兑或付款的责任，如汇票在合理时间内提示遭到拒付，则持票人立即产生追偿权，他有权向背书人和出票人即其前手追索票款。

二、本票

本票是指出票人签发的，承诺自己在见票时无条件支付给持票人或收款人一定金额的票据。

（一）本票的必要内容

我国《票据法》规定本票必须记载下列必要项目：标明“本票”字样；无条件支付承诺；出票人签字；出票日期；支付金额；收款人或其指定人。

（二）本票的分类

1.商业本票和银行本票

根据出票人的不同，本票可以分为商业本票和银行本票。商业本票是由工商企业或个人签发的；银行本票是由银行签发的。在我国本票一般是指银行本票。

2.即期本票和远期本票

按照付款时间的不同，本票分为即期本票和远期本票。商业本票有即期和远期之分，银行本票都是即期的。国际结算中使用的大多数都属于银行本票，不需要承兑。

三、支票

支票是出票人签发的，委托办理支票存款业务的银行或其他金融机构在见票时无条件支付确定的金额给收款人或持票人的票据。

（一）支票的必要内容

我国票据法规定，支票必须记载下列事项：加注“支票”字样；无条件支付命令；付款银行的名称；出票日期和地点；支付金额；付款人的名称；收款人或其指定人的名称。

（二）支票的种类

1.记名支票和不记名支票

根据收款人是否记名，分为记名支票和不记名支票。记名支票是在支票的收款人一栏，写明收款人姓名，取款时须由收款人签章方可支取。不记名支票，又称空白支票，是指支票上不记载收款人的姓名，只写“付来人”(Pay Bearer)，取款时持票人无须在支票背后签章即可支取。

2.保付支票和普通支票

根据支票上是否加注银行的保付字样，分为保付支票和不保付支票。保付支票是由付款银行在支票上加具“保付”字样并签字，以表明在支票提示时付款行一定付款。保付支票的付款行是支票的主债务人，出票人和背书人都可免除责任，免予追索。若支票上没有加注银行的保付，则为不保付支票。

3.划线支票和非划线支票

根据收款人能否支取现金，分为划线支票和非划线支票。支票不带划线者称为现金支票或非划线支票，持此类支票既可提取现金，也可通过往来银行代收转账。支票带有划线者称为划线支票，这种支票在支票上划有两道平行线，划线支票非由银行不得领取票款，故只能委托银行代收票款入账。

第二节 汇付和托收

在国际货款的结算中，较常见的结算方式有汇付、托收和信用证三种。其中，汇付属于顺汇法，托收和信用证属于逆汇法。

一、汇付

汇付(Remittance)又称汇款，指债务人或汇款人主动通过银行将款项汇交收款人的结算方式。汇付的业务凭证是支付通知书。支付通知书的传递方向与资金流动方向一致，因此汇付属于顺汇性质。

(一)汇付的当事人

1.汇款人，是指汇出款项的人，在国际贸易中通常为买方。
2.收款人，是指收取款项的人，在国际贸易中通常为卖方。
3.汇出行，通常是进口地的银行。
4.汇入行，通常是出口地的银行。

(二)汇付的种类

1.信汇

信汇(Mail Transfer，M/T)是指汇出行应汇款人的申请，用信函的方式指示汇入行解付一定金额给收款人的一种汇款方式。信汇的优点是费用低廉，缺点是收取汇款的时间长。

2.电汇

电汇(Telegraphic Transfer，T/T)是指汇出行应汇款人的申请，通过拍发加押电报、电传或 SWIFT 等电信方式，指示汇入行解付一定金额给收款人的汇款方式。电汇方式具有收款速度快、便于卖方加速资金周转、避免汇率风险和安全可靠等优势，但是汇款费用相对较高。目前，在实际业务中，电汇使用最多。

3.票汇

票汇(Demand Draft，D/D)是指汇出行应汇款人的申请，开立银行汇票交给汇款人由汇款人自行邮寄给收款人，收款人凭以向汇票上指定的银行(一般是汇出行的分行或代理行)款的一种汇款方式。

票汇与电汇、信汇的不同之处在于，票汇的汇入行无须通知收款人取款，而由收款人持票登门向汇入行取款，这种汇票经收款人背书，可以转让流通，而电汇、信汇的收款权不能转让流通。

(三)汇付在国际贸易中的使用

在国际贸易中，汇付方式主要用于货到付款、预付货款等业务。

1.货到付款

货到付款(Cashon Delivery)是指买方在收到卖方的单据或货物后再付款。实际上，这是卖方向买方提供的一种信用，也是一种赊销。对卖方来说，风险最大，卖方交货以后能否得到偿付，全凭买方个人信用，也称为商业信用。

2.预付货款

预付货款(Payment in Advance)是在卖方还未生产交货前，买方预付货款，这种方式是买方向卖方提供了信用，买方存在一定的风险。对卖方来说，就是先收款后交货，资金不受挤压，对卖方较为有利。

二、托收

托收(Collection)是指接到托收指示的银行，根据所收到的金融单据或商业单据来取得进口商付款或承兑汇票，或凭付款或承兑交出商业单据，或凭其他条件交出单据的一种结算方式。

(一)托收的当事人

1.委托人(Principal)

委托人即是委托银行办理托收的当事人。委托人一般是卖方(出口商)，如果委托时开立汇票，则又是汇票的出票人。

2.托收行(Remitting Bank)

托收行是接受委托人的委托并通过国外代理行办理托收的银行。托收行一般是卖方的往来银行，根据委托人的指示办理，并对自己的过失负责。

3.代收行(Collecting Bank)

代收银行是指接受托收银行的委托，代向进口人收款的银行，通常是进口地银行。

4.付款人(Payer)

付款人是指根据托收银行指示做出付款的人或是托收业务的受票人，一般是进口人。

(二)托收种类

按托收项下是否随附商业单据，托收分为光票托收与跟单托收。

1.光票托收

光票托收(Clean Collection)是指卖方仅开立汇票而不附任何商业单据，委托银行收取货款的一种托收方式。光票托收方式通常用于收取出口样品费、佣金、代垫费用、其他从属费用和进口索赔等的托收。

2.跟单托收

跟单托收(Documentary Collection)是指附带提单、商业发票等商业单据的托收。跟单托收是贸易实践中最常见的方式。根据交付单据的条件不同，跟单托收分为两种：

(1)付款交单

付款交单(Documents against Payment，D/P)是指出口人的交单是以进口人的付款为条件，即出口人将汇票连同商业单据交给银行托收时，指示银行只有在进口人付清货款时才能向进口人交出商业单据。

按照付款时间的不同，付款交单又分为即期付款交单和远期付款交单。

即期付款交单(D/P at Sight)是指出口人发货后开具即期汇票连同货运单据，通过银行向进口人提示，进口人见票后立即付款，银行在其付清货款后将货运单据交给进口商。

远期付款交单(D/P after Sight)是指出口商按照合同规定日期发货后，开具远期汇票连同全套货运单据委托银行办理托收，托收行向进口商提示，进口商审单无误后在汇票上承兑，于汇票到期日付清货款，银行交出货运单据。

(2)承兑交单

承兑交单(Documents against Acceptance，D/A)是指卖方在装运后开出远期汇票，随附全套单据，通过银行向买方提示，买方承兑汇票后，代收行即将全套单据交给买方。在汇票到期后，买方再来履行付款义务，承兑交单实际上是买方先取得货物所有权，以后再来付款，所以对卖方来说风险非常大，一旦买方到期不付款，卖方就会遭受货款两空的损失，现在我国的外贸公司对使用承兑汇票非常谨慎。

❖【案例 16－2】

我某公司向日商以 D/P 即期方式出口某商品，对方答复若我方接受 D/A30 天付款，并通过他指定的 A 银行代收可接受。请问:我方是否应该接受日商此要求?

❖【案例分析】

一般不宜接受。使用托收方式收款时，一般采用即期 D/P，少用远期 D/P，谨慎使用 D/A，对客户的资信要有十足的把握。

第三节 信用证

一、信用证的定义与特征

(一)信用证的定义

信用证(Letterof Credit，L/C)是指开证银行应申请人的要求并按其指示向第三方开立的载有一定金额的，在一定的期限内凭符合规定的单据付款的书面保证文件。简言之，信用证是一种带有条件的银行付款书面承诺。

(二)信用证的特点

1.开证行负第一性付款责任

不管买方破产或拒付，只要交单相符，开证行必须付款。因此，开证行的资信是能否安全收汇的重要因素。信用证与汇付、托收的区别在于，信用证属于银行信用，而汇付、托收属于商业信用。

2.信用证是一项独立的文件

信用证条款虽然是根据买卖合同开立的，但一经开立，它就成为独立于买卖合同以外的另一种契约，不受买卖合同的约束。信用证项下的所有银行只按信用证的规定处理业务。

3.信用证属于纯单据买卖

信用证业务是一种纯粹的“单据业务”。银行处理业务时，以受益人提交的单据是否与信用证条款相符为依据，对于货物的真实情况，银行并不过问。

二、信用证业务的当事人

(一)申请人

申请人(Applicant)指要求开立信用证的一方，一般为买方。

(二)开证行

开证行(Issuing Bank)指应申请人要求或者代表自己开出信用证的银行，一般是买方所在地银行。

(三)通知银行

通知银行(Advising Bank)指应开证行的要求通知信用证的银行，一般是卖方所在地的银行。

(四)受益人

受益人(Beneficiary)指接受信用证并享受权益的一方，一般为卖方或实际供货人。

(五)指定银行

指定银行(Nominated Bank)是指信用证可在其处兑用的银行，如信用证可在任一银行兑用，则任一银行均为指定银行。

(六)保兑行

保兑行(Confirming Bank)是根据开证行的授权或要求对信用证加具保兑的银行。信用证一经保兑，保兑行即对信用证独立负责，承担第一性的付款责任。保兑行可以由通知行或第三家银行来担当。

(七)交单人

交单人(Presenter)指实施交单行为的受益人、银行或其他人。

三、信用证的主要内容

(一)对信用证本身的说明

包括信用证的种类、性质、金额、信用证号码、开证日期、有效期和到期地点等。

(二)信用证的当事人

开证申请人、开证行、受益人、通知行、议付行、付款行为信用证的主要当事人。另外，根据需要还可能涉及的当事人有保兑行、偿付行、承兑行、转让行、受让人等。

(三)货物说明

包括货物的名称、规格、数量、包装、价格等。

(四)运输说明

包括装运的最迟期限、装运港(地)和目的港(地)、运输方式、可否分批装运和可否中途转运等。

(五)单据条款

包括单据的种类、份数、内容要求等，常见的单据包括运输单据、商业发票、保险单等基本单据和检验证书、产地证、装箱单和重量单等。

(六)汇票条款

包括汇票的出票人、付款人、汇票金额、汇票期限、出票条款等内容。

(七)附加条款

一般书写在背面，规定交单日期或者要求某一特殊单据，根据每一具体交易的需要加列。

(八)责任文句

是指开证行对受益人及汇票持有人保证付款的责任文句。

四、信用证的业务流程

信用证的结算程序一般包括以下几个环节(如图16－1所示)。

(1)买卖双方在合同中规定使用信用证支付货款。

(2)进口人向开证行提出开证申请，填制开证申请书，缴纳押金和手续费，要求开证行开出以出口人为受益人的信用证。

(3)开证行按要求开立信用证，并将信用证寄交出口人所在地的分行或代理行(通知行)。

(4)通知行核对密押或印签无误后，将信用证转交出口人。

(5)出口人审核信用证与合同相符后，按信用证规定装运货物，并备齐各项货运单据，开具汇票，在信用证有效期内一并送交当地银行(议付行)请求议付。

(6)议付行按信用证条款审核单据无误后，按汇票金额扣除利息和手续费，将货款垫付给出口人。

(7)议付行将汇票和货运单据寄交开证行或其指定的付款行索偿。

(8)开证行或其指定的付款行核对单据无误后，向议付行付款。

(9)开证行向议付行办理转账付款的通知，通知进口人付款赎单。

(10)进口人审核无误后付清货款，开证行收款后，将单据交给进口人，进口人凭以向承运人提货。

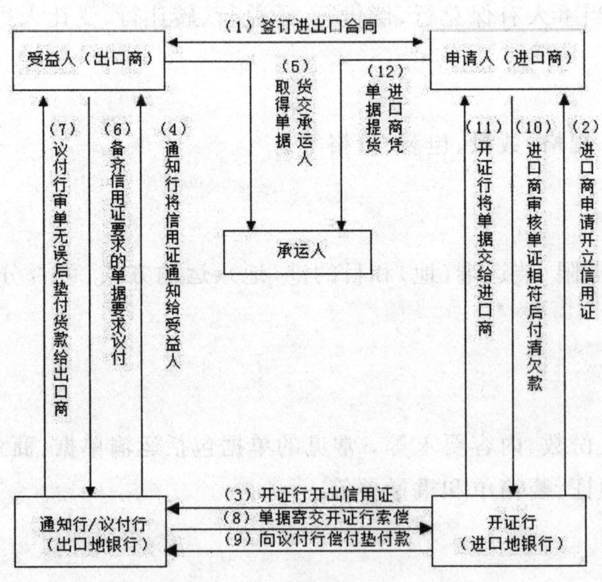

图16－1 信用证的业务流程

五、信用证的分类

(一)根据是否有货运单据，可分为跟单信用证和光票信用证

1.跟单信用证

跟单信用证(Documentary Credit)是指开证行凭跟单汇票或仅凭单据付款的信用证。这里的单据主要是指代表货物所有权的运输单据(如海运提单等)，或证明货物已交运的单据(如铁路运单、航空运单、邮包收据)。在国际贸易货款结算中，绝大多数使用跟单信用证。

2.光票信用证

光票信用证(Clean Credit)是指开证行凭不随附单据的汇票付款的信用证。

光票信用证主要用于非货款结算、小额货款的结算或跨国公司的不同子公司之间的货款结算。

(二)按照是否有另一家银行加以保兑，可分为保兑信用证和不保兑信用证

1.保兑信用证

保兑信用证(Confirmed L/C)是指另一家银行应开证行或受益人的要求对已经开出的信用证加以保兑。对信用证加以保兑的银行，称为保兑行。信用证加保兑后，由开证行和保兑行两家银行对受益人做出付款承诺，所以对于受益人来说具有双重保障。当开证行信誉不佳，或出口商对开证行信用缺乏认识时，可使用保兑信用证。

2.不保兑信用证

不保兑信用证(Unconfirmed L/C)是指未经其他银行加以保兑的信用证。当开证行资信好，成交金额不大时，一般都使用不保兑信用证。在国际贸易中使用的信用证绝大多数是不保兑信用证。

❖【案例 16－3】

我某公司向国外 A 商出口货物一批。A 商按时开来不可撤销即期议付信用证，该证由设在我国境内的外资 B 银行通知并加具保兑。我公司在货物装运后，正拟将全套合格单据交 B 银行议付时，忽接 B 银行通知，由于开证行因经营不善已宣布破产，该行不承担对该信用证的议付或付款责任，但可接受我出口公司委托向买方直接收到货款的业务。请问：我方应如何处理这种情况？

❖【案例分析】

我方应按规定交货并向该保兑外资银行交单，要求付款。因为信用证一经保兑，保兑行与开证行同为第一付款人，对受益人就要承担保证付款的责任，未经受益人的同意，该项保证不得撤销。只要受益人在信用证的有效期内将符合信用证规定的单据递交保兑行，保兑行必须议付、付款。

(三)按照信用证是否可以撤销，分为可撤销信用证和不可撤销信用证

1.可撤销信用证

可撤销信用证(Revocable L/C)是指开证行不必征得受益人或有关当事人同意就可以随时撤销的信用证。这种信用证对出口人非常不利，因此《UCP600》中删掉了可撤销信用证。

2.不可撤销信用证

不可撤销信用证(Irrevocable L/C)是指信用证一经开出，在有效期内，未经受益人及有关当事人的同意，开证行不能单方面修改和撤销的信用证。只要受益人提供的单据符合信用证规定，开证行必须履行付款义务。由于这种信用证的银行信用程度高，受益人权利较有保障，因而在实际业务中较常用。

❖【案例 16－4】

我某公司收到国外客户开来的不可撤销信用证一份，并按来证要求装货出运，但尚未将单据交广州中行议付之前，突然收到开证行通知，称开证人已经倒闭，为此开证行不再承担付款责任。请问:我出口公司应如何处理?

❖【案例分析】

我出口公司仍然可以坚持向开证行索取货款。因为根据不可撤销信用证的规定，只要我方提供符合信用证的各种单据，开证行是不得拒付的。故我出口公司应坚持向开证行索取货款。

(四)按付款时间的不用，可分为即期信用证、远期信用证、假远期信用证

1.即期信用证

即期信用证(Sight L/C)是指开证行或付款行收到受益人通过议付行提交的符合信用证条款的跟单汇票或装运单据后，立即履行付款义务的信用证。这种信用证对出口人来说，收汇迅速安全，有利于资金周转，是国际贸易货款收付中使用最普遍的一种信用证。

2.远期信用证

远期信用证(Usance L/C)是指开证行或付款行在收到符合信用证条款规定的汇票和单据后，不立即付款，而是待远期汇票到期后再付款。

3.假远期信用证

假远期信用证(Usance L/C Payableat Sight)是指信用证规定受益人开立远期汇票，由付款行负责贴现，并规定一切利息和费用由进口人承担，受益人能即期收汇的一种信用证。这种信用证对受益人来讲，看上去属于远期信用证，实际上仍属即期收款。

(五)按信用证是否可以转让，分为可转让信用证和不可转让信用证

1.可转让信用证

可转让信用证(Transferable L/C)是指开证行开立的信用证上注明“可转让”(transferable)字样，受益人可以将信用证的全部或部分使用权转让给第二受益人。可转让信用证只能转让一次。

2.不可转让信用证

不可转让信用证(Untransferable L/C)是指信用证上没有特别注明“可转让”字样，即受益人不能将信用证的权利转让给他人的信用证。一般的信用证都是不可转让的。

(六)循环信用证

循环信用证(Revolving L/C)是指信用证被全部或部分兑用后，能重新恢复原金额继续使用，直至规定的次数或金额用完为止的信用证。买卖双方订立长期合约，而货物采用分批装运的情况下，开立循环信用证可以使买方减少开证押金、降低重复开证的次数、简化开证

手续。

循环信用证按其循环方式的不同，可分为三类：

1.自动循环信用证

自动循环信用证是指信用证兑用后的一定时间内，无须开证行通知，信用证自动恢复原金额。

2.半自动循环信用证

半自动循环信用证是指信用证兑用后的一定时间内，如开证行未提出不能恢复原金额的通知，信用证就可自动恢复原金额。

3.非自动循环信用证

非自动循环信用证是指信用证兑用后，必须等待开证行通知，信用证才能恢复原金额。

(七)对开信用证

对开信用证(Reciprocal L/C)是指买卖双方同时以对方为受益人而开立的金额大体相等的信用证。其特点是第一张信用证的受益人(出口商)和开证申请人(进口商)与第二张信用证(回头信用证)的开证申请人和受益人的地位恰恰对调。也就是说，第一张信用证的申请人是第二张信用证的受益人，第一张信用证的受益人是第二张信用证的申请人。第一张信用证的通知行通常是第二张信用证的开证行。对开信用证主要适用于易货贸易、补偿贸易、来料加工贸易等。

(八)背对背信用证

背对背信用证(Back to Back L/C)又称对背信用证或从属信用证，是指第一受益人(中间商)收到进口人开来的信用证后，要求该证的原通知行或其他银行以原证为基础，另开立一张内容近似的新证给另一受益人(通常为供货人)。这种另开的信用证就是背对背信用证。背对背信用证的开立通常是中间商转售他人货物，从中牟利或两国不能直接办理进出口贸易时，通过第三者以此种方法来沟通贸易，可见，背对背信用证多数用于转口贸易。

(九)预支信用证

预支信用证(Anticipatory L/C)是指受益人可以在装运货物前先行开具汇票向指定的银行收款的信用证。通常是开证行授权代付行(通知行)向受益人预付信用证金额的全部或一部分，由开证行保证偿还并负担利息。预支信用证分为全额预支和部分预支。全额预支信用证，是仅凭出口人的发票付款，实质上等于一般的预付货款。部分预支信用证，是凭受益人以后补交的单据的声明书就可以预支部分货款。当正式单据交到后，代付行在付给剩余货款时，将扣除预支货款的利息。

第四节 其他支付方式

一、银行保函

银行保函(Letter of Guarantee，L/G)是指银行应委托人的申请向受益人开立的一种书面凭证，保证申请人按规定履行合同，否则由银行负责偿付款项。

(一)银行保函的主要内容

1.基本栏目

基本栏目包括保证书的编号、开立日期、各当事人的名称和地址、有关交易或工程项目的名称、有关合同或标书的编号和订约或签发日期等。

2.责任条款

责任条款即开立保函的银行或其他金融机构在保函中承诺的应承担的责任条款。这是构成银行保函的主体。

3.保证金额

保证金额即出具保证书的银行或其他金融机构所承担责任的最高金额。保证金额可以是具体金额，也可以是合同或有关文件金额的某个百分率。如果保证人可以按照委托人履行合同的程度减免责任，则必须要做出具体说明。

4.有效期

有效期即最迟的索赔期限，或称到期日。既可以是具体的日期，也可以是在某一行为或某一事件发生后的一个时期。

5.索偿方式

索偿方式即索偿条款，是指受益人在何种情况下可以向保证人提出索赔。通常国际上有两种不同的处理方法:一种是无条件的，或称“见索即付”保函;另一种是附有某些条件的保函。

(二)银行保函的当事人

银行保函业务中涉及的主要当事人有三个:申请人、受益人和担保人。此外，往往还有通知行、转开行、保兑行和反担保人等当事人。

1.申请人

申请人(Applicant)是指向银行提出申请，要求银行出具保函的一方，通常为债务人。其主要责任是履行合同项下的有关义务，并在担保人为履行担保责任而向受益人做出赔付时向担保人补偿其所做的任何义务。

2.受益人

受益人(Beneficiary)即接受保函并有权按照保函规定的条款向担保人提出索赔的一方。

其责任和义务是:履行在合同中所规定的责任和义务，并在保函规定的索偿条件具备时，有权按照保函规定出具索款通知或连同其他单据向担保行索取款项。

3.担保人

担保人(Guarantor)又称保证人，即根据申请人的要求，向受益人开立保函的一方，通常是银行。其责任和义务是只处理单据或证明，对保函所涉及的合同标的不负责任，对单据或证明的真伪以及在邮递过程中出现的遗失、延误均不负责任。

(三)银行保函的种类

银行保函按其用途可概括分为投标保函、履约保函和还款保函。

1.投标保函

投标保函(Tender Guarantee)是银行或其他金融机构应投标人的申请向招标人发出的保证书，保证投标人在开标前不中途撤销投标或片面修改投标条件;中标时不拒绝签约、不拒绝交付履约保证金，否则银行负责赔偿招标人一定金额的损失。

2.履约保函

履约保函(Performance Guarantee)是银行应申请人的请求，向受益人开立的保证申请人履行合同项下义务的书面保证文件。在有效期内如发生申请人违反合同的情况，银行将根据受益人的要求向受益人赔偿履约保函中所规定的金额。

3.还款保函

还款保函(Repayment Guarantee)又称预付款保函或定金保函，是指担保人应合同一方当事人的申请，向合同另一方当事人开立的保函。保函规定，如申请人不履行其与受益人订立合同的义务，如不将受益人预付或支付的款项退还给受益人，银行则向受益人退还或支付款项。

二、备用信用证

备用信用证(Standby L/C)是指开证行根据申请人的请求对受益人开立的承诺承担某项义务的凭证。备用信用证属于银行信用，开证行保证在开证申请人未履行其义务时，即由开证行付款。

备用信用证与跟单信用证的区别在于:

(1)跟单信用证下，受益人只要履行信用证所规定的条件，即可要求开证行付款;备用信用证下，受益人只有在开证申请人未履行义务时，才能行使信用证规定的权利，备用信用证往往备而不用。

(2)跟单信用证一般只适用于货物的买卖;备用信用证可适用于货物以外的多方面的交易。

(3)跟单信用证一般以符合信用证规定的单据为付款依据;备用信用证一般凭受益人出具的说明开证申请人未履约的证明让开证行保证付款。

第五节 各种支付方式的选用

一、影响结算方式选择的因素

(一)客户资信

在国际贸易中，合同能否顺利圆满地得到履行，在很大程度上取决于客户的信用。因此，要在贸易中安全收汇、安全用汇就必须事先做好对客户的资信调查，以便根据客户的具体情况，选用适当的结算方式。

(二)贸易术语

不同的国际贸易术语所表明的交货方式和使用的运输方式是不同的，而不同的交货方式和运输方式所适用的结算方式不会完全相同。因此，在选择结算方式时，要注意合同所采用的贸易术语。

(三)运输单据

海上运输方式下，出口商装运货物后得到的运输提单是海运提单，而海运提单属于物权凭证，故可以选用信用证和托收方式结算货款。如果货物通过航空、铁路、邮政等方式运输时，由于单据都不是物权凭证，因此一般不适宜采用信用证和托收等方式。

二、各种支付方式的选用

(一)信用证与汇付相结合

信用证与汇付相结合是指部分货款采用信用证支付，余额采用汇付方式结算。这种结合形式常用于允许交货数量有一定机动幅度的某些初级产品的交易。例如，买卖煤炭、粮食等散装货物时，买卖合同规定 90%的货款以信用证方式支付，其余 10%在该货物运抵目的港、经检验核实货物数量后，按实到数量确定余额以汇付方式支付。

(二)信用证与托收相结合

信用证与托收相结合是指在一笔交易中，部分货款采用信用证方式支付，余额采用托收方式结算。这种结合方式的通常做法是：卖方在装运货物后开立两张汇票，属于信用证项下的部分货款凭光票支付，而其余额则采用跟单汇票，即将运输单据随附在托收的汇票项下，按即期或远期付款交单方式托收。这种做法，卖方收汇较为安全，而买方可减少资金占用，提高资金的使用效率，因而易被买卖双方所接受。

(三)托收与银行保函相结合

为了使货款收取有保障，可以让进口商申请开立保证托收付款的保函。一旦进口商没有在收到单据后的规定时间内付款，出口商有权向开立保函的银行索取出口货款。

(四)托收与汇付相结合

托收与汇款相结合是指合同中规定的支付方式为买方签订合同后先支付一定金额的预付款或押金，货物装运后，剩余部分通过银行托收。比如，买方已支付20%～30%的定金，一般不会拒付托收项下的货款，因此，这种方式下卖方的收汇风险将大大降低。

(五)汇付、托收、信用证三者相结合

在成套设备、大型机械产品和交通工具的交易中，因为成交金额较大，产品生命周期较长，一般采用按工程进度和交货进度分若干期付清货款，即分期付款和延期付款的方法，此时可采用汇付、托收、信用证三者相结合的方式。

✣【案例 16－5】

甲国的A公司出口机电设备给乙国的B公司。A公司为了收汇安全，希望B公司预付货款，而B公司为了保证能收到货物，希望采用托收的结算方式。双方需要寻找一种较为平衡的结算方式。考虑到信用证结算费用较高，它们不打算使用信用证结算方式。请问:在这种情况下，应怎样结合不同的结算方式?

✣【案例分析】

可以采用托收与汇款相结合的结算方式。A公司为了收汇更有保障，加速资金周转，可以要求进口商在货物发运前，使用汇款方式，预付一定金额的定金作为保证，或一定比例的货款。在货物发运后，当出口商委托银行办理跟单托收时，在托收全部货款中，将预付的款项扣除。如托收金额被拒付，出口商可将货物运回，以预收的定金或货款抵偿运费、利息等一切损失。关于定金或预付货款规定多少，可视不同客户的资信和不同商品的具体情况确定。

◉复习思考题:

一、简答题

1.什么是汇票？它有哪几种类型？

2.简述汇票、本票和支票的区别。

3.简述信用证的业务流程。

4.国际贸易中常用的混合支付方式。

二、案例分析题

1.中方某公司以CIF价格向美国出口一批货物。合同的签订日期为8月2日。8月28日，由美国花旗银行开来不可撤销即期信用证，金额为8000美元，证中规定装船期为9月，偿付行为日本东京银行。中国银行收证后于9月2日通知该出口公司。9月10日，该公司获悉国外进口商因资金问题濒临破产倒闭。

请问:在此情况下,该公司应如何处理?

2.我某外贸公司在广交会遇到某港商,港商声称接到美国采购一批运动鞋的大订单,时间较紧,如果可以按照对方要求的时间交货,可以和我们签署买卖合同,前提是我方首先提交银行保函,如果不能按时交货,由银行赔偿港商。我方签署合同后,首先按照客户的样品打样,并快件寄港商确认,港商以种种理由声称我方的样品不合格,以拖延时间,最后交货期将近,我方已无时间生产,港商终没确认样品。最后我方面临没有按期交货,由银行赔偿港商。经查该港商以此手法诈骗了多家外贸公司。

请问:在此案例中,我方应接受的教训是什么?

3.我国某外贸公司受国内用户委托,以外贸公司自己的名义作为买方与外国一家公司(卖方)签订了一项进口某种商品的合同,支付条件为:"即期付款交单"。在履行合同时,卖方未经买方同意就直接将货物连同全套单据都交给了国内的用户,但该国内用户在收到货物后遇到财务困难,无力支付货款。在这种情况下,国外卖方认为,我国外贸公司在该合同中是以自己名义作为买方签订合同的,我国外卖公司的身份是买方而不是国内用户的代理人,因此,根据买卖合同的支付条款,要求我国外贸公司支付货款。

请问:我国外贸公司是否有义务支付货款?为什么?

第十七章 17

商品的检验、索赔、不可抗力和仲裁

✻本章学习目标：

本章重点介绍国际货物交易中检验、索赔、不可抗力和仲裁的含义和范围。目的是使学生了解货物检验、违约索赔和不可抗力方面的实务知识，理解仲裁的含义和作用，掌握仲裁的基本程序和合同中仲裁条款的具体要求。

第一节　商品的检验

商品检验，是指在国际货物买卖过程中，由具有权威性的专门的进出口商品检验机构依据法律、法规或合同的规定，对商品的质量、数量、重量和包装等方面的检验和鉴定，同时出具检验证书的活动。

一、商品检验的意义

国际货物买卖中，由于交易双方身处异地，相距遥远，货物在长途运输过程中难免发生残损、短少甚至灭失，尤其是在凭单证交接货物的条件下，买卖双方对所交货物的品质、数量等问题更容易产生争议。因此，为了便于查明货损原因，确定责任归属，以利于货物的交接和交易的顺利进行，就需要一个公证的第三者，即商品检验机构，对货物进行检验或鉴定。从商品出口的角度来看，通过商品检验，卖方能够保证向买方交付合格货物，以此提高自己的信誉；从商品进口的角度来看，进口方可通过行使检验权来保护自己的正当权益，有效防止国际贸易中的欺诈行为。

二、商品检验的内容

(一)商品品质检验

品质检验包括外观质量检验与内在质量检验两个方面。外观质量检验主要是对商品的外形、结构、花样、色泽、气味、触感等的检验;内在质量检验是指对商品的化学成分、物理性能、机械性能、工艺质量、使用效果等的检验。

(二)商品数量和重量检验

商品数量和重量检验是按合同规定的计量单位和计量方法对商品的数量和重量进行检验,看其是否符合合同规定。在实务中,商品重量检验允许有一定的合理误差。

(三)商品包装检验

商品包装检验是指对进出口商品的外包装和内包装以及包装标志进行检验。对进口商品主要检验外包装是否完好无损,包装材料、包装方式和衬垫物等是否符合合同规定要求。对出口商品的包装检验,除包装材料和包装方法必须符合合同规定外,还应检验商品内外包装是否牢固、完整、干燥、清洁,是否适于长途运输等方面。

(四)商品残损检验

商品残损检验主要是对进口受损货物的残损部分予以鉴定,了解致残原因及对商品使用价值的影响,估定残损程度,出具证明,作为向有关各方索赔的依据。商品的残损主要是指商品的残破、短缺、生锈、发霉、虫蛀、油浸、变质等情况。

(五)商品卫生检验

商品卫生检验主要是对肉类罐头食品、奶制品、禽蛋及蛋制品、水果等进出口食品,检验其是否符合人类食用卫生条件。

(六)商品的安全性能检验

商品的安全性能检验是根据国家规定和外贸合同、标准以及进口国的法律要求,对进出口商品有关安全性能方面的项目进行的检验,如易燃、易爆、易触电、易受毒害、易受伤害等方面。

三、商品检验的时间和地点

商品检验的时间和地点的规定,是合同中商检条款的一个核心问题。其做法主要有以下几种。

(一)在出口国产地检验

发货前,由卖方检验人员会同买方检验人员对货物进行检验,卖方只对商品离开产地前的品质负责。离开产地后运输途中出现的风险,由买方负责。

(二)在装运港(地)检验

货物在装运前或装运时由双方约定的商检机构检验，并出具检验证明，作为确认交货品质和数量的依据。这种规定，以离岸品质和离岸数量为准。

(三)目的港(地)检验

货物在目的港(地)卸货后，由双方约定的商检机构检验，并出具检验证明，作为确认交货品质和数量的依据。这种规定，以到岸品质和到岸数量为准。

(四)买方营业处所或用户所在地检验

对于那些密封包装、精密复杂的商品，不宜在使用前拆包检验，或需要安装调试后才能检验的产品，可将检验推迟至用户所在地，由双方认可的检验机构检验并出具证明。

(五)出口国检验，进口国复检

按照这种做法，装运前的检验证书作为卖方收取货款的出口单据之一，但货到目的地后，买方有复验权。如经双方认可的商检机构复验后，发现货物不符合合同规定，且系卖方责任，买方可在规定时间内向卖方提出异议和索赔，直至拒收货物。这是我国进出口业务中最常用的一种方法。

四、商品检验机构

检验机构的类型可分为官方检验机构、半官方检验机构和非官方检验机构三种。

(一)官方检验机构

官方检验机构是指按照国家有关法律法令对出入境商品实施强制性检验、检疫和监督管理的机构。如美国的食品药物管理局(FDA)、日本通商省检验所等。

(二)半官方检验机构

半官方检验机构是指一些有一定权威的、由政府授权、代表政府行使某项商品检验或某一方面检验管理工作的民间机构，如美国担保人实验室(UL)。

(三)非官方检验机构

非官方检验机构是指由私人创办的、具有专业检验、鉴定技术能力的公正行或检验公司，如英国劳埃氏公正行(Lloyd′s Surveyor)、瑞士日内瓦通用鉴定公司(Societe Generalede Surveilance S.A，SGS)。

五、商品检验证书

(一)检验证书的作用

检验证书是国际贸易中的重要单据，是证明卖方所交货物的品质、数量、包装以及卫生条件等方面是否符合合同规定，以明确责任归属的依据；是海关查验货物和放行的有效证件；是卖方办理货运结算的依据；是办理索赔和理赔的依据。

(二)检验证书的种类

目前，我国检验检疫机构签发的检验证书主要有：品质检验证书、重量或数量检验证书、包装检验证书、兽医检验证书、卫生检验证书、消毒检验证书、熏蒸证书、温度检验证书、残损检验证书、船舱检验证书、货载衡量检验证书、价值证明书。

六、合同中的商品检验条款

对外贸易合同中，出口商品能否顺利地交货履约，进口商品能否保证符合订货的质量要求，以及发生问题时能否对外索赔挽回损失，都与合同的商品检验条款密切相关。

(一)出口合同中的商品检验条款

在我国出口贸易中，一般采用在出口国检验，进口国复验的方法。常见的检验条款如下：

双方同意以中国进出口商品检验局所签发的品质/数量检验证书作为信用证项下议付单据的一部分。买方有权对货物进行复检。复检费由买方负担。如发现品质或数量与合同不符，买方有权向卖方索赔，但需提供经卖方同意的公证机构出具的检验报告。索赔期限为货物到达目的港××天内。

(二)进口合同中的商品检验条款

在我国进口合同中，商检条款一般订法为：

双方同意以制造厂(或××检验机构)出具的品质及数(重)量检验证明书作为有关信用证项下付款的单据之一。货物到目的港经中国进出口商检局复验，如发现品质或数(重)量与本合同规定不符时，除属保险人或承运人责任外，买方凭中国出入境检验检疫机构的检验证书，在索赔有效期内向卖方提出退货或索赔。索赔有效期为××天，自货物卸毕日期起计算。所有退货或索赔引起的一切费用(包括检验费)及损失均由卖方负担。

七、商品检验条款的注意事项

合同中的商检条款主要内容一般包括检验方式、检验内容、检验机构和检验费用等方面。所以，在与外商签订的进出口合同中，需要科学、明确、具体、合理地确定这些内容。

1.检验标准和检验方法要齐全明确，便于操作。

2.品质条款应定得明确、具体，不能含糊其辞，模棱两可，致使检验工作失去确切依据而无法进行，或只能按照不利于出口方的最严格的质量标准检验。

3.凡以地名、牌名、商标表示品质时，卖方所交货物既要符合传统优质的要求，又要有确切的质量指标说明，为检验提供依据。

4.约定商品检验的时间与地点应考虑所使用的贸易术语、商品的特性、检验条件和有关国家的法律或规章制度的规定。

5.应根据择优选择的原则约定合法的检验机构。

6.确定须出具的检验证书的名称和份数，以满足不同部门的需要。

❖【案例 17－1】

某公司从国外采购一批特殊器材，该器材指定由国外某检验机构检验合格后才能收货。后接到此检验机构的报告，报告称质量合格，但在其报告附注内说明此项报告的部分检验记录由制造商提供。在这种情况下，买方能否以为质量合格而接收货物？

❖【案例分析】

买方不能接受货物。理由如下：买方之所以要卖方出具某检验机构签发的检验证书，目的在于让商品检验机构检验货物，避免因卖方自己出具发货单而可能出现不真实问题。而且商检机构对其签发的检验证书负有保证其真实性的责任。而本案例中商检机构所出具的证书，尽管说明质量合格，但又言明部分检验记录由制造商提供，这说明检验机构未尽到自己的责任，对买方来说，接受这种商检证书风险很大，因此，买方不能接受商检证书，也不能凭此证书接受货物。

第二节 索赔

涉及国际贸易的索赔，一般有三种情况，即货物买卖索赔、运输索赔和保险索赔。本书讲述的是第一种情况，即货物买卖的索赔。

一、争议

争议是指买卖的一方认为另一方没有履行合同规定的责任与义务所引起的纠纷。交易中双方引起争议的原因很多，大致可归纳为以下几种情况。

(一)卖方违约

如卖方不交货，或未按合同规定的时间、品质、数量、包装条款交货，或单证不符等。

(二)买方违约

如买方不开或缓开信用证，不付款或不按时付款赎单，无理拒收货物，在 FOB 条件下不按时派船接货等。

(三)合同规定欠明确

如合同条款规定不明确，致使双方理解或解释不统一，造成一方违约，引起纠纷;或在履约中，双方均有违约行为。

二、索赔与理赔

索赔和理赔是一个问题的两个方面。

(一)索赔

索赔(Claim)是指签订合同的一方违反合同的规定，直接或间接地给另一方造成损害，受损方向违约方提出损害赔偿要求。

导致索赔的原因主要包括:买方违约、卖方违约、承运人违约、发生保险范围内的货损货差。

(二)理赔

理赔(Settlement of Claims)是指违约方受理受损方提出的赔偿要求。可见，索赔和理赔是同一个问题的两个方面。

三、进出口合同中的索赔条款

进出口合同中的索赔条款有两种规定方式:一种是异议和索赔条款，另一种是罚金条款。

一般在买卖合同中，多数只订立异议和索赔条款，只有在买卖大宗商品和机械设备一类商品的合同中，除订明异议和索赔条款外，再另订罚金条款。

(一)异议和索赔条款

该条款针对卖方交货品质、数量或包装不符合合同规定而订立。主要内容包括索赔依据和索赔期限、赔偿损失。

1.索赔依据

索赔依据主要是指双方认可的商检机构出具的检验证书。

2.索赔期限

索赔期限主要是指受损方向违约方提出索赔要求的有效期限。如逾期提出索赔，违约方可不予理赔。除一些性能特殊的产品(如机械设备)外，索赔期限一般不宜过长，以免使卖方承担过重的责任，也不宜规定得太短，以免使买方无法行使索赔权。要根据商品性质及检验所需时间多少等因素而定。

3.赔偿损失

一般对此问题只作笼统规定，主要是由于违约的原因通常较复杂，在订合同时很难进行预计。

❖【案例 17－2】

某工厂进口原料一批，合同规定在货物卸目的港后 120 天内，买方有权复验，如发现品质不符合合同规定，有权凭当地商检机构出具的证明向卖方提出索赔。货物抵目的港后，因厂方急需此项原料用，未经复验即运回厂使用，一次投料近 30%。在加工过程中发现货物品质不良，立即请商检部门对其余原料进行检验，证明到货品质与合同规定不符。请问：买方可否根据合同规定向卖方提出索赔？

❖【案例分析】

合同规定的复检期限，也是买方的索赔期限，只要在此期限内，即使已使用过，仍可要求索赔，因为买方可以说该批原料就是经过使用才确定其品质不良的，卖方无法对抗。值得注意的是，如使用前发现品质不符，应立即取得公证报告，作为索赔的有力依据，切不可投入使用，并且要切实掌握好索赔期限。

(二)罚金条款

罚金条款一般适用于卖方延期交货或买方延期接运货物、拖延开立信用证、拖欠货款等场合。当一方未履行合同时，应向对方支付一定数额的约定金额，以补偿对方的损失。罚金条款常用于大宗商品或成套设备的合同中。

违约金的起算日期有两种：一种是合同规定的交货期或开证期终止后立即起算；另一种是规定优惠期，即在合同规定的有关期限终止后再宽限一段时间，在优惠期内免于罚款，待优惠期届满后起算罚金。卖方支付罚金后并不能解除继续履行合同的义务。

第三节 不可抗力

一、不可抗力的含义

不可抗力是指买卖合同签订后，不是由于当事人一方的过失或故意，发生了当事人在订立合同时不能预见，对其发生和后果不能避免，并且不能克服的事件，以致不能履行合同或不能如期履行合同。遭受不可抗力事件的一方，可以据此免除履行合同的责任或推迟履行合同，对方无权要求赔偿。可见，不可抗力是一种免责条款，即免除由于不可抗力事件而违约的一方的违约责任。

二、不可抗力条款的主要内容及规定

不可抗力条款，通常包括下列主要内容：

(一)不可抗力事件的范围

不可抗力事件的范围较广，通常分为两种情况：一种是由于自然力量引起的事件，如水灾、旱灾、冰灾、雷电、暴风雨、地震、海啸等；另一种是政治或社会原因引起的，如政府颁布禁令、调整政策制度、罢工、暴动、骚乱、战争等。关于不可抗力事件的范围，应在买卖合同中订明。通常有下列三种规定办法。

1.概括规定

即在合同中不具体规定哪些事件属于不可抗力事件，而只是笼统地规定“由于公认的不可抗力的原因，致使卖方不能交货或延期交货，卖方不负责任”；或者“由于不可抗力事件使合同不能履行，发生事件的一方可据此免除责任”。这类规定方法过于笼统，解释伸缩性大，容易引起争议，不宜采用。

2.具体规定

即在合同中明确规定不可抗力事件的范围，凡在合同中没有订明的，均不能作为不可抗力事件加以援引。这种方法虽然明确具体，但文字烦琐，且可能出现遗漏情况，因此，也不是最好的办法。

3.综合规定

即在合同中列明经常发生的不可抗力事件(如战争、洪水、地震等)的同时，再加上“以及双方同意的其他不可抗力事件”的文句。这种规定方法，既明确具体，又有一定的灵活性。在我国进出口合同中，一般都采取这种规定办法。

(二)不可抗力事件的处理

发生不可抗力事件后，应按约定的处理原则和办法及时进行处理。不可抗力的后果有两种:一是解除合同,二是延期履行合同。究竟如何处理,应视事故的原因、性质、规模及其对履行合同所产生的实际影响程度而定。

❖【案例 17－3】

某贸易商从广州某厂取得报价单后,转向意大利某客户报价。成交后国外开来信用证并规定 7 月底以前交货。哪知在 7 月初该伞厂仓库失火,成品、半成品及原料均烧毁,以致无法交货。请问:该贸易商可否以不可抗力为由要求免交货品?

❖【案例分析】

假定本案双方的合同中有明确的不可抗力条款,而且火灾并不是由于卖方的过失或疏忽造成的,那么火灾是不可抗力事故,否则就不是。贸易商不能以不可抗力为由要求免交货品。因为该事故只是在一定期限内阻碍合同的履行,而离合同到期还有一段时间;该项交易的产品是普通货物,而不是特定物。因此,不能免除贸易商的交货义务,而只能暂时终止合同,一旦事故消除后仍必须履行,不过可以延期交货。

(三)不可抗力事件的通知期限和方式

不可抗力事件发生后如影响合同履行时,发生事件的一方当事人应按约定的通知期限和通知方式,将不可抗力事件情况如实通知对方,如以电报通知对方,并在 15 天内以航空信提供事故的详尽情况和影响合同履行程度的证明文件。对方在接到通知后,应及时答复,如有异议也应及时提出。

(四)不可抗力事件的证明

国际贸易中,当一方援引不可抗力条款要求免责时,必须向对方提交有关机构出具的证明文件,作为发生不可抗力的证明。在国外,一般由当地的商会或合法的公证机构出具。在我国,由中国国际贸易促进委员会或其设在口岸的贸促分会出具。

第四节 仲裁

一、仲裁的含义和特点

(一)仲裁的含义

仲裁(Arbitration)又称公断，是指买卖双方在争议发生之前或发生之后，签订书面协议，自愿将争议提交双方均同意的第三者予以裁决。

(二)仲裁的特点

1.仲裁必须是双方同意的，任何一方无权强迫另一方进行仲裁。

2.仲裁的立案时间快，一般在 1 周之内即可开庭，处理案件时间较短，仲裁的费用较低。

3.仲裁裁决一般是终局裁决，具有与法院判决相同的法律效力，当事人必须严格履行。

4.为了保护当事人的商业秘密，使当事人的商业信誉不受影响，仲裁一般采用不公开审理方式。

二、仲裁协议的形式和作用

(一)仲裁协议的形式

仲裁协议有两种形式:一种是在争议发生之前订立的，它通常作为合同中的仲裁条款出现;另一种是在争议发生之后订立的，它是把已经发生的争议提交仲裁的协议。这两种仲裁协议，其法律效力是相同的。它们的基本内容都包括仲裁地点、仲裁机构、仲裁程序规则、仲裁裁决的效力、仲裁费用的负担等。

(二)仲裁协议的作用

1.约束双方当事人只能以仲裁方式解决争议。

2.授予仲裁机构对争议案件的管辖权。

3.排除法院对争议案件的管辖权。

以上三种作用是相互联系的，其中排除法院对争议案件的管辖权很关键，它意味着双方当事人一旦签订仲裁协议，任何一方不得向法院提起诉讼。

三、仲裁的程序

各国仲裁机构对仲裁程序都有明确规定，按我国仲裁规则规定，基本程序如下。

(一)申请仲裁

申请人应提交仲裁协议和仲裁申请书，并附交有关证明文件和预交仲裁费。仲裁机构立案后，应向被诉人发出仲裁通知和申请书及附件。被诉人可以提交答辩书或反请求书。

(二)组成仲裁庭

当事人双方均可在仲裁机构所提供的仲裁员名册中指定或委托仲裁机构指定一名仲裁员，并由仲裁机构指定第三名仲裁员作为首席仲裁员，共同组成仲裁庭。如果用独任仲裁员方式，可由双方当事人共同指定或委托仲裁机构指定。

(三)仲裁审理

仲裁审理案件有两种形式：一种是书面审理，也称不开庭审理，根据有关书面材料对案件进行审理并作出裁决，海事仲裁常采用书面仲裁形式；另一种是开庭审理，这是普遍采用的一种方式。

(四)作出仲裁裁决

裁决是仲裁程序的最后一个环节。根据我国仲裁规则，在仲裁过程中，仲裁庭认为有必要或接受当事人之提议，可就案件的任何问题作出中间裁决或者部分裁决。中间裁决是指对审理清楚的争议所做的暂时性裁决，以利于对案件的进一步审理；部分裁决是指仲裁庭对整个争议中的一些问题已经审理清楚，而先行作出的部分终局性裁决。这种裁决是构成最终裁决的组成部分。

仲裁裁决必须于案件审理终结之日起 45 天内以书面形式作出。仲裁裁决除由于调解达成和解而作出的裁决书外，应说明裁决所依据的理由，并写明裁决是终局的和作出裁决书的日期、地点，以及仲裁员的署名等。

四、仲裁裁决的执行

仲裁裁决对双方当事人都具有法律约束力，当事人必须执行。如双方当事人都在本国，如果一方不执行裁决，另一方可请求法院强制执行。如一方当事人在国外，涉及一个国家的仲裁机构所做出的裁决要由另一个国家的当事人去执行的问题。在这种情况下，如国外当事人拒不执行裁决，则只有到国外法院去申请执行，或者通过外交途径要求对方国家有关主管部门或社会团体(如商会、同业公会)协助执行。

五、合同中的仲裁条款

进出口合同中的仲裁条款，应当明确合理，不能过于笼统，其具体内容主要包括以下几点：

(一)仲裁地点

仲裁地点是仲裁条款的核心。在我国进出口合同中，多数合同规定在中国仲裁，有时规定在对方所在国仲裁，或规定在双方同意的第三国仲裁。

(二)仲裁机构

仲裁机构的规定一般有以下两种形式，即常设仲裁机构和临时仲裁机构。常设仲裁机构是指具有固定组织和地点、固定的仲裁程序规则和永久性仲裁机构；临时仲裁机构是指根据当事人的仲裁条款或仲裁协议，在争议发生后，由双方当事人推荐的仲裁员临时组成的，负责裁断当事人的争议，并在裁决后即行解散的临时性仲裁机构。

(三)仲裁规则

仲裁规则即进行仲裁的手续、步骤和做法。按国际仲裁的一般做法，原则上采用仲裁所在地的仲裁规则，但也允许按双方当事人的约定，并经仲裁机构同意，采用仲裁地点以外的其他仲裁机构的仲裁规则进行仲裁。

(四)仲裁裁决的效力

一般而言，仲裁裁决是终局性的，对争议双方都有约束力，任何一方都不允许向法院起诉要求变更。

(五)仲裁费用的负担

通常在仲裁条款中明确规定仲裁费用由谁负担。一般规定由败诉方承担，也有的规定由仲裁庭酌情决定。仲裁费用一般按争议价值的0.1%～1%收取。

❖【案例 17—4】

我某外贸公司与美国商人订立合同，出口农产品2000公吨，共分三批装运，其中第一批为600公吨，由于我方未能按时装运，美商要求我方赔偿损失，金额与我方所能接受的差距太大，双方协商无效，美商便提出了仲裁申请。问：仲裁委员会会如何裁决？

❖【案例分析】

我方没有按时交货，应理赔，但不是按照美商提出的金额赔偿。仲裁委员会会按照国际惯例，按照合同价格与国际市场价格之间的差价数额进行赔偿。

◈复习思考题：

一、简答题

1.商品检验的主要内容是什么？

2.简述进出口合同中的索赔条款的具体规定。

3.什么是不可抗力？不可抗力条款的主要内容是什么？

4.仲裁的程序是什么？

二、案例分析题

1.我国某公司与新加坡一家公司以CIF新加坡的条件出口一批土产品，定约时，我国公司已知道该货物要转销美国。该货物到新加坡后，立即转运美国，其后新加坡的买主凭美国商检机构签发的在美国检验的证明书，向我方提出索赔。

请问：我国公司应如何对待美国的检验证书？为什么？

2.中国从阿根廷进口普通豆饼，交货期为8月底，拟转售欧洲。然而，4月阿商原定的收购地点发生百年未遇的大洪水，收购计划落空。阿商要求按不可抗力处理免除交货责任。

请问：中方是否应同意阿商的要求？

第十八章 18
国际货物贸易合同的商定

✻本章学习目标：

通过本章的学习，要求学生了解交易磋商前应做好的准备工作，掌握交易磋商的四个环节，掌握发盘与接受环节应注意的问题，了解合同成立的时间及条件，了解合同签订中应注意的主要问题。

第一节　交易磋商前的准备

交易磋商前的准备既可以认为是洽商阶段的第一步，也可以认为是整个交易的开始。它不仅对交易磋商的顺利完成很有必要，而且对整个交易的成功实施具有重要意义。磋商前的准备工作主要包括：国际市场调研、制订国际贸易计划、制订谈判方案、组成谈判团队。

一、国际市场调研

国际市场调研是指运用科学的方法，有目的地、系统地搜集、整理、分析与国际贸易活动相关的信息，从而把握目标市场变化的规律和本质，为国际市场上的贸易决策提供可靠的依据。

(一)国际市场环境调研

国际市场环境调研的范围很广，主要包括：自然条件，包括一国的自然资源条件、地理气候、风土人情等；国际政治及法律环境，包括政治制度、政党、方针政策和对外关系及国内局势的稳定性等；国际经济环境，包括一国的人口资源、国民收入、消费行为、经济基础等；国际文化环境，包括使用的语言、宗教、风俗习惯、价值观念等。

(二)国际商品市场状况调研

对国际商品市场的调研，主要是调查目标市场国商品的品种、花式、质量、包装、原材料、技术水平以及生产、消费、库存、贸易、成本、价格、可替代品、主要供需国别及其发展状况，估计市场供求关系和价格变动趋势，对商品的具体要求和今后需求的变动进行预测，以确定自己的产品在该市场上面临的竞争形势和所处的竞争地位，便于根据实际情况灵活报价及确定其他交易条件，在随后的合同谈判中争取主动。

(三)国际客户情况调研

客户是交易的对象。在出口业务中，国外客户主要包括各国的进口商、大百货公司、超市、连锁店、厂商和经纪商等各种类型的商人等。在交易前，应对客户的资信情况进行全面调查，选择出成交可能性最大的合适客户。对客户情况的调研主要是调查客户的政治背景、负债人的情况、资信情况、信誉状况、与银行的关系等。

二、制订国际贸易计划

国际贸易计划是指在市场调研的基础上，根据公司的经营策略和意图，结合以往经营经验和国际市场趋势，在一定时期内对某种商品出口或进口的设想做出业务安排。制订国际贸易计划的目的在于做到心中有数，使贸易有计划、顺利地进行。

国际贸易计划可分为出口贸易计划和进口贸易计划两种。制订出口计划有利于加强业务领导，使出口业务的各个环节更好地协调配合，改善经营管理，出口计划应经常检查，及时补充修改，使其符合客观实际。进口贸易计划是对外洽谈交易、采购商品和安排进口业务的依据，主要包括进口商品的种类、数量、时间安排、国别、交易对象选择和交易价格的安排等。

三、制订谈判方案

商务谈判的方案，是指为了完成某种或某类商品的进出口任务而确定的经营意图、需要达到的最高或最低目标，以及为实现该目标所应采取的策略、步骤和做法等，它是对外洽谈人员进行对外贸易谈判所遵循的依据。

针对不同商品进行的谈判，谈判方案的内容繁简不一。对大宗进出口商品交易所拟订的经营方案，一般要比较详细具体，尤其是制订某些大宗交易或重点商品的谈判方案时，更要考虑周全。在谈判方案中，对需要谈判的问题，应分清主次，合理安排谈判的先后顺序，明确对每一主要问题应当掌握的分寸和尺度，以及准备好在谈判中出现某些变化时所应采取的对策和应变措施，力争谈判成功。对一般中小商品的进出口，则只要拟订简单的价格方案即可。

四、组成谈判团队

在洽商交易过程中，买卖双方在确定价格和各种交易条件以及拟定合同条款方面，往往因利害关系不同而存在分歧和争论。在洽商过程中，还可能出现种种预先没有估计到的情况。为了保证洽商交易的顺利进行，事先应选配精明强干的谈判人员，尤其是对一些大型的、内容复杂的交易，更要组织一个强有力的谈判班子，这个谈判班子中须包括熟悉商务、技术、法律和财务等方面的人员，这些人员应具有较高的整体素质，这是确保交易成功的关键。

第二节　交易磋商的基本程序

交易磋商的一般程序分为询盘、发盘、还盘和接受四个环节。

一、询盘

询盘(Inquiry)又称询价，指买方为购买商品或卖方为出售商品而向对方提出的有关交易条件的询问。在国际贸易业务中，询盘的目的通常有两个，一是向对方探询交易条件；另一个是向对方表达与其进行交易的愿望。

询盘可以由买方发出，也可以由卖方发出。由买方发出的询盘习惯上称为“邀请发盘”，由卖方发出的询盘习惯上称为“邀请递盘”。一般在国际贸易业务中，由买方发出的询盘多一些。询盘的内容可以只是询问价格，也可以询问其他某些交易条件，如品名、数量和交货日期等。询盘对询盘人和被询盘人都没有法律约束力，而且不是每笔交易的必经步骤，但是它往往是一笔交易的起点，所以，询盘人和被询盘人双方应该慎重对待或应用。

询盘时一般不直接用“询盘”术语，而通常用“请告……”(Please advise...)；“请报价……”(Please quote...)；“请发盘……”(Please offer...)等词语。

二、发盘

发盘(Offer)又叫发价，法律上称为要约，是卖方或买方向对方提出各项交易条件，并愿意按这些条件达成交易，订立合同的一种肯定的意思表示。实际业务中，发盘通常是一方收到对方的询盘之后做出的，但也可不经询盘直接向对方发盘。

发盘可以由买方发出，也可以由卖方发出。卖方发盘称为售货发盘，买方发盘称为购货发盘，习惯上称之为“递盘”(bid)。发盘可采用书面和口头两种形式。

(一)构成一项有效发盘的条件

1.向一个或一个以上特定的人提出

这里特定的人，是指在发盘中指明个人姓名或企业名称的受盘人。也就是说，发盘必须有确定的对象。普通商业广告及向国外客商寄发的商品目录、价目单等行为一般不能构成发盘，通常只能视为邀请发盘。

2.表明发盘对发盘人有约束力

承受约束是指发盘人在得到受盘人接受时承担与其按发盘条件订立合同的责任。如果发盘人只是就某些交易条件同对方磋商，而没有受其约束的意思，或干脆表示自己不受其发盘的约束，那么该项发盘就不是真正意义上的发盘。例如发盘人在其发出的订约建议中加入“仅供参考”“须以发盘人的最后确认为准”或其他保留条件，这样的订约建议就不是发盘，而只是邀请对方发盘。

3.发盘的内容必须十分确定

按照《联合国国际货物销售合同公约》的规定，一项合同的建议“如果写明货物名称，并且明示或暗示地规定货物的数量和价格或如何确定数量和价格，即为十分确定”。《联合国国际货物销售合同公约》的上述规定，只是对构成发盘的起码要求，在实际业务中，最好将品名、品质、数量、包装、价格、交货时间与地点以及支付方法等主要交易条件明确规定，这样有利于交易的顺利进行。

4.发盘必须送达受盘人才能生效

发盘在送达受盘人时生效，这是《联合国国际货物销售合同公约》和各国法律普遍的规定。无论是口头的还是书面的，只有当发盘被送达受盘人时才开始生效。对于发盘人而言，只有发盘送达受盘人时，才开始受其约束；对于受盘人而言，只有待收到发盘时，才能表示接受，从而导致合同的成立。

(二)发盘的有效期

发盘的有效期是指发盘生效到失效的时间长度。在发盘的有效期内，发盘人受所发盘的约束，不得任意撤销发盘。受盘人必须在发盘有效期内作出是否接受的选择，超过发盘有效期的接受是无效的。

在对外贸易实践中，对一项发盘有效期的规定通常有以下几种方法：

1.明确规定有效期

(1)规定最迟接受期限

例如，本发盘限 12 月 5 日复到，以我方时间为准。

由于国际贸易是在不同国家的商人之间进行的，两国间往往有时差，因此发盘中应明确以何方的时间为准。我国外贸企业在对外发盘时，一般都采用这种方法规定发盘有效期，发盘送达发盘人时生效，至规定的有效期满为止。

(2)规定一段接受时期

例如发盘有效期 5 天，或发盘限 9 天内复到。这个期限，按照《联合国国际货物销售合同公约》的规定，应该从电报交发时刻或信件载明的发信日期开始算起。如果信上没有载明发信日期，则从邮戳的日期起算。采用电话、电传发盘时，则从发盘送达受盘人时算起。如果有效期的最后一天是发盘人营业地的正式假日或非营业日，则有效期应该顺延至下一个营业日。

2.在发盘中不明确规定有效期

当发盘未具体列明有效期时，按国际惯例，受盘人应在合理时间内接受才能有效。对“合理时间”，国际上并没有统一规定，一般要由商品的特点和行业习惯或习惯做法所决定，对于市场行情稳定的商品，有效期通常可以规定得较长，反之则较短。由于这种规定具有很大的不确定性，容易导致纠纷。因此，在进出口业务中一般较少采用这种形式。

3.口头形式的发盘

根据《联合国国际货物销售合同公约》的规定，采取口头发盘时，除发盘人另有声明外，受盘人只能当场表示接受，方可有效。

(三)发盘的撤回与撤销

1.发盘的撤回

发盘的撤回(Withdrawal)是指发盘人在其发盘送达受盘人之前，将该项发盘取消的行为。《联合国国际货物销售合同公约》第15条规定:"一项发盘，即使是不可撤销的，也可以撤回，如果撤回通知在发盘到达受盘人之前或同时到达受盘人。"由此看，撤回发盘的条件是:撤回发盘的通知必须先于发盘或与其同时送达受盘人。如果想撤回已经发出的发盘，要有准确的时间概念，必须预计发盘何时可送达对方，然后再考虑采取何种最快的通信方法可以撤回或修改发盘。

2.发盘的撤销

发盘的撤销(Revocability)是指发盘人在其发盘已经送达受盘人之后，将该项发盘取消的行为。《联合国国际货物销售合同公约》第16条规定:"已为受盘人收到的发盘，如果撤销的通知在受盘人发出接受通知之前送达受盘人，可予撤销，但是，下列情况不能撤销:

(1)发盘规定有效期或以其他方式表明是不可撤销的;

(2)受盘人有理由信赖这项发盘是不可撤销的，并已本着这种信赖采取了行动。"

发盘的撤销与撤回，在性质上是不同的。发盘的撤销是针对已经生效的发盘而言的，它发生在发盘生效之后;而发盘的撤回是针对尚未生效的发盘而言的，它发生在发盘生效之前。

❖【案例18－1】

买方向卖方发盘，要求卖方凭发盘提供的规格、性能生产供应某机械设备，发盘人除列明品质、数量、价格、付款、交货期等必要条件外，规定发盘有效期1个月，以便卖方能有足够时间研究决定是否能够按照所提条件生产供应。卖方收到发盘后，立即组织人员进行设计，探询必要生产设备添置的可能性和成本核算。两周后，突接买方通知，由于资金原因，决定不再订购该项机械设备，并撤销发盘。此时，卖方已经因设计、询购生产设备、核算成本等付出了大量费用。请问:本案中买方的发盘能否撤销?

❖【案例分析】

本案中规定发盘的有效期为一个月，按照《联合国国际货物销售合同公约》规定，规定有效期的发盘不能撤销;另外，本案中卖方已经因设计、询购生产设备、核算成本等付出了大量费用，说明卖方已经本着对发盘的信赖采取了行动，因此本案中买方的发盘不能撤销。

(四)发盘的终止

发盘的终止，即其效力的失去。发盘终止的原因或情形有以下几种:

1.在发盘规定的有效期内未被接受，或未规定有效期，但在合理时间内未被接受，则发盘的效力即告终止。

2.发盘遭到受盘人拒绝或还盘，发盘即告失效。

3.发盘人依法撤销发盘。

4.发盘人发盘后，发生人力不可抗拒的意外事故造成发盘的失效，如政府禁令或限制措施、战争、罢工等。

5.在发盘被接受前，当事人丧失行为能力(如精神失常、死亡等)，则该发盘失效。

三、还盘

还盘(Counter Offer)又叫还价，是受盘人对发盘内容不完全同意而提出修改或变更的表示。还盘既是受盘人对发盘的拒绝，也是受盘人以发盘人的地位做出的新发盘。还盘的法律结果是对原发盘的否定，原发盘在还盘后即告失效。除非得到原发盘人的同意，受盘人不得在还盘后又反悔，再接受原发盘。

进行还盘时，可使用“还盘”字样，但一般仅将不同意的交易条件通知对方，就意味着还盘了。还盘人对发盘的答复如果在实质上变更了发盘条件，就构成对发盘的拒绝。根据《联合国国际货物销售合同公约》的规定，受盘人对货物的价格、付款、品质、数量、交货时间和交货地点、一方当事人对另一方当事人的赔偿责任范围或解决争端的办法等条件提出添加或更改，均作为实质性变更发盘条件。均构成还盘。

此外，对发盘表示有条件的接受，也是还盘的一种形式。如受盘人在答复发盘人时，附加有“以最后确认为准”“未售有效”等规定或类似条件，这种答复只能视为还盘或邀请发盘。还盘的内容，凡不具备发盘的条件，即为“邀请发盘”。如还盘的内容具备发盘条件，就构成一个新的发盘，还盘人成为新发盘人，原发盘人成为新受盘人，他有对新发盘人作出接受、拒绝或再还盘的权利。

✣【案例 18－2】

我国某公司 7 月 15 日向某客户电传发盘，并规定“限 7 月 20 日复到”。国外客户于 7 月 18 日复电至我方，要求将即期信用证改为远期 45 天信用证。我公司正在研究中，次日又接到对方当天发来的电传，表示无条件接受我方 7 月 15 日的发盘。请问:此时该笔交易是否达成?

✣【案例分析】

该笔交易没有达成。因为对方 7 月 18 日来电对支付条件作了更改，已构成还盘，我方 7 月 15 日的发盘由此失效。现在客户对已经失效的发盘表示接受，可见该接受是无效的。

四、接受

接受(Acceptance)在法律上称承诺，是卖方或买方同意对方在发盘中提出的各项交易条件，并愿按这些条件与对方达成交易，订立合同的一种肯定的意思表示。一方的发盘经另一方接受，交易即告达成，合同即告成立，双方就应分别履行各自的义务。

(一)构成有效接受的条件

1.接受必须由特定的受盘人作出

发盘是向特定的人发出的，因此，只有特定的人才能对发盘作出接受。由第三者作出的接受，不能视为有效的接受，只能作为一项新的发盘。

2.接受必须表示出来

接受必须采用一定的方式表示出来，受盘人对发盘表示接受，既可以通过口头或书面的形式，也可以通过其他实际行动来表示接受，如开始生产货物、采购货物等。

3.接受的内容必须与发盘相符

一项有效的接受必须是同意发盘所提出的交易条件，只接受发盘中的部分条件，或对发盘中的交易条件提出实质性的更改，均不能构成有效的接受，只能视为还盘。

但是，如果受盘人在表示接受发盘时，对发盘内容提出某些非实质性的添加、限制或更改(如要求增加重量单、装箱单、原产地证明或某些单据的份数等)，除非发盘人在不过分迟延的期间内以口头或书面通知反对其间的差异外，仍构成接受，合同条件以发盘条件和接受中提出的更改为准。

4.接受必须在发盘有效期内送达发盘人

接受必须在发盘有效期传达到发盘人才有效。在口头磋商时，接受可被立即传达到发盘人。但在使用信件和电报表示接受时，应该注意，不同国家对作出接受的含义有不同理解，因此接受作出的时间认定也会有所出入。英美法国家以接受寄出(或投邮)时为作出接受的时间，而大陆法国家以接受送达时为作出接受的时间。《联合国国际货物销售合同公约》在这个问题上采纳了大陆法系的做法，即接受通知送达发盘人时生效。

接受的传递方式应符合发盘的要求如果发盘注明了接受的方式，受盘人在接受时必须按发盘要求的方式传递;有的未作规定，此时，受盘人可按发盘所采用的方式传递，或采用比其更快的快递方式将接受通知送达发盘人。

❖【案例 18－3】

我某进出口公司向国外某商人询购某商品，不久，我方收到对方 8 月 15 日的发盘，发盘有效期至 8 月 22 日。我方于 8 月 20 日向对方复电:“若价格能降至 56 美元/件，我方可以接受”，对方未答复。8 月 21 日我方得知国际市场行情有变，于当日又向对方去电表示完全接受对方 8 月 15 日的发盘。请问:我方的接受成立吗？为什么？

❖【案例分析】

我方的接受不成立。因为我方 8 月 20 日的复电提出降低价格的要求，属于实质性变更发盘条件，该复电已构成还盘，原发盘即告失效。所以，我方 8 月 21 日的接受不具有法律效力。

(二)接受生效的时间

在接受生效的时间问题上，英美法和大陆法存在严重分歧。英美法采用投邮生效的原则，即接受通知书一经投邮或发出，立即生效;而大陆法采用到达生效的原则，即接受通知书必须到达发盘人时才生效。《联合国国际货物销售合同公约》则明确规定，接受送达发盘人时生效，支持了大陆法的立场。我国《合同法》也采取了到达生效的原则。

(三)逾期接受

如果接受通知超过发盘规定的有效期，或发盘未规定有效期而超过合理期限才传达到发盘人，就称为逾期接受。逾期接受通常是无效的，但《联合国国际货物销售合同公约》规定了几种特殊情况：

1.如果发盘人收到逾期接受，毫不迟延地通知受盘人确认逾期接受有效，此逾期接受有效。

2.一项逾期接受，从它使用的信件或其他方式表明，在传递正常的情况下本能及时到达发盘人，由于传递不正常延误造成逾期，此种逾期接受是有效的，除非发盘人毫不迟延通知受盘人:认为他的发盘已经失效。

❖【案例 18—4】

我外贸公司与一美商洽谈一笔生意，我方于 4 月 7 日的电报发盘中规定，4 月 12 日复到有效。我方于 4 月 14 日接到对方“接受”复电。请问：我方可以如何处理？

❖【案例分析】

如果我方想与对方达成交易，则可以让该逾期接受有效，但是我方要毫不迟延地通知美商。如果我方不想与对方达成交易，则可以对美商的逾期接受置之不理。

(四)接受的撤回

接受的撤回，是指在接受生效之前将其撤回，以阻止其生效。《联合国国际货物销售合同公约》第 22 条规定：“如果撤回通知于接受生效之前或同时送达发盘人，接受可以撤回。”由于接受是送达生效，所以只要撤回通知不迟于接受通知送达发盘人，接受就可以撤回。如果接受已经送达发盘人，接受就已经生效，合同已告成立，此时撤回接受就相当于撤销合同。

由于英美法系的国家对于接受生效的时间采用的是“投邮生效”的原则，即接受一经发出合同即告成立，因此，不存在接受撤回的问题。

第三节　国际货物贸易合同的签订

一、合同的成立

(一)合同成立的时间

根据《联合国国际货物销售合同公约》的规定，受盘人接受发盘并在有效期内将接受送达发盘人，合同即告成立。但在实际业务中，合同成立的时间以订约时合同上写明的日期或以收到对方确认书的日期为准，即在签订书面合同时买卖双方的合同关系成立。

(二)合同有效成立的条件

1 当事人必须在自愿和真实的基础上达成协议，采取欺诈、胁迫手段订立的合同无效。

2.当事人必须具有订立合同的行为能力，未成年人、精神病患者等不具备行为能力的人，订立合同无效。

3.合同必须有对价和约因，即合同的互为有偿性和目的的合法性。

4.合同的标的和内容必须合法，以非法经营的产品为基础订立的合同不受法律保护。

5.合同的形式必须符合法律规定的要求(按照我国法律规定，国际货物买卖合同必须采用书面形式)。

二、签订书面合同的意义

按照法律规则，合同成立取决于一方发盘被另一方接受，签订书面合同不是合同有效的必要条件。但是，在国际贸易实践中，在双方当事人经过协商一致，达成交易以后，一般均需另行签订一份具有一定格式的书面合同。签订书面合同具有以下三方面意义：

(一)作为合同成立的证据

合同是否成立，必须要有证明，而书面合同可以作为合同成立的一个很好的证明。

(二)作为合同生效的条件

交易双方在发盘或接受时，如果声明以签订一定格式的正式书面合同为准，则在正式签订书面合同时，合同方可成立。

(三)作为合同履行的依据

交易双方通过口头谈判或函电磋商达成交易后，将协商一致的内容集中到一个书面合同中，不仅直观明了，而且可以使交易双方对协商成果更为熟悉，这样书面合同可以作为合同履行的依据。

三、书面合同的形式

国际上，对货物买卖合同的形式并没有统一的规定。实践中，我国的外贸企业常用合同、确认书、协议、意向书、备忘录、订单及委托订购单等书面形式，其中以采取“合同”和“确认书”形式的居多。

(一)合同(Contract)

合同或称正式合同，通常适用于大宗商品或成交金额大的交易。其特点是内容比较全面详细，对双方的权利和义务以及发生争议后的处理，均有较详细的规定。除了包括交易的主要条件如品名、规格、数量、包装、价格、装运、支付、保险外，还包括商检、异议索赔、仲裁和不可抗力等条款。这种合同可分为“销售合同”(Sales Contract)和“购货合同”(Purchase Contract)两种。前者由卖方拟定并提供，后者由买方拟定并提供。

(二)确认书(Confirmation)

与正式合同相比，确认书属于一种简式合同，它所包括的条款比合同简单，但与合同具有同等的法律效力。它也涉及合同中的各项交易条件，但一般只规定主要内容，对双方的义务描述得也不是很详细。鉴于此，确认书一般适用于金额不大、批数较多的商品交易，或者已订有代理、包销等长期协议的交易。确认书可以分为销售确认书(Sales Confirmation)和购买确认书(Purchase Confirmation)，前者由卖方出具，后者则由买方出具。

四、书面合同的内容

在进出口贸易中，书面合同的内容一般包括三部分:约首、合同正文和约尾。

(一)约首

约首是合同的首部，载明合同名称、编号、签订日期和地点、订约双方的名称及地址等有关合同的基本信息。

(二)合同正文

正文是合同的主要组成部分，这部分的基本内容包括商品的名称、品质、数量、包装、价格、装运、保险、支付、检验、不可抗力、索赔、仲裁等内容。

(三)约尾

约尾即合同的尾部，载明合同使用的法律和惯例、合同的有效期、合同使用的文字及其效力、正本的份数、当事人代表的签字等。

◉**复习思考题:**

一、简答题

1.简述交易磋商的主要环节?

2.什么是发盘?构成有效发盘的条件有哪些?

3.什么是发盘的撤回与撤销？两者的区别是什么？

4.什么是接受？构成有效接受的条件有哪些？

5.一项有法律约束力的合同应具备哪些条件？

二、案例分析题

1.我某出口公司于2月1日向美商报出某农产品，在发盘中除列明各项必要条件外，还表示："Packing in sound bags"。在发盘有效期内美商复电称："Refer to your telex first accepted, packing in newbags"。我方收到上述复电后，即着手备货。数日后，该农产品国际市场价格猛跌，美商来电称："我方对包装条件做了变更，你方未确认，合同并未成立。"而我出口公司则坚持合同已经成立，于是双方对此发生争执。

请问：此案应如何处理？试简述理由。

2.A向B发盘，发盘中说："供应50台拖拉机，100匹马力，每台CIF香港3500美元，订立合同后两个月装船，不可撤销即期信用证付款，请电复。"B收到发盘后，立即复电说："接受你方发盘，在订立合同后立即装船。"但A未作任何答复。请问：双方合同是否成立？为什么？

3.北京某公司向巴黎某公司发盘，其中规定有效期到3月10日为止。该发盘是3月1日以特快专递寄出的，3月2日北京某公司发现发盘不妥，当天即用电传通知巴黎公司宣告撤回该项发盘。

请问：发盘是否可以撤回？依据是什么？

4.我一出口企业对意大利某商人发盘，发盘中限定最迟当月20日复到有效。19日意大利商人用电报通知我方接受该发盘，由于电报局传递延误，我方于21日上午才收到对方的接受通知，而我方在收到接受通知前获悉市场价格已上涨。

请问：对此，我方应如何处理？

第十九章 进出口合同的履行 19

✲本章学习目标：

本章主要介绍了出口合同和进口合同的程序及各环节的基本操作，要求学生掌握国际贸易出口合同和进口合同履行的基本流程及注意事项，学会制作基本单据，能对进出口合同进行完整的操作。

第一节 出口合同的履行

履行出口合同的程序，一般包括备货、催证、审证、改证、租船订舱、报验、报关、投保、装船和制单结汇等。其中以货（备货）、证（催证、审证和改证）、船（租船、订舱）、款（制单结汇）四个环节的工作最为重要。为了使各环节的工作相互衔接，防止出现脱节现象，必须做好"四排""三平衡"工作。所谓"四排"就是指以买卖合同为对象，根据履行合同的进程卡片反映的情况，其中包括信用证是否开到，货源是否落实，进行分类排队，排出4种类型：一是有证有货；二是有证无货；三是无证有货；四是无证无货。通过"四排"，发现问题，及时解决。所谓"三平衡"就是指以信用证为对象，根据信用证规定的装运期和信用证有效期的远近，结合货源、船源情况，分别轻重缓急，力争做到货、证、船三方面的衔接和平衡，防止出现有货无船、有船无货、拖延装运或制单结汇赶不上在信用证有效期内进行等脱节现象。

一、备货、报验

（一）备货

备货是卖方根据合同和信用证规定，向有关生产企业或供货部门下达联系单或购销合同，安排生产、加工、收购和催交货物，对应交的货物进行清点核实、加工整理、刷制运输标志以及办理申报检验和领证等各项工作。做好备货工作应注意以下几个问题：

1.货物的品质、规格

应按合同的要求核实，必要时进行加工整理，以保证货物的品质、规格与合同规定一致。

2.货物的数量

应保证满足合同或信用证对数量的要求，备货的数量应适当留有余地，备作装运时可能发生的调换和适应舱容之用。

3.货物的包装和唛头(运输标志)

应进行认真检查和核实，使之符合信用证的规定，并要做到保护商品和适应运输的要求，如发现包装不良或破坏，应及时进行修整或换装。运输标志应按合同规定的式样刷制。

4.备货时间

应根据信用证规定，结合船期安排，以利于船货衔接。

(二)报验

凡按约定条件和国家规定必须法定检验的出口货物，在货物备齐后，应向商品检验检疫局申请检验。只有取得商检局签发的检验合格证书，海关才准放行。经检验不合格的货物，一般不得出口。报验时应注意以下几个问题：

1.申请检验应及时，应填制“出口报验申请单”，向商检局办理申请报验手续，“出口报验申请单”的内容，一般包括品名、规格、数量或重量、包装、产地等项。

2.申请报验后，如出口公司发现“出口报验申请书”填写有误或有修改，应填写“更改申请单”，说明更改事项和更改原因。经检验合格已发放检验证书的出口商品，应在检验证书的有效期内装运出口。如在规定的有效期内不能装运出口，应向我国质检总局申请展期，并由质检总局进行复验，复验合格后，才准予出口。

二、催证、审证和改证

在履行凭信用证付款的出口合同时，应注意做好催证、审证和改证工作。

(一)催证

催证是指出口商根据买卖合同的规定催促进口商及时开立信用证的行为。买方按约定时间开证是卖方履行合同的前提条件，尤其是大宗交易或按买方要求而特制的商品交易，买方及时开证更为必要，否则卖方无法安排生产和组织货源。在实际业务中，由于种种原因买方不能按时开证的情况时有发生，因此，卖方应结合备货情况做好催证工作，及时提醒对方按约定时间办理开证手续，以利于合同的履行。

❖【案例 19－1】

我某公司与外商按 CIF 条件签订一笔大宗商品出口合同，合同规定装运期为 8 月，但未规定具体开证日期。我方见装运期快到，从 7 月底开始，连续多次电催外商开证。8 月 5 日，收到开证行简电通知，我方因怕耽误装运期，即按简电办理装运。8 月 28 日，外方开来信用证正本，正本上对有关单据做了与合同不符的规定。我方审证时未予注意，交银行议付时，银行也未发现，开证行即以单证不符为由，拒付货款。请问:我方应从此次事件中吸取哪些教训?

❖【案例分析】

银行拒付货款是正当的行为。我方应从此次事件吸取的教训是:作为卖方，应当在签订合同后及时催促对方开证，在收到买方的简电通知时，提醒买方及时开来信用证，并在收到信用证后安排装运。另外收到信用证后注意审核，严格做到单单一致，单证一致。

(二)审证

审证是指受益人对国外银行开来的信用证内容进行审核的行为。进出口双方约定采用信用证方式支付时，进口商通过银行开立的信用证内容应与买卖合同的规定相一致。对信用证审核的内容，一般包括以下几个方面：

1.银行审证内容

(1)从政策上审核

来证各项内容应符合我国方针政策，不得有歧视性内容，否则应根据不同情况向开证行交涉。

(2)开证银行资信的审查

为了保证安全收汇，对开证行所在国家的政治经济状况、开证行的资信、经营作风等必须进行审查，对于资信不佳的银行，应酌情采取适当措施。

(3)对信用证的性质与开证行付款责任的审查

来证中不得标明可撤销字样，同时在证内载有开证行保证付款的文句。对有些国家的来证，虽然注明有不可撤销的字样，但在证内对开证行付款责任方面加列限制性条款或保留条件的条款。如来证注明以领到进口许可证后方能生效、承运船只由买方指定等类似文句。

2.出口企业审证内容

(1)对信用证金额与货币的审查

信用证金额应与合同金额相一致。如合同订有溢短装条款，信用证金额亦应包括溢短装部分的金额。信用证金额中单价与总值要填写正确，大小写并用。来证所采用的货币应与合同规定相一致。

(2)对商品的品质、规格、数量、包装等条款的审查

信用证中有关商品货名、规格、数量、包装、单价等项内容必须和合同规定相符，特别是要注意有无另外的特殊条款，应结合合同内容认真研究，做出能否接受或是否修改的决策。

(3)对信用证规定的装运期、有效期和到期地点的审查

装运期必须与合同规定一致。信用证有效期一般应与装运期有一定的合理间隔，以便在装运货物后有足够时间办理制单结汇工作。信用证的到期地点，通常要求规定在中国境内到期。

(4)对单据的审查

对于来证中要求提供的单据种类和份数及填制方法等，要进行仔细审核，如发现有不正常规定，例如要求商业发票或产地证明须由国外第三者签证等字样，都应慎重对待。

(三)改证

信用证修改有两个原因。一是受益人的原因，凡是发现有不符合买卖合同或不利于出口方安全收汇的内容，就应立即要求进口商向原开证行申请修改信用证；二是开证申请人的原因，因为情况的变化迫使开证申请人认为有必要修改信用证条款。在改证中应注意以下几点：

1.发现同一张信用证中有多处需要修改的地方，应尽量做到一次性向国外客户提出，以节约时间与费用。

2.对于开证行根据客户申请发出的修改通知的内容，也要认真地进行审核，一旦发现修改后的内容仍不能接受时，应及时向客户表示拒绝，并再次提请修改。

3.国外开证行发来的修改通知中如包括两项或两项以上的内容时，对此通知要么全部接受，要么全部拒绝，不能只接受其中一部分而拒绝另一部分。

❖【案例 19－2】

中方某公司与美国商人在 2019 年 11 月按 CIF 条件签订了一份出口合同，支付方式为不可撤销即期信用证。美国商人于 9 月通过银行开来了一份不可撤销的信用证，经审核与合同相符。我方正在备货期间，美国商人通过银行传递给我方一份信用证修改书，内容为将保险金额由原来发票金额的 110％改为发票金额的 120％。我方没有理睬，按原证规定投保、发货，并于货物装运后在信用证有效期内，向议付行议付货款。议付行议付货款后将全套单据寄开证行，开证行以保险单与信用证修改书不符为由拒付。请问：开证行的拒付是否有道理？

❖【案例分析】

开证行的拒付没有道理。因为不可撤销信用证未经受益人及有关当事人的同意，开证行不得单方修改和撤销信用证。所以后来美国商人未经我方同意只是单方面传递的信用证修改书是无效的，因此我方在信用证有效期内提交全套合格的单据后，开证行不能拒付。

三、货运、报关和投保

进出口公司在出运货物之前，还须做好租船订舱，办理出口报关、投保等工作。

(一)租船订舱

在 CIF 或 CFR 条件下，租船订舱是卖方的责任之一。如出口货物数量较大，需要整船载运的，则要对外办理租船手续；对出口货物数量不大，不需整船装运的，则安排洽订班轮或租订部分舱位运输。出口企业可以直接向船公司或代理人洽订舱位，也可委托货代公司代其洽订舱位。租船订舱的基本程序是：

1.出口企业委托货代公司办理托运手续，填写出口货物代运委托书，随附商业发票等必要单据，委托货代办理订舱。货代公司缮制托运单，注明要求配载的船舶、航次，送交船公司或其代理，提出货物装运申请。

2.船公司或其代理同意承运后，即在托运单各联上填写船名、航次、编号，并签署。同时将配舱回单、装货单等与托运人有关的单据退回货运代理。此时，承、托之间的运输合同即告成立。

(二)报关

报关是指出口货物装船出运前，向海关申报的手续。出口货物办理报关时，必须填写出口货物报关单，必要时还需要提供出口合同副本、发票、装箱单、重量单、商品检验证书，以及其他有关证件。海关查验有关单据后，即在装货单上盖章放行，凭此装船出口。

(三)投保

投保即办理保险，其主要目的是，一旦货物在运输途中发生了风险和损失，可以得到经济补偿。凡按 CIF 条件成交的出口合同，在确定船期、船名后，出口方应及时向保险公司办理投保手续。出口商品的投保程序一般都是逐笔办理的，投保人在投保时应将货物名称、保额、运输路线、运输工具、开航日期、投保险别等一一列明。

四、制单结汇

制单结汇是指出口货物装船发运之后，进出口公司即应按照信用证的规定，正确缮制各种单据，并在信用证规定的交单期内，递交银行办理议付结汇手续。在信用证项下，我国出口结汇的办法有出口押汇、收妥结汇、定期结汇。

(一)出口押汇

出口押汇又称买单结汇，是指议付行在审单无误的情况下，按信用证条款贴现受益人(出口公司)的汇票或者以一定的折扣买入信用证项下的货运单据，从票面金额中扣除从议付日到未来收到票款之日的利息和手续费，将余款按议付日外汇牌价折成人民币，垫付给出口企业。议付行向受益人垫付资金、买入跟单汇票后，即成为汇票持有人，可凭票向付款行索取票款。

(二)收妥结汇

收妥结汇又称收妥付款，是指议付行在审单无误的情况下，将单据寄交国外付款行索取货款的结汇做法。这种方式下，议付行都是待收到付款行的货款后，即从国外付款行收到该行账户的贷记通知书(Credit Note)时，才按当日外汇牌价，将货款折算成人民币拨入出口企业的账户。

(三)定期结汇

定期结汇是指议付行根据向国外付款行索偿所需时间，预先确定一个固定的结汇期限，并与出口企业约定:该期限到期后，无论是否已经收到国外付款行的货款，都将主动将票款金额折算成人民币拨交出口企业。

五、出口收汇核销和出口退税

(一)出口收汇核销

出口收汇核销是指国家外汇管理等部门对出口企业的贸易项下的外汇收入情况进行事后监督检查的一种制度。即出口企业在货物报关出口后，向外汇管理部门报送银行出具的收汇证明以进行核对的程序。出口单位凭出口收汇核销单报关出口，收汇后到外汇局办理核销，再向税务机关申请出口退税。按照我国相关制度，凡有自营出口权且有出口业务的企业必须办理出口收汇核销。这是出口单位必须履行的义务。

(二)出口退税

出口退税是指一个国家为了扶持和鼓励本国商品出口，将所征税款退还给出口商的一种制度。我国也实行出口退税政策。对出口的已纳税产品，在报关离境后，将其在生产环节已纳的消费税、增值税退还给出口企业，使企业及时收回投入经营的流动资金，加速资金周转，降低出口成本，提高企业经济效益。

第二节　进口合同的履行

我国进口合同大多数是按 FOB 价格条件成交，并采用信用证付款方式结算，按此条件签订的进口合同，其履行的一般程序包括：开立信用证、办理运输和保险、审单付汇、进口报关、进口索赔等。

一、开立信用证

进口合同签订后，进口商应按照合同规定向银行办理开证手续。开证申请人在向开证行申请开立信用证时，应填写开证申请书，连同所需附件一并交给银行。

(一)开立信用证的程序

1.填写开证申请书

进口企业在填写开证申请书时，应在其中列明各项交易条件，例如品质、规格、数量、价格、交货期、装运期、装运条件及装运单据等。

2.提交开证资料

首次到银行办理进口开证手续的企业应提交：营业执照副本、企业有权从事外贸经营活动的文件原件、法人代表授权书、被授权人的签样、外汇局备案表等。

3.交纳开证保证金

信用证一经开出，开证行就要承担第一性付款的责任，所以，开证行为了保证自身资金的安全和信誉，会根据不同企业和交易情况，收取不同比例的保证金或抵押品，或第三者出具的担保等，然后开证。

4.支付开证手续费

银行为进口商开证时，开证申请人还必须按规定支付一定金额的开证手续费。一般为开证金额的 1.5％。

(二)开立信用证应注意的问题

1.信用证的内容必须符合进口合同的规定。如货物的名称、品质、数量、价格、装运日期、装运条件等，均应以合同为依据，在信用证中明确加以记载。

2.信用证的条件必须单据化。进口方在申请开证时，应将合同的有关规定转化成单据，比如，合同中规定货物按不同规格包装，则信用证中应要求受益人提交装箱单。

3.按时开证。如合同规定开证日期，进口方应在规定期限内开立信用证；如合同只规定了装运期的起止日期，则应让受益人在装运期开始前收到信用证。

4.除非有特殊要求和规定，信用证申请书原则上应以英文开立。

5.关于保兑和可转让信用证。我国银行原则上不开立保兑信用证，对可转让信用证也持谨慎态度。

❖【案例 19－3】

2019 年 4 月 20 日，江苏省某进口公司到 A 银行申请开出以美国出口商为受益人的信用证。信用证规定最迟装船期为当年 4 月 30 日，4 月 27 日该公司收到美国客户的通知，指责其迟开信用证，要求撤销合同。因为买卖双方在合同中规定："信用证必须在 4 月以前开到卖方"。经过双方协商，出口方坚持以进口方迟开信用证为由拒绝出货，并要求撤销信用证，鉴于此时市场行情上涨，因进口公司担心进口货物落空而撤销国内售货合同，损失更大，不得不用更高的价格买进货物。请问:本案中买方有无按合同规定的期限开证？经验教训是什么?

❖【案例分析】

本案中进口方没有在合同规定的期限内开证，给出口方造成可乘之机，因为在进口方拖延开证的同时，市场行情不断上涨，出口方为了用更高的价格出售货物，一是不及时催证;二是可以寻找新的买主，以便获取更大的利润，终于迫使进口方付出高额代价。此案例的经验教训是:进口方应尽量在合同规定的期限内开证，履行合同，如果发现来不及开证，应尽早在开证日前与出口方协商修改合同中规定的开证时间，争取主动。

二、运输和保险

以 FOB 术语签订的进口合同，由进口方负责安排运输和投保。

(一)运输

进口企业在接到出口方的已备货通知后，即可与船运公司或船代理机构办理货物运输工作。一般是填写租船订舱的联系单，连同进口合同副本交给船运机构。进口企业办理好租船订舱手续后，要把船名、航次及航期及时通知出口方，以便他们办理货物装船。进口企业为了防止船货脱节的情况，还要注意了解和跟踪出口方备货和装船情况。

(二)保险

按 FOB 或 CFR 条件成交的进口合同，由买方办理保险手续、支付保险费。我国对进口货物运输投保采取逐笔投保和预约投保两种方式。

1.逐笔投保

逐笔投保是收货人在接到国外出口商发来的装船通知后，直接向保险公司填写投保单，办理投保手续。保险公司出具保险单，投保人缴纳保险费后，保险单随即生效。

2.预约投保

为了简化投保手续，防止漏保，一些进口次数多的外贸企业与保险公司订有预约保险合同。该合同对进口货物的投保险别、保险费率、赔付办法和承保货物的范围都做了具体的规定。在预约保险合同规定范围内的货物，外贸企业在接到国外卖方的装船通知后，应立即填制预约保险起运通知书或将装船通知送达保险公司，即完成了投保手续。

三、审单付汇

货物装船后，出口方即凭有关单据向当地银行议付货款，当议付行寄来单据后，经银行审核无误即通知进口方付款赎单。如经银行审核发现单证不符或单单不符，应做出适当处理。处理办法有很多，例如：拒付货款；相符部分付款，不符部分拒付；货到检验合格后再付款；凭卖方或议付行出具担保付款；在付款的同时，提出保留索赔权等。

❖【案例 19－4】

我国某进口公司和美国尼克公司以 CFR 青岛条件订立了进口化肥 3000 吨的合同，我公司开出以美国尼克公司为受益人的不可撤销信用证。

2013 年 5 月货物装船后，美国尼克公司持包括提单在内的全套单据在银行议付了货款。货到青岛后，我方公司发现化肥有严重质量问题，立即请当地商检机构进行了检验，证明该批化肥是没有太大实用价值的饲料。于是，我方公司持商检证明要求银行追回已付款项，否则将拒绝向银行支付款项。

请问：(1)银行是否应追回已付货款？

(2)我方公司是否有权拒绝向银行付款？

❖【案例分析】

信用证业务是一种凭单付款的纯粹的单据业务，开证银行只根据表面上符合信用证条款的单据付款。因此，只要受益人提交的单据符合"单单一致""单证一致"的要求，银行和进口商必须履行付款赎单的义务。所以，本案中银行不应追回已付货款，我方公司无权拒绝向银行付款。

四、报关

进口报关是指进口货物的收货人或他的代理人向海关交验有关单证，办理进口货物申报手续的法律行为。进口报关必须由在海关办理登记注册手续的有关企业才能报关。进口报关需填写"进口货物报关单"并随同交验下列单据：进口许可证和国家规定的其他批准文件；提单或运单(结关后由海关加盖放行章发还)；发票；装箱单；减、免税或免验的证明；报验单或检验证书；产地证；其他海关认为有必要提供的文件。

五、验收货物

凡属进口的货物，都应认真验收，如发现品质、数量、包装有问题应及时取得有效的检验证明，以便向有关责任方提出索赔或采取其他救济措施。对于法定检验的进口货物，必须向卸货地或到达地的商检机构报验。未经检验的货物，不得销售和使用。验收中如发现问题，应及时请当地商检机构出具检验证明，以便在索赔有效期内提出索赔。

六、拨交货物

货物进口后，应及时向用货单位办理拨交手续。如用货单位在卸货港所在地，则就近拨交货物；如用货单位不在卸货地区，则委托货运代理将货物转运内地，并拨交给用货单位，在货物拨交后，外贸公司再与用货单位进行结算。

七、进口索赔

进口索赔是指货物自出口方到进口方的过程中，由于人为、天灾或其他各种原因，使进口方收到的货物不符合合同规定或货物有其他损害，进口方依责任归属，向有关方面提出索赔要求，以弥补其所受的损失。在进口索赔时应注意以下几个问题：

(一)确定索赔对象

应根据事故性质和致损原因的不同，向责任方提出索赔。如：凡属原装短少和品质、规格与合同不符，应向卖方提出索赔；货物数量少于提单所载数量，或在签发清洁提单情况下货物出现残损短缺，则应向承运人索赔；由于自然灾害、意外事故而使货物遭受承保范围内的损失，则应向保险公司索赔。

(二)提供索赔证据

索赔时应提交索赔清单和有关货运单据，如发票、提单(副本)、装箱单。在向卖方索赔时，应提交商检机构出具的检验证书；向承运人索赔时，应提交理货报告和货差证明；向保险公司索赔时，除上述各项证明外，还应附加保险公司出具的检验报告。

(三)掌握索赔期限

向卖方索赔应在合同规定的索赔期限之内提出，如商检工作确有困难可能需要较长时间的，可在合同规定的索赔有效期内向对方要求延长索赔期限，或在合同规定索赔有效期内向对方提出保留索赔权。按《联合国国际货物销售合同公约》规定，两年是合同未确定索赔期限情况下最长的索赔期限。

◈复习思考题：

一、简答题

1.履行出口合同的环节有哪些？

2.在出口合同履行中，对信用证的审核包括哪几个方面？

3.履行进口合同的环节有哪些？

4.简述买方开立信用证时应注意的问题。

二、案例分析题

1.美国一公司出口一批货物给也门阿拉伯共和国的 Mohammed Sofan 公司，美国出口企业在制单时误将被通知人“Mohammed Sofan”写成“Mohammed Soran”，开证行拒绝付款，出口人认为一个字母打错开证行就拒绝付款是开证行过分挑剔，遂向法院起诉。

请问：开证行是否有权拒付？

2.我方某外贸公司与国外某客商达成一批圣诞节礼品的出口交易。合同中规定，以 CIF 为交货条件，交货期为 2019 年 12 月 1 日以前，但合同中未对买方的开证时间予以规定。卖方于 2019 年 11 月上旬开始向买方催开信用证，经多次催证，买方于 11 月 25 日将信用证开抵我方，由于收到信用证的时间较晚，使我方于 12 月 5 日才将货物装运完毕，当我方向银行提交单据时，遭到银行以单证不符为由拒付。

请问：银行的拒付是否有理？为什么？

第二十章 国际贸易方式 20

✿本章学习目标：

本章主要介绍了各种贸易方式包括的主要内容以及各种贸易方式的基本程序。要求学生学会选择和运用恰当的贸易方式，能够根据不同的贸易方式订立协议。

第一节 包销、代理和寄售

一、包销

（一）包销的概念

包销是指卖方给予国外买方即包销人在约定的地区和期限内，独家经营某种商品的权利，也就是对指定的商品享受有独家专营权。独家经营权包括：

1.专卖权

是指在包销协议中约定，供货人在指定地区把货物卖给包销人，而不能再向当地其他客户供货，也就是赋予包销人指定商品的独占权。

2.专买权

是指包销人只可从供货人那里得到货源，而不能再经营其他人提供的同类商品。

（二）包销的性质和作用

包销人与供货人之间是一种买卖关系，也叫买断关系。包销的买方以自己的名义买断货物的所有权，自筹资金，自行销售，自负盈亏，自担风险。包销的作用主要有：

1.有利于调动包销商的积极性，利用其销售渠道为推销出口商品服务。

2.及时向供货人提供当地各种信息，以利于改进商品。

3.避免自相竞争带来的损失。

4.有利于安排生产，均衡供应。

二、代理

(一)代理的概念

代理是指代理人按照委托人的授权，代表委托人与第三人订立合同或实施其他法律行为，而由委托人直接负责由此而产生的权利和义务的贸易方式。

(二)代理的特点

双方当事人的关系是委托人与代理人的关系，而不是买卖关系；代理人有义务积极推销指定的商品，但没有必须购买指定商品的责任；代理人不垫资金、不担风险和不负盈亏，他所获取的是佣金而非赚取差价。

(三)代理的种类

代理方式按照委托人对代理人授权的大小可分为总代理、独家代理和一般代理。

1.总代理

总代理是委托人在指定地区的全权代表。他除了有权代表委托人从事代理协议中规定的一般商务活动外，还有权进行某些非商务性事务。

2.独家代理

独家代理是委托人给予代理商在规定地区和一定期限内享有代销专营权的代理。委托人在该指定地区和时间内，不得委托其他第二代理人。

3.一般代理

一般代理又称佣金代理，它是不享有专营权的代理，是指在一定地区和期限内，委托人可同时委派几个代理人，代表委托人行事。

❖【案例 20－1】

英国甲公司与中国乙公司签订了一份独家代理协议，指定乙公司为甲公司在中国的独家代理。不久，甲公司推出指定产品的改进产品，并指定中国丙公司作为该改进产品的独家代理。请问甲公司有无这种权利？

❖【案例分析】

美国甲公司无这种权利。因为独家代理是委托人给予代理商在规定地区和一定期限内享有代销专营权的代理，委托人在该指定地区和时间内，不得委托其他代理人。

(四)代理协议

代理协议是明确委托人和代理人之间权利与义务的法律文件。主要包括以下内容：协议名称及双方的基本关系；代理的商品、地区和期限；代理的权限；最低成交额；佣金条款；商情报告；协议有效期及终止条款等。

三、寄售

(一)寄售的概念和特点

1.寄售的概念

寄售是一种委托代售的贸易方式，出口商作为寄售人，将准备销售的货物先行运往国外，委托当地的销售商按照寄售协议规定的条件在当地市场上销售。商品售出后，代销商扣除佣金和其他费用后，将货款交付给寄售人。

2.寄售的特点

(1)它是典型的凭实物进行买卖的现货交易。

(2)寄售人与代销人之间是委托代售关系，而非买卖关系。代销人只根据寄售人的指示处置货物。货物的所有权在寄售地出售之前仍属寄售人。

(3)寄售货物在售出之前，包括运输途中和到达寄售地后的一切费用和风险，均由寄售人承担。

(二)寄售的优缺点

1.寄售的优点

(1)对寄售人来说，有利于推销产品，开拓新市场。

(2)代销人不承担风险，只提供服务，也无须投资，有利于调动代销人的积极性。

(3)由于寄售是现货交易，凭实物买卖，买主可以就地采购，立即提货，对买方有利。

2.寄售的缺点

寄售人风险太大，货、款都在代销人的控制之下，如果代销人信誉不好，寄售人可能货、款两空。

(三)寄售协议

寄售协议是代销人与寄售人之间就双方的权利、义务及有关寄售条件和具体做法而签订的书面协议。协议一般包括以下内容:双方的基本关系;寄售商品的价格;佣金条款;代销人的义务;寄售人的义务等。

❖【案例 20—2】

某公司新研制出一种产品，为打开产品的销路，公司决定将产品运往俄罗斯，采用寄售方式出售商品。在代售方出售商品后，我方收到对方的结算清单，其中包括商品在寄售前所花费有关费用的收据。请问:寄售方式下，商品寄售前的有关费用应由谁承担?

❖【案例分析】

在寄售方式下，商品寄售前的有关费用应由寄售人(即我方)承担。

第二节 招标投标、拍卖和展卖

一、招标和投标

(一)招标、投标的含义

1.招标

招标是指招标人在规定时间、地点，发布招标公告或招标单，提出招标项目和条件，邀请他人投标的行为。

2.投标

投标是指投标人应招标人的邀请，根据招标公告或招标单规定的条件，在规定的时间内向招标人发出应邀，争取中标以达成交易的行为。

实际上，招标和投标是一种贸易方式的两个方面。

(二)招标、投标的基本程序

招标和投标业务的基本程序包括:招标、投标、开标、评标和签约等几个环节。

1.招标

在招标阶段，招标商首先要发出招标公告;然后由招标人对前来要求投标的公司的历史情况、财力状况、产品质量、经营作风等方面进行资格审查;审查合格后，由招标人向取得投标资格者寄送标单，内容包括招标要示、合同条款及格式、技术要求以及投标日期、开标日期、寄送投标单的方法等。

2.投标

在投标阶段，投标人收到标单后，应认真研究标单的全部内容和条件，并在此基础上仔细定出自己争取中标的各项条件，包括价格、交货期限、品质规格、各技术指标等。然后按要求填写投标文件，在规定期限内密封交寄招标人。同时按招标单规定提交投标保证金或保函。

3.开标与评标

开标是指招标人在指定的时间和地点，邀请所有投标人到场，当众开启投标人提交的投标文件，宣布投标人的名称、投标报价及投标文件中的其他重要内容。

评标是指招标人依法组建评标委员会，依据招标文件的规定和要求，对投标文件进行审查、评审和比较，确定中标候选人。

4.签订协议

招标人选定中标人之后，应书面通知中标人在限定的日期(一般为 15～30 天)内到招标人所在地签订合同。

二、拍卖

(一)拍卖的含义

拍卖是由专营拍卖行接受货主的委托，在规定的地点和时间，按照一定章程和规则，将货物向买主公开展示后，由买主相互出价竞购，最后拍卖人把货物给出价最高的买主的一种现货交易方式。

(二)拍卖的方式

1.增价拍卖

增价拍卖，又称英式拍卖，是最常用的一种拍卖方式。拍卖时，由拍卖人宣布预定的最低价格，估价后由竞买者相继叫价，竞相加价，有时规定每次加价的金额额度，直到拍卖人认为无人再出更高的价格。

2.减价拍卖

减价拍卖又称荷兰式拍卖，这种方法先由拍卖人开出最高价格，然后逐渐减低叫价，直到有人表示接受，即达成交易。

3.密封递价拍卖

密封递价拍卖又称招标式拍卖。由买主在规定的时间内将密封的报价单(也称标书)递交拍卖人，由拍卖人选择买主。这种方法不是公开竞买，拍卖人有时要考虑除价格以外的其他因素。

(三)拍卖的一般程序

1.准备阶段

货主与拍卖行达成拍卖协议，规定货物品种和数量、交货方式与时间、限定价格以及佣金等事项。货主把货物运至拍卖地点，存放于拍卖人指定的仓库由拍卖人进行分类、分批编号。拍卖人印发拍卖品目录，并刊登拍卖通告。

2.正式拍卖阶段

在规定的时间和地点，按拍品目录规定的顺序逐批拍卖。以增价方式拍卖，买方出价相当于要约，拍卖人落槌相当于承诺。在落槌之前，买方有权撤销出价，卖方也有权撤回拍卖商品。以减价方式拍卖，拍卖人报价相当于要约，而买方一旦表示接受，即为承诺，交易成立，双方均受约束。

3.付款和交货

成交后，买方签署成交确认书，并支付部分货款作为定金，待买方付清全部货款后，拍卖行开出提货单，买方凭单提货。拍卖行从货款中提取一定比例的佣金，作为提供拍卖服务的报酬，并扣除按合同规定应由货主承担的费用后，将货款交付货主。

三、展卖

(一)展卖的含义

展卖是利用展览会和博览会及其他交易会形式，对商品实行展销结合、以销为主的一种贸易方式。其特点是把商品的展览与促销有机结合起来，边展边销，以展促销，以销为主。

(二)展卖的方式

1.国际博览会

国际博览会又称国际集市，是指在一定地点定期举办的，由一国或多国联合主办，邀请各国商人参加交易的贸易形式。这一方式不仅为买卖双方提供了交易方便，而且是产品介绍和广告宣传的重要方式。参加博览会的商人除进行现场交易外，还可通过这一机会同世界各国建立起广泛的商业关系。

2.出口商品交易会

所谓商品交易会是指在固定的场所和规定的时间，按一定的章程，通过特定的人员买卖特定商品的有组织的交易。在我国，中国出口商品交易会又称广州商品交易会，是中国各进出口公司联合举办的，邀请国外客户参加的一种展览与交易相结合的商品展销会。

第三节　加工贸易

一、加工贸易的含义

加工贸易是指经国家授权机关批准的具有进出口经营权的企业，利用国外原料、材料、辅料、元器件、配套件和包装物料经加工成品或半成品后复出口的一种贸易方式。

二、加工贸易的类型

(一)对外加工装配

1.对外加工装配的含义

对外加工装配是指由外商提供全部或部分原材料、辅料、零部件、元器件、配套件和包装物料，由我方的工厂按对方的要求进行加工或装配，成品交由外商处置，我方向外商收取工缴费作为报酬。

2.对外加工装配的形式

(1)来料加工

来料加工是指由外商提供原材料、辅料及包装物料，委托我方按照对方的要求生产加工成成品交给对方的做法。

(2)来件装配

来件装配是指由国外委托方提供零部件、元器件和工具等，委托国内承接方按其要求的规格、标准、型号和式样以及商标等组装成成品交付对方。

(二)进料加工

1.进料加工的含义

进料加工是指用外汇购入国外的原材料、辅料，利用本国的技术、设备和劳力加工成成品后，销往国外市场的贸易方式。

2.进料加工的做法

进料加工的具体做法，归纳起来，大致有以下三种。

(1)先签进口原料的合同，加工出成品后再寻找市场和买主。

(2)先签订出口合同，再根据国外买方的订货要求从国外购进原料，加工生产。

(3)对口合同方式。即与对方签订进口原料合同的同时签订出口成品合同。两个合同相互独立，分别结清。这样做原料来源和成品销路均有保证。

第四节 期货交易

一、期货交易的含义

期货交易又称期货合同交易，是指众多的买主和卖主在商品交易所内按照一定的规章制度用喊叫并借助于手势进行讨价还价，通过激烈竞争买进或卖出期货标准化合约的一种贸易方式。

二、期货交易的特点

1.期货交易不规定双方提供或者接受实际货物。

2.交易的结果不是转移实际货物，而是赚取签订合同与履行合同之日的价格差额。

3.期货合同是由交易所制定的标准合同，只能按照交易所规定的商品标准和种类进行交易。

4.期货交易的商品的交货期是由交易所规定的，商品种类不同，交货期不同。

5.期货合同都必须在每个交易所设立的清算所进行登记及结算。

三、期货交易的种类

期货交易的做法有多种，最常见的是套期保值和投机交易。

(一)套期保值

套期保值(hedging)，俗称"海琴"，又称对冲贸易，是指交易人在买进(或卖出)实际货物的同时，在期货交易所卖出(或买进)同等数量的期货交易合同作为保值。它是一种为避免或减少价格发生不利变动的损失，而以期货交易临时替代实物交易的一种行为。

1.卖期保值

卖期保值是指经营者买进一批日后交货的实物，为了避免以后在交货时该项商品的价格下跌而遭受损失，则可在交易所内卖出于同一时期交货的同样数量的期货合同。这样，将来货物价格下跌，他可以从期货合同交易所获得的盈利来进行补偿。

2.买期保值

买期保值是指经营者卖出一笔日后交货的实物，为了避免以后交货时该项商品的价格上涨而遭受损失，则可在交易所内买进于同一时期交货的同样数量的期货合同。这样，将来货物价格上涨，他可以从期货交易的盈利中补偿实物交易的损失。

❖【案例 20－3】

某食品进出口公司 8 月以 225 美元/公吨的价格收购 200 公吨小麦，并存入仓库随时准备出售。为防止库存小麦在待售期间价格下跌而蒙受损失，该食品进出口公司欲利用套期保值交易来防止价格变动的风险。请问:该公司该做卖期保值还是买期保值?

❖【案例分析】

该公司应做卖期套期保值交易。套期保值的基本做法是:期货交易者在购进(出售)现货的同时,在期货市场上出售(购进)同等数量的期货。卖期套期保值是指卖期套期保值者根据现货交易情况,先在期货市场上卖出期货合同,然后再以多头进行平仓的做法。本案中,该食品公司于 8 月以 225 美元/公吨的价格收购 200 公吨小麦,并存入仓库随时准备出售,根据套期保值的基本做法,该公司应做卖期套期保值交易才可以避免商品价格变动的风险。

(二)投机交易

投机交易是指利用期货市场价格变动频繁的现象,在对市场价格走向做出正确判断的基础上,决定进入市场的策略,通过一买一卖,或一卖一买,即先多头后空头或先空头后多头,从中牟利。

1.买空

买空又称多头,是指交易者预计价格会上涨,现买进期货合同,使自己处于多头部位,等到价格上涨时再卖出,从中获利。

2.卖空

卖空又称空头,是指交易者预估价格会下跌,现卖出期货合同,使自己处于空头部位,等到价格下跌到一定程度再补进对冲,从中获利。

◈**复习思考题:**

1.什么是代理?代理包括哪几种类型?

2.简述寄售方式的特点。

3.简述招标、投标的基本程序。

4.加工贸易包括哪几种类型?

5.期货交易的特点是什么?